KB261291

꿈은 꾸는 것이 아니라
이루는 것이다

꿈은 꾸는 것이 아니라
이루는 것이다

초판 1쇄 펴낸 날 | 2013년 1월 15일

지은이 | 서정명
펴낸이 | 이금석
기획 · 편집 | 박수진
디자인 | 강한나
마케팅 | 곽순식, 김선곤
물류지원 | 현란
펴낸곳 | 도서출판 무한
등록일 | 1993년 4월 2일
등록번호 | 제3-468호
주소 | 서울 마포구 서교동 469-19
전화 | 02)322-6144
팩스 | 02)325-6143
홈페이지 | www.muhan-book.co.kr
e-mail | muhanbook7@naver.com
가격 13,000원
ISBN 978-89-5601-310-7 (13320)

잘못된 책은 교환해 드립니다.

Lead your Life.

꿈은
꾸는 것이 아니라
이루는 것이다

| 서정명 지음 |

박근혜를 '큰 바위 얼굴'로 삼아 자기혁명을 하라

지난 2005년 뉴욕특파원 생활을 할 당시 미국을 방문한 박근혜 의원을 처음 만났다. 맨해튼의 중국식당에서 특파원단과 기자간담회를 가졌는데 2시간 동안 대화를 나누는 동안 '열정과 이성을 겸비한 인물'이라는 인상을 강하게 받았다. 그리고 2012년 8월부터 정치부 기자로서 서울 여의도에 있는 새누리당을 출입하면서 대통령선거 후보로 나선 박근혜 의원을 가까운 거리에서 지켜볼 수 있었다. 경제 분야에 대해 인터뷰를 했고, 공약을 발표하는 자리에서 질문을 던졌고, 박근혜 의원을 보좌하는 측근들로부터 박근혜 의원의 숨겨진 에피소드와 일화들을 전해들을 수 있었다.

15년 가까이 기자생활을 하는 동안 수많은 국내 정치인과 기업의 최고경영자(CEO), 해외 석학들과 인터뷰를 했지만, 박근혜 의원만큼 카리스마 넘치는 사람을 만나지 못했다.

미국에서 수차례 인터뷰를 가졌던 반기문 유엔사무총장과 워렌 버핏 버크셔 해서웨이 회장에게서 '이웃집 할아버지' 같은 부드러운 인상을 받았다면 박근혜 의원에게서는 '냉철하고 조용한 카리스마'를 느낄 수 있었다.

이 책은 대한민국 최초의 여성 대통령을 꿈꾸는 정치인으로서의 박근혜가 아니라 도전과 실패, 열정과 용기, 원칙과 소신, 약속과 신뢰 등과 같이 성공과 자기계발 대상으로서 박근혜에 주목하고 있다. 박근혜의 정치이념과 정치철학은 옆으로 제쳐두고 그가 몸소 보여주고 있는 20가지 이상의 성공 요인들, 즉 열정, 리더십, 검소, 소통, 도전, 용기, 독서, 롤모델, 자기계발, 공부 등에 초점을 맞추었다. 정치인이 아니라 역할모델과 자기계발 대상으로서 박근혜를 분석하고 소개한 것은 이 책이 처음이 아닐까 한다.

여의도에 있는 박근혜 의원 사무실을 찾아 박근혜 관련 서적과 자료를 모았고, 비서진과 동료 기자들을 만나 에피소드를 전해 들었고, 박근혜 의원의 홈페이지, 미니홈피, 블로그는 물론 박근혜를 사랑하는 모임(박사모)을 통해 중요한 자료를 얻을 수 있었다.

보통 사람들은 박근혜가 대통령의 딸이었기 때문에 쉽게 성공을 손에 거머쥐었을 것이라고 지레 짐작하는데 이는 틀린 생각이다. 20대에 어머니와 아버지를 저 세상으로 떠나보내고 사람들의 배신과 배반 속에서 괴로워하며 그는 18년 동안 철저하게 야인생활을 했다. 숨 쉬기조차 힘든 현실에서 좌절하거나 포기하지 않고 강철처럼 자신을 단련시켰다. 국제통화기금(IMF) 외환위기를 지켜보면서 45살의 늦은 나이에 정치에 입문해 한국에서 가장 영향력 있는 정치인, 닮고 싶은 여성 정치인이 되었고, 지금은 대한민국 최초의 여성 대통령이 되었다.

그의 인생역정을 찬찬히 읽어보면 실패와 도전이 있고, 시련과 용기가 있고, 열정과 목표가 있고, 원칙과 소신이 있고, 원칙과 감동이 있고, 긍정과 실천이 있고, 변화와 혁신이 있고, 인내와 유머가 고스란히 녹아 있다는 사실을 알게 된다. 그의 삶은 우리 몸속에서 꿈틀거리고 있는 가능성을 다시 한 번 일깨워 주고 '아직 끝나지 않았어. 다시 일어나는 거야'라는 용기와 에너지를 우리들에게 불어넣어 준다.

그는 현실에 안주하려는 우리들에게 '잠깐 행복하다고 영원히 행복할 거라고 착각하지 말고 잠깐 불행하다고 영원히 불행할 거라고 비관하지 말라'라는 가르침을 주고 있다.

'어떻게 살아야 할까?'

'성공원칙은 무엇일까?'

'어떻게 자기계발을 해야 할까?'

이 같은 고민을 갖고 있다면 박근혜를 '큰 바위 얼굴'로 삼아 자신을 변화시키고 내면 속에서 혁명을 일으켜 보기를 바란다.

—서정명 드림

21세기가 되면서 본격적인 여성 리더십 시대에 접어들었음을 실감한다. 섬세함과 소통 능력을 타고난 여성 유전인자의 우월성이 그 어느 때보다 돋보이는 현상이다. 실제로 곳곳에서 여성의 영향력이 결실을 맺고 있는 실체가 감지되고 있다. 심지어 여성 코드를 빨리 읽어내는 힘이 경쟁력이라는 말까지 공공연히 나도는 실정이다. 그동안 우리 사회를 지배하고 있던 성차별주의 코드가 빠른 속도로 불식되고 있는 현상에 다름 아니라는 생각이다.

그런 의미에서 주요 국가 정책여부를 결정할 만큼의 영향력을 발휘하고 있는 한나라당 박근혜 전 대표를 주목하게 된다. 정치현장을 주도하는 막강한 영향력만으로도 그녀는 이미 확실한 '성공인' 이다.

그녀에게 집중된 사회적 관심과 정치적 무게를 보면 우리 사회 곳곳에 오래도록 만연된 '여자이기 때문에 불가능하다' 는 마초적 담론을 불식시킨 살아있는 징표라 해도 무리가 아닐 듯싶다.

그녀의 '오늘' 은 로열패밀리로서의 삶과 20여 년에 걸친 인고의 세월을 담은 흔치 않은 인생 역정이 빚어낸 내공의 결과물이라는 측면에서 주목할 가치가 있다. 특히 외부적 환경을 디딤돌로 한 우연의 산물이 아니라는 점에서 그렇다. 2012년 대선 가도에서 부동의 1위를 상수로 고수하고 있는 현상도 결코 우연이 아니라는 생각이다.

그녀가 추구하는 원칙과 소신, 그리고 신뢰의 정치는 이제 그녀를 대표하는 상징이 됐다. 말 한마디의 울림으로 국민 가슴을 파고드는 위력을 발휘할 수 있는 정치인이 과연 몇이나 될까를 생각하면 진정성이 갖는 그 무한한 우월성을 실감하게 된다. 원칙과 소신, 그리고 신뢰의 화두가 내포하는 정치적 역량도 다시 돌아보지 않을 수 없다.

그녀의 행로를 통해 환경이 한 인간의 성공을 완성하는데 있어 사실적 요인은 될 수 있어도 상황을 좌우하는 결정적 요소는 될 수 없음을 확인할 수 있다. 실제로 그녀는 아버지 '박정희' 前 대통령이나 어머니 '육영수' 여사의 강점을 자신의 리더십을 키우는 자산으로 활용한 반면, 한편으로는 비극적인 가정사를 통해 좌절하고 나락에 빠질 수 밖에 없었던 여건들을 극복해낸 과정을 통해 리더십을 다지는 계기로 삼았다. 시련과 좌절이 리더십 형성에 있어 얼마나 중요한 순기능이 될 수 있는지를 보여주고 있다 할 것이다.

한나라당 경기도당 위원장으로 활동하면서 당시 당 대표였던 그녀의 리더십을 가까이에서 볼 기회가 있었는데 단 한 번도 자신의 지위나 권력을 앞세우는 모습을 본 적이 없다. 누구에게나 별다른 간섭 없이 자기 직무에 충실할 수 있도록 배려하고 이끌어 주는 모습은 자발적인 동조를 이끌어내기에 충분했다. 끊임없는 도발로 자신을 힘들게 하는 사람들조차도 피하지 않고 대화로 설득하거나, 그들의 진정성을 인정하고 받아들이는 과정에서 자신의 기득권을 과감히 내려놓는 그녀의 모습에서 위대한 지도자의 통 큰 리더십을 발견할 수 있었다.

무엇보다도 도당 위원장인 나와의 약속들을 아무에게도 발설하지 않고 끝까지 지켜주던 신뢰의 리더십은 어느 지도자에게서도 경험하지 못했던 신선한 충격이었다. '우리 정치 현장에도 이렇게 새로운 리더십이 드디어 선을 보이게 됐구나' 하는 기쁨에 사로잡혔던 기억이 생생하다.

오랜 시간 '리더십'을 주제로 강연을 해오면서 바람직한 리더십의 실체를 짚는 안목이나 리더십에 대한 개인적 견해를 밝힐 정도의 배경은 갖췄다고 생각한다. 그런 입장에서 21세기 대한민국의 새로운 패러다임을 만들고 미래를 이끌어갈 리더십과 리더에 관해서 얘기를 한다면 박근혜 전 대표를 주저 없이 꼽겠다. 개인적으로도 리더십을 강의하거나 나름대로 리더십을 발휘해야 하는 위치에 설 때마다 그녀의 리더십을 떠올리게 된다. 여성 리더십의 강점을 포함한 광범위한 가능성을 보여준다는 점에서 롤모델로 삼을 만한 여지가 많다고 보기 때문이다.

이 책은 박근혜의 리더십을 충실하게 담아내는 데 있어 적지 않은 노고를 기울인 흔적이 역력하다. 성공적인 여성 정치인의 리더십을 통해 이 땅에서 여성으로 성공하고자 하는 이들에게 희망과 비전을 제시하고 성공의 노하우를 안내해 주고자 하는 저자의 의도가 풍부한 취재와 간단치 않은 필력으로 빛을 발한다는 생각이다. 무엇보다 일선 기자의 꼼꼼하고 예리한 시각이 투영됐다는 점만으로도 기존의 계발서와 차별화되는 '알맹이'를 기대하게 만드는 것 같다. 특히 이 저자의 전작인 『워렌 버핏처럼 부자되고 반기문처럼 성공하라』가 서점가를 강타하는 성공을 거둔 전적도 이번 책의 기대치를 높이는 객관적 정황이라 하겠다. 추천에 망설이지 않은 이유다.

부디 이 책이 대한민국 최초의 여성 대통령을 꿈꾸는 박근혜가 전하는 성공 메시지를 통해 저마다의 큰 꿈을 실현시키는 매개체로써의 역할을 다할 수 있게 되기를 바란다.

—홍문종 경민대학교 총장

Contents

박근혜가 걸어온 길

1952년 2월 대구시 삼덕동 출생
-아버지는 군인, 어머니는 평범한 가정주부

1964년 2월 장충초등학교 졸업(12세)
-1961년 5.16 군사혁명으로 청와대 생활
-서울 신당동 외할머니 집에서 전차로 통학

1967년 2월 성심여중 졸업(15세)
-천주교 학교인 성심여중에서 기숙사 생활

1970년 2월 성심여고 졸업(18세)
-역사소설과 책을 즐겨 읽음
-문과에서 이과로 진로 변경

1974년 2월 서강대 전자공학과 졸업(22세)
-서강대 이공학부 수석 졸업

1974~1979년 퍼스트레이디 대행(27세)
-프랑스 유학시절. 1974년 8월 어머니 육영수 여사 피살(22세)
-1979년 아버지 박정희 대통령이 김재규의 총탄에 피살(27세)

1974~1980년 걸스카우트 명예총재(28세)

1987년 자유중국문화대 명예문학박사 학위(35세)

1982~1992년 육영재단 이사장, 영남대 재단 이사장(40세)
-어머니가 설립한 육영재단 운영

1997년 12월 한나라당 입당(45세)
−1997년 IMF 외환위기를 보고 정치 입문 결심

1998~2000년 제15대 국회의원(대구 달성 보궐선거)(48세)
−한나라당 입당
−패색이 짙었던 대구 달성선거에서 역전승

2000~2004년 제16대 국회의원(대구 달성)(52세)

2002년 5월~2002년 11월 한국미래연합 대표(50세)
−약속의 정치를 실현하기 위해 한나라당 탈당

2002년 11월~2002년 12월 한나라당 중앙선거대책위원회 공동의장(50세)
−이회창 한나라당 후보의 대통령 선거운동 지원

2004~2006년 한나라당 대표(54세)
−한나라당을 변화하고 개혁시킴
−한나라당 의원들을 이끌고 천막 당사 생활

2004~2008년 제17대 국회의원(대구 달성)(56세)
−2007년 한나라당 대통령 후보 경선 출마(55세)

2008년~현재 제18대 국회의원(대구 달성)(60세)

1장

배움형 인간이 되라

1. 남에게 관대하고 자신에게 엄격하라

| 박근혜의 말에서 배우는 성공 포인트 |

자만심을 억누르기 힘든 것이 인간이다. 최고의 승리는 자신과의 싸움에서 이기는 것이다.

링컨 대통령의 구두이야기를 기억하라

여러분은 실수를 저질렀을 때 어떻게 반성하고 행동하는가. 많은 사람들은 대수롭지 않은 것으로 여기고 그냥 넘어가거나 별다른 반성 없이 지나쳐 버린다. 시간이 지나면 사람들이 내가 저지른 잘못을 기억하지 못할 것이라고 생각하면서 애써 외면하려고 한다. 하지만 다른 사람들이 실수를 하거나 큰 잘못을 저질렀을 때에는 손가락질을 하거나 곱지 않은 시선으로 바라본다. 심지어 다른 사람 등 뒤에서 험담을 하거나 욕을 해대는 사람들도 있다.

우리는 인생을 살아가면서 이처럼 '이중 잣대'를 들이대는 경우가 많다. 자신에게는 관대하지만 다른 사람들에게는 엄격한 잣대를 적용한다. 내가 바람을 피우면 로맨스이고, 남들이 바람을 피우면 불륜이라는 식으로 세상을 바라보는 사람들이 많다. 그만큼 우리는 자신의 잘못과 실수는 용서하고 관대해지려는 경향이 강하다. 그리고 자신의 잘못을 애써 정당화하거나 합리화하려는 나쁜 습관을 가지고 있다. 다른 사람 눈에 있는 티끌은 보면서 자신의 눈에 있는 들보는 보지 못하는 사람들이 많다.

박근혜가 오늘날 한국 사회에서 가장 많은 스포트라이트를 받는 여성 인물로 꼽히는 것은 이 같은 인간 본성과 반대로 생각하고 행동하기 때문이 아닐까. 상대방을 욕하고 비난하기보다는 먼저 자신에게 무엇이 부족하고, 자신이 무엇을 잘못하고 있는지를 겸허하게 뒤돌아본다.

'자신에게 한없이 엄격할 것.'

이것이야말로 박근혜가 성공적인 삶을 살아가기 위해 생명줄처럼 지키고 있는 가장 중요한 원칙이다.

박근혜 의원이 대학생들이나 일반인들을 상대로 연설할 때 자주 인용하는 일화가 '링컨 대통령의 구두이야기' 이다. 링컨 대통령은 미국인들이 역대 대통령 중 가장 존경하는 인물로 꼽는 인물이다.

어느 날 백악관 뒤뜰에서 링컨 대통령이 구두를 닦고 있었다.

"대통령님, 지금 무엇을 하고 계십니까?"

백악관을 출입하는 정치부 기자가 궁금해 하며 물었다.

"예, 지금 구두가 더러워져 손질하고 있습니다."

링컨 대통령이 대수로운 일이 아니라는 듯이 대답했다.

"아니, 대통령님이 직접 구두를 닦는다는 것입니까?"

출입기자가 놀랍다는 표정으로 다시 물었다.

"그럼요, 대통령이 남의 구두까지 닦아줄 수는 없잖아요."

링컨 대통령이 농담을 섞어가며 대답했다. 대통령이라는 신분을 떠나 자신의 구두는 자신이 닦아야 하는 것이 당연하다는 말투였다.

박근혜 의원이 링컨 대통령을 존경하고 위대한 인물로 평가하는 것은 링컨 대통령이 자기 자신에게 '엄격한 기준'을 적용하며 생활했기 때문이다.

박근혜 의원은 사람들에게 이렇게 말한다.

"저는 링컨 대통령이 남북전쟁이라는 아픈 상처를 이겨내고, 미국을 거대한 합중국으로 만든 토대가 바로 이 같은 정신에서 출발했다고 생각합니다. 누구보다 단호하게 노예해방에 나섰고 강력한 리더십을 발휘했지만, 자기 구두는 스스로 닦을 만큼 청렴했습니다. 또 도덕적으로 깨끗하고 존경받았기 때문에 미국 국민들도 그런 지도자를 믿고 따를 수 있었다고 생각합니다. 저는 지금 우리에게 필요한 리더십도 이런 것이라고 믿습니다."

박근혜는 링컨 대통령이 보여주었던 '자기 자신에게 엄격하라'는 가르침을 가슴깊이 새기며 실천하고 있다. 박근혜가 애독하는 중국 고전인 『채근담』이라는 책도 "남의 잘못은 관대하게 대하라. 그러나 자기의 잘못에는 엄격하지 않으면 안 된다"라고 가르치고 있지 않은가.

이런 경우를 한번 상상해 보자. 넓고 따뜻한 집에서 아무 탈 없이 오랫동안 잘 살고 있었다. 그런데 너무나 나태하고 안일하게 생활하고 있는 자기 자신이 싫어서 좁고 추운 집으로 스스로 옮겨가기로 결정했다고 하자. 사람들은 이 같은 행동에 대해 어떻게 생각할까. 박수를 칠까, 아니면 어리석은 짓을 한다고 비웃을까. 많은 사람들이 '왜 사서 고생을 하느냐?' 며 코웃음을 칠 것이다. 넓은 집을 나갈 하등의 이유가 없는데 자기 자신을 반성해야 한다며 작은 집으로 이사하는 것에 대해 의아하게 생각할 것이다. 이 같은 행동을 하는 사람이 바로 박근혜다.

자신부터 변화하라

박근혜의 자기 자신에 대한 엄격한 원칙은 2004년 3월에 있었던 '천막 당사 생활'을 통해 알 수 있다. 2004년 3월 24일 박근혜는 한나라당의 새로운 대표로 선출됐다. 한나라당을 대표하는 선장(船長)이 된 것이다. 다른 후보들과 경쟁투표를 한 결과 51.8%의 득표율을 기록했다. 경쟁투표를 통해 남성이 아닌 여성이 당의 대표로 선출된 것은 지난 1965년 故 박순천 민주당 총재 이후 39년만의 일이었다. 여기저기에서 축하인사를 건네는 사람들이 많았지만 박근혜는 오히려 냉정했다.

"한나라당을 바꾸어야 해. 지금과 같은 상태로는 국민들에게 믿음과 신뢰를 주는 정치를 할 수가 없어. 국민들에게 꿈과 희망을 줄 수 있는 정치를 하기 위해서는 한나라당이 변해야 하고, 나도 바뀌어야 해. 오늘의 승리에 자만하지 말고, 민심이 무엇을 원하는지 귀를 기울여야 해. 지금부터가 시작이야."

박근혜는 쏟아지는 축하인사를 뒤로 하고, 마음속으로는 변화와 혁신을 다짐하고 있었다. 박근혜 대표는 곧바로 기자회견을 열었다.

"오늘부터 저는 여의도에 있는 한나라당 당사에 들어가지 않을 것입니다. 천막으로 만든 당사라도 마련해서 나가겠습니다."

박근혜 대표의 발언에 사람들은 술렁거렸다. 취재하고 있던 기자들도 놀랐고, 한나라당 사람들도 귀를 의심할 정도였다. 박 대표는 비서진에게 천막 당사를 마련할 것을 이미 지시해 놓은 상태였다. 당시 한나라당은 국민들로부터 비난과 지탄을 받고 있었다. 불법으로 선거자금을 받은 의원들이 많았고, 민심을 헤아리지 못하고 우왕좌왕하고 있었다. 이대로 가다가는 한나라당이 국민들로부터 철저히 외면당하는 지경에 처할지도 모르는 상황이었다. 박근혜는 한나라당 대표가 되자마자 자신과 한나라당에 더욱 엄격해지기로 결심한 것이다.

"오늘 당장 천막 당사를 만들도록 하세요."

일부에서는 "사서 고생을 할 필요가 있겠느냐?" 며 기존 당사 건물에 머물 것을 주장하는 목소리도 있었지만 박근혜 대표는 고집을 꺾지 않고 밀어붙였다. 변화하지 않으면 침몰하는 한나라당을 구해낼 수 없다는 절박감 때문이었다.

그날 한나라당은 여의도 당사 건물을 떠나 근처 공터에 설치한 천막 당사로 이사를 했다. 기존 당사 건물의 현판을 떼어낼 때에는 흐느끼는 여직원도 있었다. 천막 당사까지 걸어서 이동하는 동안 박근혜는 다짐하고 또 다짐했다.

"나에게 먼저 엄격해져야 한다. 상대편 정당의 실수와 잘못에 대해서는 비판해 왔지만 정작 한나라당의 오만과 아집에 대해서는 눈을 감아오지 않았는가. 이제 우리들의 부끄러운 부분을 솔직하게 인정하고 변화에 나서야 한다. 천막 당사에서 반성하는 마음으로 업무를 보도록 하자."

천막 당사는 여의도 옛 중소기업전시관 터에 마련되었는데 한눈으로 봐도 볼품이 없었다. 흰색과 푸른색의 천막은 을씨년스러운 분위기를 자아낼 정도였다. 한나라당 사람들은 고개를 숙여 울기도 하고, 먼 하늘을 응시하기도 하며 참담한 마음을 감추지 못했다. 천막 당사를 바라보는 박근혜 대표의 마음도 아프고 쓰라렸지만, 그녀는 결코 내색을 하지 않았다.

뼈를 깎는 고통과 아픔을 통해서만 새로운 모습을 국민들에게 보여줄 수 있다는 판단아래 자신이 먼저 천막생활을 시작했다. 한나라당 사람들과 업무회의를 할 때에도 천막 당사에서 했고, 기자들과의 인터뷰도 천막 당사에서 이루어졌다. 박근혜 대표는 84일간 천막생활을 하면서 한나라당 사람들은 물론 국민들에게 자기 자신에게 엄격했던 모습을 보여주었다.

박근혜 대표는 천막 당사로 이사 가던 날, 서울 종로구 조계사를 찾아 극락전에서 108배를 올렸다. 승복을 입은 스님과 박근혜 대표가 먼저 절을 하고, 뒤에 서 있던 한나라당 사람들도 절을 했다.

"아버지, 어머니. 어제 저는 한나라당의 새로운 대표가 되었습니다. 얼마나 기쁜 일입니까. 하늘에서 지켜보고 계시겠지요. 눈물이 날 법도 한데 눈물이 나오지 않네요. 아마 부모님이 돌아가셨을 때 하도 많이 울어서 눈물이 나오지 않나 봅니다. 앞으로 천막생활을 하면서 부모님이 저에게 몸으로 가르쳐준 원칙과 소신을 실천하면서 한나라당을 꾸려 나갈 생각입니다. 물론 저부터 변화하고 달라져야겠지요. 저에게 거친 세파를 헤쳐 나갈 수 있는 힘과 용기를 주세요. 반드시 국민들로부터 사랑

받는 한나라당을 만들어 보일 겁니다. 지켜봐 주세요."

한 번 한 번 무릎을 꿇어 절을 올릴 때마다 박근혜 대표의 결연한 의지는 더욱 굳건해졌다.

'가능하다', '할 수 있다'고 믿어라

국민들은 자기 자신에게 엄격했던 박근혜 대표와 한나라당을 다시 보기 시작했다. 한나라당을 '부패정당'이라고 부르며 냉소적인 반응을 보였던 국민들이 점점 한나라당에게 호감을 보였던 것이다.

"박정희 대통령의 딸이라는 후광효과가 아닌 것 같은데. 한나라당이 달라지고 있어."

"한나라당이 반성을 하고 있어. 부패로 얼룩졌던 한나라당이 아닌 것 같아."

"박근혜 대표가 한나라당에 새로운 바람을 불어넣고 있어."

한나라당을 바라보는 국민들의 시선은 이렇게 변하고 있었다.

그리고 이 일은 한 달도 채 지나지 않아 결실을 맺게 된다. 천막생활에 돌입하고 한 달도 되지 않은 4월 15일 17대 국회의원을 뽑는 총선이 있었다. 박근혜 대표와 한나라당이 시도했던 변화와 혁신에 대해 국민들로부터 엄중한 심판을 받는 날이었다. 박근혜 대표와 한나라당 사람들은 선거운동을 마친 뒤 지친 몸으로 선거 투표결과를 TV로 지켜보았다.

천막생활을 할 당시만 하더라도 한나라당은 참패를 할 것이라는 의견이 지배적이었다. 부패와 불법을 저지르는 정당이라는 인식이 팽배했기 때문에 국민들로부터 철저하게 외면당하고 소외될 것이라는 견해가 대부분이었다. 하지만 투표결과는 이 같은 예상을 뒤집었다.

한나라당은 전체 국회의원 의석수(299석) 중 121석을 차지하며 선방했다. 당시 여당이었던 열린우리당의 152석에는 미치지 못하는 성적이었지만 바닥까지 추락했던 한나라당의 처지를 감안하면 놀라운 결과였다. 한나라당 사람들은 "박근혜, 박근혜"를 외치며 환호했지만 정작 박근혜 대표는 냉정함을 잃지 않았다. 한나라당의 변화와 혁신에 큰 관심을 보여준 국민들에게 감사의 마음을 남모르게 전할 뿐이었다.

한나라당 사람들은 물론 여의도 정치권에서는 박근혜 대표를 가리켜 '잔다르크' 라는 별명을 붙여 주었다. 바람 앞의 등불처럼 위태로웠던 한나라당을 구해낸 인물이기도 하지만 자기 자신에게 철저하게 엄격했던 성격을 높이 평가했기 때문이다.

영국과 백년전쟁을 벌이는 동안 패색이 짙었던 프랑스가 '잔다르크'의 등장으로 영국을 물리치고 승리를 거둔 것처럼, 한나라당이 박근혜 대표의 리더십으로 재탄생할 수 있었다는 것을 비유한 것이다.

박근혜는 천막 당사 생활 이후 2년 3개월 동안 한나라당 대표를 지내면서 5차례의 국회의원 재선거와 보궐선거 그리고 지방선거를 치르면서 대부분 완승을 거두었다. 그녀가 한나라당 대표로 있는 동안 여당 대표는 8명이나 바뀌었지만, 한나라당은 박근혜 대표를 중심으로 똘똘 뭉쳐 있었다. 박근혜가 처음 대표로 취임할 당시 한나라당 지지율은 7%에 지나지 않았지만 2년 3개월 동안의 대표를 마치고 2006년 6월 퇴임할 때에는 한나라당 지지율이 50%에 육박했다.

모두가 힘들다고, 어렵다고, 불가능하다고 이구동성으로 얘기했을 때 박근혜는 '가능하다' '변화할 수 있다' '할 수 있다'를 외치며 한나라당을 혁신시켰다. 박근혜 대표의 솔선수범하는 모습을 보면서 한나라당 사람들은 무한 감동을 받았고, 박근혜 대표와 함께라면 할 수 있다는 자신감을 가지게 되었던 것이다.

박근혜는 정치인 생활을 하면서 어려움에 처할 때마다, 역경에 직면할 때마다 찬바람 부는 천막 당사로 걸어갔던 옛날의 기억을 떠올린다. 현실에 만족하거나 안이해질 수 있는 마음을 추스르고, 자기 자신에게 엄격한 사람으로 다시 돌아가기 위해서이다.

고대 로마의 황제들 중 지도자로서 인정받는 황제들은 자기 자신에게 엄격하려는 노력을 게을리하지 않았다. 네로, 칼리쿨라 같은 황제들은 당대에는 물론 후세에도 폭군으로 치부되고 있지만, 훌륭한 황제들은 거대한 로마제국을 이끌기 위해 자신에게 엄격한 기준을 적용했다.

로마가 AD 5세기 멸망하기까지 1,000년의 역사를 이어갈 수 있었던 것은 자신에게 엄격한 잣대를 적용했던 훌륭한 황제들이 있었기 때문에 가능했다.

로마 황제들이 큰 전쟁에서 승리할 때에는 네 마리의 말이 끄는 사륜마차를 타고 개선문을 통해 로마로 입성한다. 길거리에서는 승리감에 취한 군중들이 황제만세를 외친다.

하지만 로마에는 특이한 전통이 있다. 개선문을 지나가는 황제의 사륜마차에는 노비가 같이 탄다. 승리의 기쁨에 젖은 황제가 개선문을 통과할 때 이 노비는 사륜마차에서 일어나 황제에게 이렇게 외친다.

"당신은 인간입니다. 당신은 인간입니다. 당신은 인간입니다."

황제는 승리의 기쁨에 취해 있고 황제를 맞이하는 군대와 군중들도 한껏 들떠 있지만, 이 노비는 황제가 '인간' 이라는 사실을 황제는 물론 군중들에게도 알려주는 것이다. 황제가 득의양양해 황제로서의 본분을 망각하고 거만해지거나 자만심에 빠지는 것을 경계하기 위해서이다.

자만심의 위험성을 누구보다 잘 알고 있었던 박근혜는 왜 자기 자신에게 엄격해야 하는지 그 이유를 자신의 일기장에 이렇게 적어 놓았다.

"다른 사람이 저지르고 있는 잘못을 자기는 전혀 저지를 염려가 없다고 장담하는 것은 어리석고 무모한 일이기까지 하다. 가만히 생각해 보면 타인의 잘못은 전에 자기가 저질렀던 또는 저지를 뻔했던 잘못이었고, 앞으로 저지를 수도 있는 잘못인 것이다. 남의 잘못을 보고 그것을 비판하고 욕하고 경멸하는데 열을 올리기보다 자신을 되돌아보고 마음을 다지는 계기로 삼아야 한다."

2. 모자는 빨리 벗고,
지갑은 천천히 열어라

학문을 높이 쌓을수록 더욱 겸허한 마음을 지니고, 부를 누리게 될 때에도 검소한 생활태도를 추구하며, 허물없이 친한 사이라고 해도 지켜야 할 예의를 어기지 않음은 자기 자신을 극복하는 좋은 예가 될 것이다.

'내 것'이라고 하는 것은 아무것도 없다

사람들은 화려한 것을 좋아한다. 생활에 여유가 있으면 같은 상품을 사더라도 할인마트에 가지 않고 백화점에서 쇼핑을 한다. 홈쇼핑 채널을 보다가 집에 있는 물건인데도 광고에 혹해 덜컥 상품을 산다. 특히 다른 사람들 앞에 자신을 드러내야 할 일이 많은 유명인이라면 화려하게 자신을 치장한다. 검소하게 입으면 뒤에서 수군거릴 것 같고, 손가락질할 것 같아 짙게 화장을 하고, 명품으로 몸을 치장한다. 이 같은 경향은 권력이 있고, 명예가 높고, 재산이 많고, 사회적 지위가 높은 사람일수록 더욱 강하게 나타난다.

필리핀을 21년간 통치했던 마르코스 대통령의 아내인 이멜다는 사치의 대명사로 꼽히는 인물이다. 권력에서 쫓겨나 남편과 미국으로 망명한

1986년 당시 그들의 재산은 16억 달러에 달했다. 그녀가 영부인으로 머물렀던 필리핀 말라카낭궁에서 발견된 그녀의 구두는 3,000켤레였고, 속옷은 3,500장, 고급 핸드백은 수천 개에 달했다. 권력을 잡고 있을 때 부정과 불법으로 모은 재산들이다. 그리고 그 재산을 흥청망청 쓰면서 자신을 화려하게 치장했다.

정치인들처럼 권력을 가지고 있는 사람들 주위에는 청탁을 하고, 뇌물을 주면서 이권을 챙기려는 이들이 득실거린다. 부정한 돈을 받아 고가의 집을 사고, 외제차를 샀다가 적발되어 세상의 조롱거리가 되는 일도 쉽게 찾아볼 수 있다.

세상 사람들이 박근혜를 보고 갖는 첫 느낌은 '검소하다' 는 것이다. 한국을 대표하는 정치인이지만, 그녀에게는 사치, 허영과 같은 욕심을 발견할 수가 없다. 2002년 삼성동 자택을 공개했을 당시 TV는 30년가량 된 것이었고, 전화기는 20년 된 것이었다. 근혜의 침실 화장대에는 15년이 넘은 소형 카세트가 놓여 있었다. 화려한 디지털 사회에서 근혜는 마치 흑백 아날로그 생활을 하는 것처럼 보였다.

"왜 이렇게 사시는 거지?"

"꼭 이렇게 살 필요가 있을까?"

"조금만 더 누리면서 살 수 있을 텐데."

자택을 방문한 기자와 보좌진들의 한결같은 반응이었다.

비서진들이 TV와 전화 같은 전자제품을 교체하고, 새롭게 단장한 것이 인터넷에서 간간이 소개되는 지금의 집이다. 집안 곳곳에 있는 아버지와 어머니, 가족들의 사진이 허허로운 집 분위기를 따뜻하게 해줄 뿐이다.

박근혜는 고급 미용실에 가는 일 없이 머리손질을 직접 하는 경우가 많다. 어머니 육영수 여사의 머리 모양과 옷차림에서 크게 벗어나지 않는다. 단순하면서도 우아함을 표현하는 스타일이다. 한번은 머리 스타일을 파마 모양으로 바꾸었다가 지지자들이 옛날 모습이 훨씬 아름답다고 조언해 본래 스타일로 돌아갔다.

박근혜는 해외 출장을 갈 때에는 퍼스트 클래스나 비즈니스 좌석을 이용하지 않고 이코노미 좌석(일반석)을 이용하는 경우가 많다. 많은 국회의원들이 비즈니스 좌석 이상을 고집하는 것과는 큰 차이가 있다. 보통 비즈니스 좌석은 일반석에 비해 가격이 2배가량 비싼 편이다. 일반석을 이용해도 큰 불편이 없는데 굳이 많은 비용을 지불하고 비즈니스 좌석을 구입할 이유가 없다는 것이다.

박근혜는 음식 남기는 것을 싫어한다. 먹을 만큼만 가지고 와서 식사를 한다. 음식물 버리는 것을 매우 아까워한다. 한번은 비서진이 유권자가 건네준 음료수를 받았다가 무심코 그냥 버리는 바람에 근혜에게 혼쭐이 났다.

박근혜는 1981년 7월 21일 일기장에서 이렇게 적고 있다.

"사람이 토지를 소유하게 되면 나중에는 토지가 그를 소유하게 된다는 격언이 있다. 검소한 생활에서는 사람이 물질을 소유할 수 있으나 욕심내는 생활, 게다가 사치에 이르면 이미 주인은 사람이 아니라 물질이다. 소유가 적은 생활 속에서만 인생의 참된 뜻을 만끽하며 살 수 있을 것이다."

또 1992년 11월 25일자 일기장에서는 이렇게 쓰고 있다.

"한 줌의 흙으로 변해버리고 나면 그만이어서 신체의 그 어떤 것도 남을 수 없고, 세상에서 소유하고 누렸던 그 어떤 것도 죽을 때는 가져갈 수 없다는 사실은, 결국 이 세상에서 '내 것'이라고 하는 것은 아무것도 없다는 것을 말해주고 있다."

박근혜가 왜 검소한 생활을 하는지 알 수 있는 대목이다. 젊은 시절부터 검소한 생활을 몸에 익혀 왔다. 자신의 내면을 가다듬고, 자기 계발에 힘쓰는 사람들은 애써 자신을 화려하게 꾸미지 않아도 돋보이게 마련이다. 허황되게 사치를 하지 않아도 사람들에게 신뢰와 믿음을 주는 위엄이 절로 풍겨 나온다.

성공을 꿈꾸는 당신이라면 박근혜처럼 검소하게 생활하는 습관을 만들어야 한다. 사치스러운 생활이 당장 쾌락을 가져다 줄 수 있겠지만 시간이 지날수록 허영으로 쌓아올린 모래성은 무너진다는 것을 깨닫게 될 것이다.

검소하게 사는 것이 나의 신조

박근혜가 중국 베이징대학교에서 학생들에게 강연할 때의 일이다. 한 학생이 질문했다.

"한국과 중국의 협력을 촉진하기 위해 중국 하이얼 회사의 전자제품을 살 용의가 없습니까?"

"검소하게 사는 것이 저의 신조입니다. 하지만 전자제품을 새로 장만

한다면 하이얼 회사 제품을 사서 한국과 중국의 경제교류에 일조하겠습니다."

박근혜의 대답을 들은 베이징대학교 학생들은 환호성을 지르고, 아낌없는 박수를 보냈다. 여기서도 박근혜는 '검소'를 강조했다.

박근혜의 검소한 태도는 하루아침에 생겨난 것이 아니라 어릴 때부터 부모님을 보고 배운 것이었다. 1952년 박근혜가 태어났을 당시 아버지는 군인이었다. 북한과 전쟁 중에 아버지가 군대를 따라 자주 전근을 했기 때문에 근혜 가족은 이 지방, 저 지방으로 자주 이사를 다녀야 했다.

당시 한국의 경제 상황은 세계 최하 수준이었기 때문에 군인이 받는 월급은 넉넉한 편이 아니었다. 평범한 사람들의 생활수준이었다.

서울 동숭동에 셋방을 구해 살 때에는 문지방이 너무 높아 어린 근혜가 문지방에 걸려 넘어지는 일이 많았다. 어린 근혜는 이마를 깨거나 무릎을 다치는 일이 잦았다. 어린 아이의 안전을 위해 가족 모두가 이사를 가기도 했다. 그만큼 생활환경은 열악했다.

근혜의 외할머니인 이경령 여사는 수기에서 당시 생활을 이렇게 쓰고 있다.

"방에는 불도 들이지 않고 물이 줄줄 새기도 했어요. 그때 군인들이 입는 비옷인 고무로 만든 옷을 방바닥에 깔면 축축하게 누기가 차서 도무지 앉지도 눕지도 못했어요. 밤이나 낮이나 서성거리고, 밥이라고 풍로에다가 해서 끼니라고 때우고, 그때 참말로 고생도 말할 수 없이 했어요. 손녀딸 근혜는 아파서 울곤 했어요."

많은 사람들이 박근혜가 풍족한 어린 시절을 보냈을 것이라고 생각하지만 사실은 그렇지 않다. 청와대 생활을 하기 전까지는 군인이었던 아버지를 따라 수차례 전셋집을 옮겨 다녀야 했다. 1950년대의 대한민국을 생각해 보라. 세계에서 가장 가난한 국가 중의 하나가 바로 한국이었다. 아프리카와 동남아 국가들이 전쟁 폐허가 된 한국에 물자 지원을 해줄 정도였다. 어릴 때부터 박근혜는 세상을 살아가는 생존 본능을 스스로 자연스럽게 터득해 나갔던 것이 아닐까.

박근혜는 해외 명품 옷을 거의 입지 않는데 이는 어린 시절부터 부모님에게서 검소한 생활습관을 배웠기 때문이다.

1978년 1월 6일 박근혜의 일기장에는 다음과 같이 적혀 있다.

"사치는 파멸로 향하고 있다는 가장 뚜렷한 증거이다. 마음을 채울 것이나 정신적으로 가질 것이나 기댈 것이 없어 자꾸 많은 물질을 갖고자 하는 것인데, 그러면 결국 그 물질에 의지해 살아가게 된다."

철저하게 절약하고 검소한 생활을 고집하는 근혜의 단면을 읽을 수 있는 글귀이다.

2007년 8월 3일 박근혜는 한나라당 충청북도 당원들에게 아래와 같은 연설을 했다.

"여러분! 어머니가 돌아가셨을 때, 간호사는 어머니의 기워 입은 속치마를 보면서 눈물을 흘렸습니다. 아버지가 돌아가셨을 때, 의사는 아버지를 알아보지 못했습니다. 낡은 벨트와 도금이 벗겨진 넥타이핀을 보고, 도저히 대통령이라고는 상상할 수 없었기 때문입니다. 제 몸속에는 그 어머니, 아버지의 피가 흐르고 있습니다. 저도 두 분의 뒤를 이어 나라를 위해 모든 것을 바칠 것입니다."

1974년 광복절 날 육영수 여사가 간첩 문세광의 총탄에 맞아 사망했을 때, 간호사는 육영수 여사의 속치마를 보고 울었다. 한 나라의 영부인이 속치마를 기워서 입고 있었던 것이다. 1979년 박정희 대통령이 암살되었을 때, 의사는 자신의 눈을 의심하지 않을 수 없었다. 한 나라의 대통령이 낡은 벨트와 도금이 벗겨진 넥타이핀을 하고 있었기 때문이었다.

박근혜는 절약하고 검소한 생활을 했던 어머니와 아버지의 피를 이어받은 것을 자랑스럽게 생각하고 있다. 그리고 일상생활에서 그 같은 정신을 몸소 실천하고 있다. 박근혜의 또 다른 성공요인은 바로 여기에 있다.

나의 부족한 점은 무엇인가

박근혜가 청와대에서 생활했을 때에는 항상 보리와 쌀을 3대 7의 비율로 섞은 혼합밥을 먹었다. 국민들에게는 잡곡밥을 먹도록 계도를 하면서 청와대 사람들은 귀한 쌀밥을 먹을 수 없다는 부모님의 고집 때문이었다.

한번은 근혜가 학교 친구들을 청와대로 초대했다. 화장실을 다녀온 친구가 근혜에게 물었다.

"근혜야, 화장실 수조 속에 빨간 벽돌이 있더라."

"응, 그거 별거 아냐, 아버지가 넣어놓으신 거야."

"왜?"

"벽돌을 넣어두면 수조의 물이 올라가서 물을 아낄 수 있기 때문이지."

"야, 대단하다."

"우리 부모님이 원래 그래. 절약하는 게 몸에 밴 분들이라서."

근혜와 친구들은 한바탕 웃음꽃을 피웠다.

근혜는 아버지의 오래된 군복바지를 재단해서 만든 옷을 입기도 했다. 예쁜 치마를 입어야 할 나이에 근혜는 국방색 바지를 입어야 할 때가 있었다. 너무나 부끄러웠지만 어쩔 수 없었다. 어머니의 절약정신을 알고 있었기 때문이었다.

근혜는 어린 시절 장난감다운 장난감이 없었다. 혹시 친척들이 해외여행을 갔다 오면서 진귀한 선물이라도 사오면 어머니는 선물을 자녀들에게 건네주지 않았다. 아이들에게 사치하는 버릇이 생길 수 있다며 반대했기 때문이다.

이처럼 박근혜가 검소한 습관을 몸에 익히게 된 데에는 어머니인 육영수 여사의 영향이 컸다. 어머니는 한국의 영부인이었지만 언제나 검소하고 절약하는 생활을 했으며, 이를 자녀들에게 교육시켰다. 육영수 여사는 최고의 위치에 있었지만 언제나 자신을 낮추며 검소하게 생활했다. 근혜에게 있어 어머니는 최초의 스승이자 최고의 스승이었던 셈이다.

우리는 학교생활과 정규교육을 통해 지식을 쌓지만, 세상을 살아가는 지혜는 가정에서 터득하는 경우가 많다. 특히 어머니의 역할은 절대적이다. 악한 어머니 밑에서 제대로 된 자녀가 나오기 어렵고, 현명한 어머니 밑에서 탕자(蕩子)가 나오지 않는 법이다. 박근혜가 검소한 생활을 평생의 신조로 삼을 수 있었던 것은 어머니라는 좋은 모델이 있었기 때문에 가능했다. 여러분은 어머니에게서 어떠한 성공법칙과 원칙을 배워나가고 있는가.

1970년 육영수 여사가 청와대에 서울시 간부 부인들을 초청해 다과회를 열었을 때의 일이다. 육 여사가 자리를 잠깐 비운 사이 부인들 사이에서 수군거리는 소리가 들렸다.

"여사님 바지 보셨어요?"

"왜요?"

"아 글쎄, 바지를 기웠더라구요."

"잘못 봤겠지요. 영부인께서 설마요."

부인들은 닳아서 해진 곳을 재봉틀로 박아 기운 바지를 입은 육영수 여사를 보고 고개를 숙이지 않을 수 없었다. 값나가는 명품을 입고 육영수 여사 앞에서 갖은 폼을 잡았던 자신들이 한없이 부끄러웠다.

한 나라의 대통령이었지만, 아버지도 육영수 여사 못지않게 절약정신이 몸에 밴 분이었다. 박 대통령의 비서실장이었던 어떤 분은 그의 회고록에서 이렇게 기술하고 있다.

"나는 박 대통령 집무실에 있던 파리채를 기억한다. 박 대통령이 살던 본관 2층과 집무하던 1층에는 에어컨이 없었다. 전기를 아끼려는 뜻이었다. 선풍기는 있었지만 박 대통령은 그것조차 돌리지 않았다. 한여름에 열기가 닥치면 박 대통령은 창문을 열었고 열린 문으로 파리가 날아오곤 했는데 박 대통령은 파리를 잡기 위해 파리채를 휘두르곤 했다. 박 대통령은 아침저녁으로 밥을 먹을 때 꼭 30%는 보리를 섞었다. 특별한 행사가 없으면 점심은 멸치나 육수에 만 국수였다. 박 대통령은 솔선해서 국산품을 애용했는데 일상용품 중 넥타이, 만년필, 전기면도기 세 가지를 빼고는 양복, 외투, 내의, 구두 등 모든 것을 국산품으로 썼다.”

넥타이는 해외에 파견된 대사들이 국내에 들어올 때 선물한 것이었고, 만년필과 전기면도기는 국내 기술로는 제대로 된 제품을 만들 수가 없어서 외제품을 썼던 것이다.

박근혜도 아버지에 대해 이렇게 기억하고 있다.

“아버지는 근검절약이 몸에 배서 청와대에서 불필요한 전등을 모두 끄셨다. 더운 날씨는 부채로 이겼으며 종이를 아끼기 위해 이면지를 쓰도록 하셨다. 이런 아버지를 보며 학창시절 ‘나는 어떤 면을 고쳐야 하는가? 나의 부족한 점은 무엇인가?’ 를 노트에 적어두고 고칠 때까지 노력하곤 했다.”

근혜의 또 다른 성공요인은 부모님이 되었든, 친구가 되었든, 경쟁관계에 있는 라이벌이 되었든 항상 그들로부터 무엇인가를 배우려는 자세를 가졌다는 점이다. 그들의 생각과 행동을 지켜보면서 자신에게 부족한 부분을 채워나갔다.

우리는 부자가 되기를 꿈꾼다. 가난하게 살기 위해 애쓰는 사람은 세상 어디에도 없다. 물질적으로 풍요해야 다른 사람도 도울 수 있고, 기부도 할 수 있다. 하지만 우리는 쉽게 소비의 유혹에 빠지고 만다. 신용카드로 필요하지 않은 물건을 사고, 마이너스 카드대출을 받기도 하고, 카드 돌려막기를 하다가 결국 개인파산을 신청하는 사람들이 있다. 아시아 최고 부자인 리자청이나 세계 최대 가구회사 이케아(IKEA)의 캄프라

드 회장이 왜 지금까지 검소한 생활을 유지하고 있는지 되새겨볼 필요
가 있다.

3. 약속한 것은 대리석에 새겨라

한자로 '믿을 신(信)' 자는 '사람 인(人)' 자와 '말씀 언(言)' 자가 모여서 된 글자이다. 사람의 말이란 마땅히 믿을 수 있어야 한다. 성현 말씀에 '옛 사람은 경솔하게 말하지 않았습니다. 그것은 실천이 따르지 못할까 두려워하였기 때문입니다' 라는 구절이 있다. 신용과 신뢰를 중시하는 사회라면 우리는 보다 행복하게 살 수 있을 것이다.

처음 약속처럼

우리는 세상을 살아가면서 수많은 약속을 하고 맹세를 하지만 이를 지키지 못하는 경우가 많다. 심지어는 말과 행동을 다르게 하고, 시간이 지나면 말을 바꾸는 경우도 있다. 신용을 쌓기는 힘든 일이지만 잃는 것은 금방이다. 한순간에 무너질 수 있다.

'저 사람은 믿을 수 있어' '저 사람은 거짓말을 안 해' '저 사람은 진실해' 등과 같은 말을 주위 사람들로부터 듣는다면 당신은 참으로 행복한 사람이다. 난관에 부딪쳐 어려움을 겪을 때에도 주위에는 항상 도움을 주려는 사람들이 몰려든다. 약속과 신뢰에는 사람들을 자석처럼 끌어당기는 향긋한 향기가 배어 있기 때문이다.

박근혜라는 이름을 들으면 당장 연상되는 단어가 바로 '약속을 지키는 사람'이다. 식언(食言)을 하거나 허언(虛言)을 하지 않는 사람이라는 인상을 먼저 받는다. 이것이야말로 박근혜를 지탱하는 가장 큰 힘이다.

박근혜는 2006년 3월 26일 미니홈피에 이런 글을 남겼다.

"언제나 처음처럼, 처음 약속처럼 그 마음 그대로 항상 같다면… 우리는 세상을 살아가면서 수없이 많은 만남과 약속을 하고 살아가고 있다. 그리고 모든 것이 다 잘 될 것이라고 기대를 하고 마음에 다짐을 하기도 한다. 그러나 살아가다 보면 이런저런 이유로 처음 약속을 지키지 못하고 서로를 실망시키고 마음을 아프게 하는 경우가 많이 있는 것 같다. 정치를 시작하면서 제일 중요하게 여기는 게 있었다면 국민과의 약속을 잊지 않겠다는 것이었다."

미국의 16대 대통령인 에이브러햄 링컨도 이렇게 말하지 않았는가.

"여러분은 모든 사람들을 잠시 동안 속일 수 있을 것입니다. 그리고 어떤 사람들을 항상 속일 수는 있을 겁니다. 그러나 모든 사람들을 항상 속일 수는 없는 법입니다."

신뢰를 잃는 것보다 더 큰 손해는 없다

박근혜는 1998년 한나라당에 입당해 정치를 시작한 이후 줄기차게 한나라당의 개혁과 변화를 요구했다. 잘못된 관행과 구태의연한 사고로는 국민들의 지지를 받을 수 없고, 신뢰를 얻을 수 없다고 호소했다. 2000년 한나라당의 부총재가 되어서도 변화와 개혁을 계속 주장했다.

한나라당에서 높은 위치를 차지하고 있었기 때문에 옛날 방식을 고수하면 높은 지위가 그대로 보장되었지만 그는 자리에 연연하지 않고 개혁의 목소리를 높였다.

"가만히 있으면 좋은 자리를 차지할 텐데……."

"한나라당 총재가 하자는 대로 그대로 따라가면 될 텐데……."

"이미 굳어진 관행을 바꾸기가 쉽지 않은데……."

"왜 저렇게 원리, 원칙을 고집하는 것일까?"

주위 사람들 중에서는 박근혜의 주장과 행동을 이해하지 못하는 사람도 많았다. '좋은 것이 좋은 것인데' 라고 생각하는 사람들이 대부분이었다. 하지만 박근혜는 한나라당을 개혁하고 혁신하는 것이야말로 국민들과의 약속을 지키는 일이라고 굳게 믿고 고집을 꺾지 않았다.

박근혜의 주장은 이러했다.

"제왕적인 권한을 가지고 있는 총재의 권한을 줄여야 한다. 모든 권한과 권력이 총재에게 집중되다 보니 당원들이 총재에게 굽실거리게 되고, 소신대로 자기주장을 펴지 못하게 된다. 총재가 국회의원 선거에 출마할 후보자를 지명하는 상황에서 누가 총재의 비위를 거스르는 바른말을 하겠는가. 국회의원 후보자를 뽑는 공천 역시 한나라당 지도부가 단독으로 해서는 안 되며, 당원들의 의견을 반영해야 한다. 이른바 상향식 공천이다. 한나라당 당원들이 모두 참여해서 한나라당을 대표하는 국회의원 후보자를 뽑아야 한다."

대통령 후보를 뽑을 때에는 국민들도 참여해야 한다고 주장했다. 한나라당 지도부와 당원들의 의견도 중요하지만, 국민들도 참여시켜 대통령 후보자를 선택해야 한다는 것이었다. 회계 투명성도 마찬가지였다.

한나라당에 들어오는 돈과 지출되는 비용을 투명하게 공개해서 회계투명성을 높여야 한다고 생각했다.

박근혜의 이 같은 주장은 일부 젊은 국회의원들의 지지를 받았지만 한나라당 내부에서는 받아들여지지 않았다. 사람들은 기존 관행과 관습에 익숙해져 있어 변화하고 혁신하는 것에 거부감을 느꼈다. '지금 이대로가 좋아' 라는 분위기가 팽배했다. 박근혜의 주장과 개선방안이 바람직하다고는 생각했지만, 정작 받아들이지는 않았다. 박근혜는 생각했다.

'이런 상태로는 국민들에게 신뢰를 줄 수 없다.'

'내가 정치를 시작한 것은 국민들과의 약속을 지키기 위함이 아닌가?'

'내가 가진 원칙을 깨트리면서까지 한나라당에 남아있을 수는 없다.'

여기저기 백방으로 뛰어다니며 변화와 개혁을 부르짖었지만 그의 주장은 허공에 울려 퍼지는 메아리였다. 더 이상 희망이 없었다.

박근혜는 한나라당 부총재라는 안정된 지위가 보장되었지만 결국 2002년 한나라당을 탈당했다.

"한나라당이 변하는 모습을 보이지 않고 지지해 달라고 하는 것은 결국 국민을 속이는 일이기 때문에 그렇게 할 수 없다."

박근혜가 밝힌 입장이다.

그는 기자들에게 "몇 가지 개혁안을 요청했지만 거부당해 한나라당 내에서는 정치를 변화시킬 수 없다고 판단했다"고 말하기도 했다.

약속을 지키는 것은 생명을 지키는 것이다

정치는 국민들과의 약속이다. 약속을 잘 지키는 정당이 좋은 정당이고, 약속을 깨트리는 정당이 나쁜 정당이다. 국민들에게 희망을 주지 못하고, 실망을 주는 시스템을 가지고 있는 정당에서 어떻게 국민들과의 약속을 지킬 수 있단 말인가. 국민들과의 약속을 지키지 않는 정당은 정당으로서의 존재가치가 없다. 박근혜의 생각은 고래 힘줄처럼 확고했고 흔들리지 않았다.

"약속은 반드시 지켜져야 한다."

"약속을 지켜야 신뢰를 얻을 수 있다."

박근혜의 생활신조이자 정치철학이었다.

한나라당을 나온 박근혜는 뜻을 같이하는 국회의원들과 함께 '한국미래연합'이라는 새로운 정당을 만들었다. 변화와 개혁을 거부하고 국민들로부터 신뢰를 받지 못하는 한나라당과는 뜻을 같이 할 수 없다고 생각했기 때문이다. 그는 한나라당에 요구했던 내용들을 그대로 '한국미래연합'이라는 신당에 적용시켰다. 총재직을 없애고 상향식 공천과 회계의 투명성 강화 등을 약속했고, 대통령 후보는 국민들이 참여하는 경선 제도를 통해 선출하기로 했다. 국민들과의 약속을 지키기 위한 일들이었다.

박근혜의 탈당은 한나라당에게는 큰 충격이었고, 다가오는 대통령 선거를 준비하는 입장에서 부담이기도 했다. 한나라당은 박근혜의 의지가 확고하다는 것을 확인하고는 입장에 변화를 보였다. 박근혜가 이전에 요청했던 정당 개혁 내용을 그대로 수용하기로 한 것이다.

"당신의 생각이 옳았습니다."

"우리가 너무 현실에 안주했습니다."

"한나라당에 다시 들어와 주십시오."

"우리는 당신이 필요합니다."

박근혜는 한나라당이 구태의연한 모습을 버리고, 국민들과 약속한 정치를 하겠다는 다짐을 받고는 다시 한나라당과 일을 하기로 결심했다. 한국미래연합에 참여했던 다른 국회의원들도 뜻을 같이했다. 결국 2002년 11월 19일 한국미래연합과 한나라당은 합당되었다. 한국미래연합을 해산하고 한나라당에 합류하는 형태였다.

그리고 1년 5개월의 시간이 흐른 뒤 근혜는 한나라당의 새로운 대표가 되었다. 한나라당이 국민들로부터 사랑을 받고 지지를 얻기 위해서는 박근혜의 생각대로 한나라당을 바꾸어야 한다는데 당원과 대의원들이 공감했기 때문이었다.

박근혜는 한나라당 대표를 뽑는 전당대회 투표를 앞두고 이렇게 연설했다.

"저는 오늘 '신에게는 아직도 열두 척의 배가 남아 있다' 고 한 충무공의 비장한 각오를 되새기며 이 자리에 섰습니다. 저는 부모님도 없고, 더 이상 얻을 것도 잃을 것도 없는 사람입니다. 당을 위해서 제 모든 것을 바치겠습니다."

그는 한나라당 대표로 뽑히자마자 국민들과의 약속을 지키는 작업에 돌입했다. 한나라당 의원들의 부정부패로 벼랑 끝으로 내몰리고 있던 한나라당을 추스르기 위해서는 가장 시급한 일이라고 생각했다. 자신이 이

전에 한나라당에 요구했던 개혁 내용과 한국미래연합에 도입했던 내용을 그대로 한나라당에 적용시켰다. 한나라당 창당 이후 가장 큰 변화였고 개혁이었다.

'설마 전면적인 개혁을 하겠어?'라고 생각했던 동료 의원들도 그의 추진력에 혀를 내두를 정도였다. 조금도 주저없이, 과감하게 한나라당을 변화시킨 것이었다. 이것이야말로 국민들과의 약속을 지키는 것이고, 한나라당이 국민들로부터 지지를 받는 첫걸음이라고 생각했다.

여의도 국회의사당 앞에 있던 10층짜리 번듯한 한나라당 당사를 떠나 여의도 공터에 천막 당사를 마련해 업무를 이곳에서 보았다. 명동성당, 조계사 등을 찾아 참회하고 108배를 올리면서 반성하는 모습을 국민들에게 보여주었다. 천안에 있던 한나라당 중앙연수원도 팔아 국민들에게 돌려주었다. 중앙연수원 건물은 당시 가격으로 1,000억 원이 넘었다. 부정부패에 연루된 국회의원이나 광역의원, 당원들은 한나라당에서 내쫓았다.

"굳이 천막 당사로 가서 고생할 필요가 있습니까?"

"중앙연수원을 팔면 선거자금은 어떻게 마련합니까?"

"한나라당 식구까지 제명시킬 필요가 있습니까?"

"이렇게까지 할 필요가 있습니까?"

여기저기에서 불만을 터뜨리며 반대하는 목소리도 있었지만 근혜는 꿈쩍도 하지 않았다. 깨끗한 정당, 국민들이 믿을 수 있는 정당으로 다시 태어나겠다고 국민들에게 약속을 한 이상 뼈를 깎는 구조조정을 해야 한다고 생각했다. 국민들과의 약속과 신뢰를 지키는 것이 그에게는 가장 중요한 정치철학이었던 것이다. 이 같은 변화 이후 한나라당은 국회의원 선거를 포함해 40번의 선거에서 상대편 당을 모두 누르는 기염을 토하게 된다. 약속과 신뢰가 얼마나 큰 힘을 발휘하는지 알 수 있는 대목이다.

근혜는 중국 고전인 『한비자(韓非子)』에 나오는 '증자(曾子)의 돼지' 이야기와 함께 미생지신(尾生之信) 고사를 자주 인용한다. 약속과 신뢰에 대한 이야기다.

옛날에 미생(尾生)이라는 사람이 있었다. 그는 사랑하는 여자와 다리 밑에서 만나기로 약속을 했다. 그런데 한참을 기다려도 여자는 오지 않았다. 비가 내리기 시작했다. 비가 그치지 않고 계속 내려 홍수가 났는데도 미생은 자리를 떠나지 않았다. 결국 미생은 여자를 기다리다가 불어난 물에 빠져 죽고 말았다. 미생지신은 여기서 나온 말로 미생의 신의와 약속, 즉 너무나 우직하게 약속을 지키는 것을 비유적으로 표현할 때 쓰는 말이다.

박근혜는 2005년 그의 미니홈피에 이렇게 적고 있다.

"정치인으로서 지켜야 할 가치 중 가장 중요한 것은 국민과 한 약속을 지키는 것, 그것을 한순간이라도 잊어버린다면 모두에게 신뢰를 잃고 만다. 신뢰할 수 있는 사회로 인정받는데 가장 기본이 되는 것은 얼마만큼 책임질 수 있는 약속을 했고, 그것을 지키기 위해 어떠한 노력을 했는가 하는 것이다.

작은 이익은 예외 없이 큰 이익을 해치며, 작은 지혜는 예외 없이 큰 지혜를 가려버리고 만다. 어느 한 구석만 보지 않고 그 전체를 볼 줄 아는 지혜만이 우리가 추구하는 곳으로 이끌어 줄 것이다. 우리 사회가 입만 열면 민주니, 개혁이니, 혁신이니 하면서도 작은 약속 하나 지키지 못하는 것은 기본 철학이 없는 것이나 다름이 없다. 자전거를 탈 줄 모르면서 오토바이를 탄다고 큰소리치는 것과 같다.”

박근혜는 한나라당 대표로 있던 2006년 3월 ‘대국민 약속 실천백서’를 발행했다. 이 책을 통해 한나라당이 국민들에게 한 약속을 얼마나 잘 지키고 있는지 확인할 수 있다. 국회의원 선거뿐 아니라 지방선거에서 했던 공약, 전국을 돌며 민생탐방을 하면서 약속했던 내용이 고스란히 담겨 있고, 실제로 약속을 이행했는지 여부가 체크되어 있다. 분량도 300페이지에 달한다.

“육아수당은 제대로 지급되었나요?”

“튼튼한 다리를 건설해 주기로 했는데 어떻게 되었나요?”

박근혜는 아직 약속을 이행하지 않은 것이 있으면 비서진이나 당원들에게 빨리 해결해 줄 것을 요청했다. 비서진이나 당원들에게는 일을 시키는 것 같아 미안한 마음이 들었지만 국민들과의 약속을 지키고 신뢰를 얻는 것이 무엇보다 중요하다고 생각했기 때문에 어쩔 수 없었다. 실천백서에 실린 내용대로 약속을 지키려고 백방으로 뛰어다니는 직원들이 고마울 따름이었다. 일부에서는 “너무 세부적인 것에 일일이 신경을 쓸 필요가 있느냐?”며 불만을 토로하기도 하지만 박근혜의 생각은 한결같았다. 큰 공약을 실천하는 것도 중요하지만 이에 못지않게 작고 소소한 공약도 제대로 지키는 것이 중요하다. 작은 약속을 실천하지 않는 정당이 어떻게 큰 약속을 실천할 수 있겠느냐고 박근혜는 되묻는다. 그는 오늘도 ‘대국민 약속 실천백서’를 보면서 실천하지 않고 있는 약속을 이행하기 위해 노력하고 있다.

철학자 니체도 이렇게 말하지 않았는가.

"사람이 정직하게 말하는 것은 무슨 이유 때문일까요? 신이 거짓말을 금지했기 때문이 아닙니다. 그것은 거짓말을 하지 않는 것이 마음에 평화를 주기 때문입니다."

정직하게 약속을 지키면 당장에는 손해를 입을 수도 있다. 하지만 그 손해가 나중에는 비교할 수도 없는 만큼의 믿음과 신뢰로 돌아온다. 정직한 사람이 뿜어내는 향기는 그 은은한 파동이 너무 크고 아름다워서 주위에는 사람들이 항상 모여들게 마련이다. 향긋한 꽃향기를 찾아 멀리서 벌들이 몰려드는 것처럼 정직한 사람 주위에는 그의 진실성에 매료된 사람들이 찾아오게 되는 법이다.

4. 긍정은 부정보다 힘이 더 세다

시간이란 열심히 쓰면 온통 자기 것이요, 그렇지 않으면 그냥 지나가 버린다. 주위환경도 만족할 줄 알면 궁전보다 더 좋지만, 대궐도 만족이 없고 근심거리가 많으면 오두막집만도 못하다. 이웃도 자기가 사랑하면 사랑은 자기 주변을 에워싸지만 미워하고 냉담하면 자기 주변은 한기만이 감돈다.

긍정하면 불가능도 가능해진다

부정적인 마인드를 가지고서는 성공할 수도 없고, 열매를 맺을 수도 없다. '안 될 것이다' 라고 먼저 생각하면 성공의 싹은 자랄 수 없다. 패배자의 특징은 '여기까지' '더 이상은 안 돼' 등과 같이 미리 한계를 정해 놓는 것이다. 부정적인 마인드는 앞으로 나아가려는 긍정적인 생각을 갉아먹고, 현실에 안주하려는 무기력으로 이어진다. 지금 이 순간 견디기 힘들더라도 '될 수 있다' '할 수 있다' '가능하다' 라고 긍정적으로 생각한다면 처음에는 불가능해 보였던 일들도 가능해진다. 왜냐하면 긍정은 부정보다 힘이 더 세기 때문이다.

한국 정치는 지역감정에 휘둘리는 경향이 강하다. 국회의원 선거나 지방선거 투표결과를 보면 전라남북도 등 호남권은 민주당을 선호하는 반면 부산, 대구 등 경상도는 한나라당에 표를 많이 준다. 한나라당은 전통적으로 보수적인 이미지가 강하고, 민주당은 진보성향이 강하다. 민주당 후보가 호남권에 출마하거나 한나라당 후보가 경상도 지방에서 출마를 하면 70% 이상의 압도적인 몰표를 받는 경우도 심심찮게 볼 수 있다. 그만큼 동(경상도)과 서(호남권)로 지역감정이 남아 있는 것이다.

박정희 前 대통령은 재임 시절에 호남권을 대표하는 김대중 前 대통령과 맞수였다. 몇 차례에 걸쳐 치열한 선거대결을 벌였고, 당시 야당을 대표했던 김대중은 박 대통령이 정치를 잘못하거나 민주정치에 어긋나는 정책을 펼 때에는 날카롭게 비판을 했다.

이 같은 과정에서 김대중은 박 대통령 정권으로부터 가택연금을 당하는 등 인권을 억압당하기도 했다. 일본에서 김대중 납치사건이 생길 정도로 김대중은 박정희 정권으로부터 감시와 견제를 당했다. 박정희는 고향이 경상북도 구미였고, 김대중은 고향이 전라남도 신안이었다. 정권을 잡고 있었던 경상도 출신 대통령과 인권탄압을 당했던 전라도 출신 야당 대표의 문제는 결국 경상도와 전라도 간 지역감정으로 확산되는 씨앗을 잉태하고 있었다.

그리고 1980년 5.18광주민주화운동이 벌어졌다. 5월 18일부터 27일까지 광주 시민과 전라남도 주민이 중심이 되어 군사반란과 쿠데타를 주도한 전두환 보안사령관과 신군부 세력의 퇴진, 김대중 석방 등을 요구하며 민주적인 시위를 벌였다. 하지만 신군부와 계엄군은 선량한 학생들과 부녀자, 시민들에게 총을 쏴 무차별 살상을 했다. 당시 정권을 쥐고 있었고, 훗날 대통령이 된 전두환은 고향이 경남 합천이었다. 이후 경상도와 전라도 간 지역감정의 골은 더욱 깊어졌다. 한국 역사의 큰 비극이었다.

결과=사고방식×열의×능력

많은 정치인들은 이 같은 지역감정을 해소하거나 없애는데 노력하기보다는 선거 전략에 유리하다며 이용했다. 자기네 지방을 중심으로 똘똘 뭉쳐서 정권을 잡아야 한다는 생각이 지배적이었다.

사람들은 지역감정은 고치기 힘들다고 생각했지만 박근혜는 '고칠 수 있다' 고 긍정적으로 생각했다. 부정적으로만 생각하지 말고 문제를 개선하기 위해 작은 실천이라도 해야 한다고 생각했다. 근혜의 성공 방정식에서 빠트릴 수 없는 공식이 바로 '인생과 일의 결과=사고방식×열의×능력' 이라는 것이다. 열의가 있고 능력이 출중하면 사회에서 성공할 확률은 높아진다. 열정적인 사람을 누가 싫어하겠는가. 능력이 뛰어난 사람을 누가 꺼려하겠는가. 하지만 아무리 열정적이고 능력이 뛰어나다고 하더라도 사고방식이 부정적이거나 회의적이라면 인생과 일의 결과는 180도 달라진다. 마이너스가 되고 만다.

열의와 능력과 함께 사고방식이 긍정적이라면 인생과 일의 결과는 플러스가 된다. 또 열의가 높고 능력이 뛰어나면 결과는 기대 이상의 플러스를 만들어낼 수 있다. 그만큼 긍정의 힘은 무서운 위력을 발휘한다. 박근혜는 이 같은 성공 방정식을 지역감정 해소에 적용했다.

아버지인 박정희 대통령 정권 아래에서 인권탄압을 당한 김대중 前

대통령과 호남 사람들에게 사과를 하고 용서를 구하는 것이 지역감정 해소를 위한 첫걸음이라고 판단했다.

국민과 언론의 관심은 온통 박근혜가 과연 사과를 하고 용서를 구할 것인가 하는데 쏠려 있었다. 아버지의 잘못에 대해 과연 딸이 사죄를 할 것인가.

박근혜는 2004년 8월 김대중 前 대통령을 방문했다. 한나라당 대표로 서울 동교동에 있는 김대중 前 대통령 자택을 찾은 것이었다. 그리고 용서를 구했다.

"아버지 시대의 인권탄압에 대해서는 자식 된 입장에서 그 피해자들에게 깊이 사과하고 싶습니다."

박근혜는 잘못한 것에 대해서는 사과를 하고 용서를 구하면 지역감정도 점점 사라질 것이라고 긍정적으로 생각했다. 문제는 실천이다. 생각만 하고 행동으로 옮기지 않으면 문제는 절대 해결되지 않는다. '할 수 있다' '가능하다' 라고 긍정적으로 생각하면서 실천에 옮기면 반드시 성과가 있을 것이라고 믿었다.

한나라당 대표로 있을 때에는 한나라당 의원들을 이끌고 5.18 묘역을 참배했고, 김대중 前 대통령 고향인 전라남도 신안에는 다섯 번이나 방문했다. 사죄를 하고 용서를 구하는 마음을 행동으로 보여준 것이었다.

2005년 11월 박근혜가 김대중 前 대통령을 병문안 갔을 때 김 前 대통령은 이렇게 말했다.

"극단적 대립이 아니라 상대와의 대화를 통해서 고칠 것은 고쳐야 하는데 박근혜 대표가 적임자이다."

전라도와 경상도의 화합을 위해 백방으로 뛰고 있는 박근혜의 노력을 높이 평가했던 것이다. 박근혜는 경상도를 위해서, 또는 전라도를 위해서, 또는 특정 지역을 위해서 정치를 하는 것이 아니라 대한민국 전체를 위해서 정치를 하고 있다. 1998년 정치에 입문한 것도 이 같은 꿈과 희망 때문이었다.

2007년 8월 박근혜는 광주와 전남의 한나라당 당원들에게 이렇게 연설했다.

"어제 저는 이곳 광주에서 영화 '화려한 휴가'를 봤습니다. 마음이 아팠습니다. 27년 전 광주의 비극에 마음이 아팠고, 아직도 아물지 못한 호남의 상처 때문에 마음이 무거웠습니다.

저는 3년 전 김대중 前 대통령을 찾아뵈었습니다. 아버지 시절에 불행한 고초를 겪으신 것에 대해 아버지의 딸로서 진심으로 사과를 드렸습니다. 당시 김대중 대통령은 저에게 '국민화합의 최적임자'라고 했습니다. 저는 그 말이 무엇을 뜻하는지 잘 알고 있습니다. 국민화합, 저 박근혜가 꼭 해내라는 것 아니겠습니까? 화합과 통합이 되지 않으면 선진국으로 갈 수 없습니다."

한국 정치의 가장 오래된 병폐인 지역감정 해소를 위해 박근혜는 오늘도 뛰고 있다.

박근혜의 영문 이름은 'Geun Hye'로 이니셜은 'GH'이다. 그는 이것을 화합과 통합을 의미하는 'Great Harmony'라는 뜻으로 마음속에 새기고 있다. 그에게 'Great Harmony'는 지역이나 계층 간 갈등의 해소, 한반도의 긴장완화와 평화정착, 동아시아의 지역협력 증진 등을 포함하는 정치적 신념이요, 비전이다.

'어쩔 수 없이 한다'는 생각을 버려라

박근혜가 몸소 실천하고 있는 '인생과 일의 결과=사고방식×열의× 능력' 방정식은 모든 사람과 상황에 그대로 적용하거나 응용할 수 있다.

박근혜는 2005년 백호부대 훈련병들에게 이렇게 말했다.

"추운 날씨에 얼마나 고생이 많으십니까. 여러분 모두 낯선 군대생활에 적응하랴, 고된 훈련을 받으랴 힘들고 정신이 없을 것입니다. 하지만 힘내십시오. 대한민국의 사나이라면 누구나 여러분이 겪고 있는 과정을 거쳤습니다. 여러분에게 한 가지 당부 드리고 싶은 것은 사람은 어떤 조건이나 환경에 처하더라도 상황에 끌려다니는 사람이 아니라 상황을 움직이는 사람이 되어야 한다는 것입니다. 예를 들어 컵에 물을 반쯤 마셨을 때 어떤 사람은 '벌써 반이나 마셔버렸다'고 생각하지만 어떤 사람은 '아직도 반이나 남아 있다'고 생각합니다. 생각하기에 따라서 주어진 조건과 환경을 180도 다르게 인식할 수 있고 활용할 수 있다는 뜻입니다. 군대생활 역시 마찬가지라고 생각합니다. '어쩔 수 없이 한다'는 식의 피동적인 생활보다는 하루라도 군 생활에 빨리 적응하고, 나름대로 의미를 부여하고, 보람을 찾아가는 적극적인 자세를 가질 것을 부탁드립니다."

박근혜의 연설이나 대화에는 긍정의 마음가짐을 강조하는 말들이 많다. 그는 '긍정은 부정보다 힘이 더 세다'는 단순한 사실을 잘 보여주고 있다. 긍정적으로 생각하면 태도와 습관이 바뀌고, 열정이 움트게 된다. 될 것이라고 믿고 노력하는데 세상에 안 될 일이 어디 있겠는가. 벼룩은 자기 몸보다 137배나 높이 뛸 수 있다. 하지만 벼룩을 작은 병 속에 얼마 간 가두었다가 떼면 자신이 더 높이 뛸 수 있다는 사실을 잊어버리고 딱 그 높이만큼만 뛰게 된다. 이처럼 스스로 한계를 설정해 버리거나 부정적인 마인드를 갖게 되면 무한한 가능성은 사라지고 만다.

2007년 8월 박근혜가 한나라당 대통령 후보 경선 투표에서 패배했을 때에도 그는 '인생과 일의 결과=사고방식×열의×능력' 방정식을 자신에게 적용했다. 결코 낙담하거나 주저앉지 않았다.

박근혜는 서울 잠실 체조경기장에서 열린 전당대회에서 경선 패배를 인정했다. 대선후보 경선 투표 결과 이명박 후보가 8만 1,084표(49.56%)를 얻었고, 박근혜 후보는 7만 8,632표(48.06%)를 차지했다. 투표 차이는 2,452표(1.5%)에 불과했다. 당시만 해도 한국 정치사에서 정당 내 경선이든 국가적 선거이든 간에 패배한 후보가 깨끗하게 승복하고 화합하는 경우가 많지 않았다. 선거에서 지면 자신이 속한 정당을 뛰쳐나와 독자적으로 대통령 선거에 출마하기도 했다. 후보 단일화를 하기로 했다가 막판에 지지를 철회하는 경우도 있었고, 대통령 선거결과에 승복하지 않고 다시 개표를 요구하기도 했다. 패배를 깨끗이 인정하는 정치문화가 성숙되지 않았었다. 하지만 박근혜는 재검표를 요구할 수 있을 정도로 근소한 차이로 졌지만 깨끗하게 패배를 인정했다. '아름다운 승복'이었다.

당시 한나라당 대통령 후보 경선투표는 '선거인단' 투표와 '여론조사' 투표로 나뉘어져 있었고 2개를 합해서 최종 득표가 결정되었다. 선거인단은 한나라당 대의원과 당원이 투표한 것이었고, 여론조사는 국민들이 투표한 것이었다.

선거인단 투표에서는 박근혜 후보가 이겼다. 이명박 후보가 6만 4,216표(49.06%)를 얻었고 박근혜 후보는 6만 4,648표(49.39%)를 얻었다. 432표 차이로 박 후보가 앞섰다.

하지만 여론조사에서 박 후보가 이명박 후보에게 밀렸다. 이명박 후보가 1만 6,868표(51.55%)를 획득했고, 박 후보는 1만 3,984표(42.73%)를 얻었다. 이명박 후보가 2,884표를 더 얻었다.

박근혜 후보는 선거인단 투표에서는 승리했지만, 여론조사 투표에서 밀려 결국 최종적으로 패배를 하고 말았던 것이다. 여론조사를 하지 않았더라면 박근혜 대표가 한나라당 대통령 후보로 선출될 수도 있었다.

한나라당 대통령 후보 경선에 여론조사를 도입할 것을 주장하고 이를 관철시킨 것은 바로 박근혜였다. 한나라당에 입당한 이후 줄기차게 이를 요구했고, 2004년 한나라당 대표가 되었을 때에는 이를 관철시켰다. 결국 박근혜는 자신이 도입했던 국민 여론조사 때문에 대통령 후보 경선 투표에서 패배하고 말았던 것이다. 하지만 근혜는 여론조사 투표를 도입한 것이나, 여론조사 투표 때문에 진 것에 대해 달리 생각했다.

개인적으로는 선거에 패배한 것이었지만, 한나라당의 정치문화와 한국 정치를 위해서는 새로운 길을 개척한 것이라고 긍정적으로 생각했다. 대통령 후보를 경선 투표할 때에는 반드시 국민들의 의사가 반영되어야 한다고 생각했다. 박근혜 후보가 경선투표 결과에 바로 승복하고 이후 이명박 대통령 후보의 당선을 위해 백방으로 뛰어다닌 것은 바로 이 같은 신념과 긍정의 마인드가 있었기 때문에 가능했다.

우리는 현실에 충실하기보다는 막연한 꿈과 이상을 그리는 경우가 종종 있다. 현실 속에서 실천하지 않으면서 자신이 바라는 일들이 모두 이루어지기를 바라기도 한다. 큰 꿈과 목표를 가지는 것은 좋은 일이지만 실현 불가능하거나 실천으로 옮기지 않는다면 몽상에 불과할 뿐이다. 근혜는 막연한 행운에 기대기보다는 지금 당장 현실에서 행복해질 수 있는 일을 찾아야 한다고 말한다. 현실을 부정하지 말고 긍정하면서 해법을 찾아야 한다고 강조한다.

에드거 앨버트 게스트라는 작가는 『불가능한 일』이라는 작품에서 긍정의 힘을 이렇게 찬양하고 있지 않은가.

누군가는 불가능한 일이라고 말했지만

그는 껄껄 웃으며 대답했다.

"그럴지도 모르지."

하지만 그는 자신이 해보기 전에는 그리 말하지 않는 사람.

그래서 그는 일에 착수했다.

얼굴에 여전히 희미한 미소를 띤 채,

근심이 있다 해도 숨겨버렸다.

그는 노래를 흥얼거리며, 다들 못한다던 일에 착수했다.

누군가는 코웃음을 쳤다.

"자넨 절대로 못해. 적어도 지금까지는 다들 실패했으니까."

하지만 그가 웃옷과 모자를 벗는 것을 보고,

우리는 그가 일을 시작했음을 알았지.

의기양양하게 턱을 치켜들고 미소 띤 얼굴로

일말의 의심도 없이

노래를 흥얼거리며

그는 다들 못한다던 일에 착수했다.

불가능이라 부르는 사람이 수천 명.

실패를 예견하는 사람도 수천 명.

위험이 앞에 도사리고 있다고

수천 명이 차례차례 경고하겠지.

하지만 미소 띤 얼굴로 그냥 시작하는 게지.

그냥 웃옷을 벗어 놓고 뛰어들어

노래를 흥얼거리며 일하다 보면

'불가능'이라던 일도 이루어진다네.

네 잎 클로버보다 세 잎 클로버

긍정적인 사고는 다른 사람의 마음까지 움직인다. 여기에 열정이라는 요소가 보태어지면 그 폭발력은 상상을 초월한다. 근혜도 종종 다른 사람들이 보여주는 긍정의 마력에 설득당하고 만다. 유쾌하고 기분 좋은 설득이다.

2006년 8월 15일의 일이다. 근혜는 광복절 기념식에 참석했다가 삼성동 집에 막 도착한 참이었다. 바쁜 일정을 끝내고 잠시 집에서 휴식을 취할 생각이었다. 그런데 퇴근한 줄로 알았던 수행비서가 근혜를 부르며 잠깐 상의드릴 것이 있다고 전해왔다.

"무슨 일이 있나요?"

"예, 단국대학교 천안캠퍼스 총여학생회 회장이 찾아왔었습니다."

"그래요? 무슨 용건이었나요?"

"예, 의원님께서 단국대 천안캠퍼스에서 대학생을 대상으로 꼭 강연을 해주셨으면 하고 찾아왔어요. 얼마나 긍정적이고 열정적인 여학생이던지, 의원님께 꼭 말씀드려야 할 것 같아서요."

"여학생이었다고요?"

"예, 자신은 박정은이라며 총여학생회 회장이라고 소개했습니다."

수행비서는 박 양이 박근혜 의원집을 어떻게 찾아왔는지 알려 주었다. 박 양은 정확한 주소도 없이 박 의원 집을 찾아 나섰다. 인터넷을 검색해 서울 삼성동 단독주택에 산다는 정보만 가지고 버스와 지하철을 갈아타 무작정 삼성동으로 찾아왔다. 부동산 중개업소와 가게 슈퍼에 묻고 물어서 가까스로 집을 찾을 수가 있었다. 박 양은 자신의 임기 중에 한국에서 가장 영향력 있는 여성 정치인인 박근혜 의원의 강연을 성사시키고 싶었다. 오로지 '할 수 있을 것이다' 라는 긍정적인 생각과 열정을 가지고 박 의원 집을 찾아왔다. 그리고 오전부터 몇 시간 동안 문 앞에서 박 의원이 나타나기만 기다렸던 것이다. 단국대학교 천안캠퍼스 학생들에게 반드시 박근혜 의원의 특강을 들려주고야 말겠다는 신념과 열정뿐이었다.

이 같은 보고를 들은 박 의원은 감탄했다. 박 양의 긍정적인 사고방식과 열정에 감동했다.

"무조건 특강을 한다고 전해주세요."

박근혜는 다른 일정 스케줄을 체크하지도 않고 바로 특강에 응하기로 결정을 내렸다. 그리고 약속을 지켰다. 박 양의 긍정적인 사고, 열정, 그리고 집념이 마음에 들었기 때문이었다. 박근혜는 자기 자신이 긍정적인 생각으로 똘똘 뭉쳐있을 뿐만 아니라 긍정적인 생각과 열정을 가진 사람을 좋아한다.

박근혜 의원이 단국대 천안캠퍼스에서 한 특별강연 내용은 이 책 마지막 별도의 장에 소개해 놓았다. 대학생과 젊은이들뿐 아니라 우리 모두에게 긍정과 열정, 집념, 도전정신이 삶을 살아가는데 얼마나 중요한 가치인지 일깨워준다.

보통 사람들은 네 잎 클로버를 찾으려고 애를 쓰는데 근혜는 눈에 쉽게 띄는 세 잎 클로버를 더 좋아한다. 왜 그럴까.

박근혜가 동료 의원에게 물었다.

"네 잎 클로버의 의미가 뭔지 아세요?"

"행운으로 알고 있습니다."

"그럼 세 잎 클로버의 의미는 뭔지 아세요?"

"잘 모르겠는데요."

"그건 행복이라고 합니다."

근혜의 이야기는 계속 이어졌다.

"사람들은 네 잎 클로버를 찾으러 다니다 도처에 핀 세 잎 클로버를 밟는 것은 아닐까요. 우리 주변에는 수많은 행복이 널려 있는데, 이를 놓아두고 행운을 찾아다니는 것 같아요."

세 잎 클로버는 흔하다. 세 잎 클로버 사이에서 운이 좋으면 네 잎 클로버를 발견할 수 있다. 사람들은 일상의 행복을 찾는 데에는 신경을 쓰지 않으면서, 거의 찾아올 가능성이 없는 행운을 바라는 것은 아닐까. 하루하루 긍정적으로 생각하며 알차게 보내야 하는데, 일확천금의 행운이 자신에게 떨어지기를 바라는 것은 아닐까. 근혜는 막연하게 행운을 기대하기보다는 매일매일 긍정적으로 생각하고 생활하면서 행복을 추구해야 한다는 메시지를 전한다.

5. 배움을 탐하라

모든 다른 지식보다도 인생을 인도할 수 있는 지식이 가장 중요하다. 우리는 사막에서 물을 그리듯 이 같은 지식을 갈구해나가야 한다. 옛 말씀에도 싸움터에서 백만 명을 이기기보다 자기 자신 하나를 이기는 자가 가장 뛰어난 승리자라고 했다.

어머니는 스승과 같다

우리는 학교교육과 독서를 통해 지식을 쌓고, 다른 사람들의 생각과 행동을 보고 지혜를 얻는다. 현명한 사람은 가까이 있는 사람들의 행동을 지켜보면서 삶을 살아가는 지혜를 배운다. 공자는 '주변에 있는 사람 세 명 중에 한 사람은 나의 스승이 될 수 있다'고 했다. 박근혜에게는 이 같은 역할을 한 존재가 바로 어머니인 육영수 여사였다. 박근혜의 검소하고 절약하는 생활, 침착한 태도, 배려와 관용, 글로벌 마인드 등은 모두 어머니를 통해 배우고 터득한 것이다. 그에게는 어머니가 원칙과 도덕을 가르치는 선생님이자 삶의 방향을 제시해 주는 스승이었다.

1960년대 초 의장 공관에서 생활할 때 이런 일이 있었다. 육 여사는 삐걱거리는 마루를 고치기 위해 수리공을 불렀다. 수리공이 망치와 못을 가지고 막 일을 시작하려고 하는데 어머니가 일손을 멈추게 했다.

수리공이 물었다.

"여사님, 왜 마루 수리를 안 하시려고요?"

"죄송합니다. 며칠 전에 판자촌에 갔었는데 그 사람들 생각이 나네요.
먹을 것이 없어 고생하는 모습이 선합니다. 우리 집 마루를 수리하는
것도 중요하지만 불우한 국민을 생각하는 것이 더 중요하다고 생각되네
요. 아저씨 죄송합니다."

어머니는 마루 수리비용을 아껴 가난한 이웃들을 위해 도와주려고 했
던 것이다. 수리공은 일을 멈추고 발길을 돌려야 했지만 육 여사의 따뜻
한 마음씨에 큰 감동을 받았다.

박근혜도 서울 삼성동 자택에서 전자제품이나 가전기구가 고장 나면
웬만한 것은 자신이 직접 고친다. 전자공학과 출신이라 전자제품을 다루
는 기술이 있는 데다 수리할 사람을 부르면 비용도 적잖이 나가기 때문
이다.

육 여사는 영부인이 되어서도 절약하는 모습을 자녀들에게 몸소 보여
주었다. 1974년 한여름, 찌는 듯한 폭염이었다. 육 여사는 친척들과 친척
들의 자녀들을 청와대로 초청했다. 육 여사는 에어컨을 켜지 않았는데
연신 땀을 흘리는 손님들은 에어컨을 왜 켜지 않는지 물었다.

"날씨도 더운데 왜 에어컨을 켜지 않나요?"

"이 방의 에어컨을 켜면 집안의 모든 에어컨을 가동해야 합니다. 오늘
은 일요일이라서 박 대통령이 외부 손님을 만나는 일도 적어요. 우리만
참으면 되는데 쓸데없이 전기를 낭비할 필요가 없어요. 조금 불편하지만

자연 그대로의 땀도 흘리면 괜찮아요."

당시 한국은 기름값 파동으로 전기를 아껴야 하는 상황이었다. 육 여사는 청와대라고 해서 예외는 될 수 없다고 생각했던 것이다.

근혜는 어린 시절부터 집안의 전깃불을 끄는 습관이 몸에 배어 있었다. 어머니는 손님이 청와대를 방문했다 나가면 얼른 접견실의 전깃불부터 끄도록 시켰다. 에너지를 절약하기 위해 열심히 전깃불을 끄다가 어둠 속에서 벽에 부딪쳐 혼자서 웃던 일도 추억으로 간직하고 있다.

박근혜는 『나의 어머니 육영수』라는 저서에서 이렇게 밝히고 있다.

"아무런 부끄럼 없이 자신의 소신에 따라 지극히 소박하고 지극히 평범한 주부로서의 삶을 살아냈던 어머니의 모습에서 많은 국민들은 퍼스트레이디의 정을 느낄 수 있었겠지요. 일반 국민과 똑같은 일상의 모습으로, 똑같이 검소하고 소박한 모습으로 살다 간 분이기에 어머니께 더 많은 미덕과 가르침을 얻게 되었다고 생각합니다. 어머니 말씀처럼 일상의 근검절약도 결국에는 우리의 정신과 마음에 달려 있음을 깨닫습니다. 지금도 간직하고 있는 어머니의 한복, 유품 등을 꺼내보며 어머니가 그토록 절제하며 이뤄 낸 검소한 생활모습을 떠올리곤 합니다."

사회적으로 성공을 거두었거나 명예와 재물을 거머쥔 사람들 중에서는 자신을 과시하기 위해 화려한 옷과 보석으로 치장하는 사람들이 있다. 다이아몬드 목걸이와 값비싼 구두, 수 천만 원을 호가하는 고급시계, 해외 명품 핸드백. 하지만 박근혜에게서는 이 같은 모습을 찾아보기 힘들다. 핸드백과 구두도 값비싼 해외 명품을 하지 않지만, 그는 우아하다. 박근혜의 수수하면서도 우아한 이미지는 어머니와 너무나 닮았다.

박근혜가 남을 먼저 배려하고, 상대방의 입장에서 문제를 풀려고 하는 마음가짐을 가지게 된 것도 어머니를 가까이서 지켜보면서 배운 것이었다.

육 여사는 매일 아침 밥을 지을 때마다 쌀 한줌씩을 들어내 따로 모아 두었다. 하루하루 쌓인 한줌의 쌀은 어느덧 들어올리기도 힘들 만큼 많은 분량이 되었다. 비서진들은 어머니가 쌀을 모아 불우한 사람들을 도울 것이라는 것을 알고 있었다.

비서진 중의 한 사람이 말했다.

"여사님, 남을 도울 것이라면 이 쌀을 신문사에 보내면 어떨까요. 선행이 알려지고 좋을 것 같습니다."

"아니에요. 선행은 소문을 내지 말고 남모르게 하는 게 맞아요. 주위 사람들에게 나누어 주도록 합시다."

"예, 알겠습니다. 여사님."

결국 이 쌀은 청와대에서 청소를 담당했던 인부들에게 전달되었다. 우리 주위에는 자신이 한 일을 과장되게 떠벌리고 다니는 사람들이 있다. 사소한 일인데도 자신의 이름을 알리기 위해 자신이 한 일을 과장해서 말한다. 하지만 육 여사는 '오른손이 한 일을 왼손이 모르게 하라'는 가르침대로 자신이 한 일이나 선행을 남들에게 알리지 않았다. 조용하게 자신보다 형편이 좋지 않은 사람들을 도와주었던 것이다.

육 여사는 충북 옥천의 지주집안 딸이었다. 집안일을 돌보는 하인들도 여러 명 있을 만큼 생활에 여유가 있었다. 육 여사는 옥천의 교동 집에서 '작은 아씨'로 불렸다. 하지만 결혼 후, 군인 남편의 봉급은 많지 않았다. 박봉에 시달리며 여기저기로 이사를 다녀야 했다. 가난을 직접 체험한 육 여사는 가난한 사람들의 심정을 누구보다도 잘 알고 있었고, 기회가 있을 때마다 그들을 도와주려고 노력했다. 신문에서 어려운 사람들의 소식이 소개되거나 불우한 사람들의 이야기를 전해 듣게 되면 비서진만 데리고 아무도 모르게 쪽방촌 달동네를 찾아 식량과 구호물품을 전해주었다.

박근혜가 자신이 이루어낸 성과나 결과에 대해 언론에 부풀려 이야기하지 않는 것이나, 묵묵히 선행을 베풀고 있는 것도 어머니를 옆에서 지켜보면서 배운 것이다. 남들 앞에 자신의 이름을 내세우지 않는다.

육 여사는 기회가 있을 때마다 박근혜에게 "남을 위해 모든 것을 자제하고 자제하라"는 가르침을 주었다.

성실 이상의 슬기는 없다

직장생활을 하다 보면 실수를 하거나 잘못을 저지르는 경우가 있다. 이때 잘못을 지적하고 꾸짖는 상사의 스타일에는 두 가지가 있다. 모든 사람들이 보는 앞에서 목청 높여 부하직원을 꾸짖는 상사가 있다. 부하직원은 수치심 때문에 상사에게 적개심을 품게 된다. 이런 상사에게 고개를 숙이며 존경심을 보이는 부하직원은 없을 것이다. 이와 반대로 조용하게 부하직원을 불러 잘못을 지적하는 상사가 있다. 부하직원은 상사의 마음씀씀이가 고마워 잘못을 시정하는 것은 물론 상사를 진심으로 존경하게 된다. 작은 생각의 차이가 서로 다른 결과물을 만드는 것이다. 여러분은 어떤 스타일인가.

박근혜는 후자 스타일인데 이것 역시 어머니에게서 어깨너머로 배운 것이다.

1963년 말 근혜 가족이 의장 공관 생활을 끝내고 청와대로 이사를 갔다. 의장 공관에 소속되어 있던 운전사 중에 구씨 성을 가진 사람이 있었다. 5.16 군사혁명이 일어나기 이전부터 박정희 의장의 차를 몰았던 사람으로 인품도 좋고 매사에 성실했다. 그런데 어떻게 된 영문인지 청와대로 이사를 가면서 구 상사가 운전사 명단에 빠져 있었다. 더 이상 박정희 대통령과 육 여사를 위해 운전을 못하게 될 상황이었다. 육 여사는 성실하게 일했던 구 상사를 청와대에서 계속 일할 수 있도록 도와주고 싶었다. 항상 쾌활한 모습을 보였던 구 상사도 어깨가 축 늘어져 있었다.

육 여사는 청와대 인사담당자와 다른 운전사들이 지켜보는 가운데 구 상사를 불렀다. 평소에는 차분하게 사람들의 이름을 부르는 육 여사였지만 이번만큼은 주위 사람들이 시선을 돌릴 정도로 목소리가 컸다.

"구 상사, 이리로 잠깐 와 보세요."

"예, 여사님."

"이 장갑은 박정희 의장이 쓰시던 헌 장갑이에요. 청와대로 이사를 가면 이 장갑을 끼고 운전을 하도록 하세요."

육 여사는 구 상사가 운전사 명단에서 빠진 것을 몰랐던 것처럼 태연하게 장갑을 건네주며 청와대에서도 열심히 일해 줄 것을 당부했다. 육 여사는 청와대 인사담당자에게 직접 청탁을 하거나 면박을 주는 것이 아니라 우회적인 방법으로 구 상사가 계속 일할 수 있도록 도와주었던 것

이다. 남편의 헌 장갑을 건네주는 것으로 구 상사의 일을 현명하게 처리
했다. 육 여사의 이 같은 행동은 구 상사를 배려한 것이기도 하지만 청와
대 인사담당자에게도 큰 배려였다. 구 상사에게는 계속 일할 수 있는 기
회를 주었고, 인사담당자에게는 직접 면박을 받는 느낌을 주지 않았던
것이다.

근혜는 어머니를 이렇게 회상한다.

"올바름, 지혜, 성실성을 자신의 마음에 담고 이를 한 치의 어긋남도
없이 행하신 어머니. 그 모습에 인간을 향한 따뜻함까지 잃지 않았던 어
머니. 그러한 어머니 마음을 놓치지 않고 사는 제 모습이 되려고 노력하
고 있습니다."

박근혜가 4개 국어를 유창하게 구사하고, 해외 정상이나 석학들과 교
류하면서 글로벌 마인드를 가지게 된 데에도 육 여사의 영향이 컸다.

1963년 퍼스트레이디 생활을 시작해서 1974년 세상을 떠날 때까지 11
년 동안 육 여사는 박정희 대통령의 해외순방을 수행하면서 국제적인 감
각을 키우게 되었다. 특히 선진국에서는 여성들의 사회진출이 활발하다
는 것에 깊은 인상을 받았다. 한국에서는 1960~1970년대만 하더라도 아
내는 집에서 아이들을 잘 키우고, 남편을 잘 내조해야 한다는 사회적 분
위기가 팽배했다.

"근혜야, 시대가 많이 변하고 있단다. 여성들의 무대는 더 이상 안방
과 부엌이 아니야. 시간과 노력을 투자해 자신의 세계를 넓힐 수 있도록
자기 계발을 해야 돼. 세계를 무대로 뛰어들 준비도 해야 돼."

육 여사는 근혜에게 글로벌 마인드를 가져야 한다고 강조했다. 한국

이라는 좁은 무대를 벗어나 세계를 무대로 꿈을 펼쳐야 한다는 가르침이었다. 요즘이야 유학을 가는 여성들이 많지만 그 당시로는 드문 일이었다.

박근혜는 어머니와의 일화를 이렇게 소개했다.

"어머니가 돌아가시고 난 뒤 청와대에 있을 때의 일이에요. 여성 바이올리니스트 정경화, 첼리스트 정명화, 지휘자 정명훈, 이른바 '정트리오'가 인터뷰에서 '어머니의 꿈을 이뤄드리기 위해 음악을 했다'고 해요. 나도 곰곰이 생각해 보았어요. '어머니가 나에게 무엇을 가장 원하실까?' 하고요. 어머니는 기회 있을 때마다 저에게 외국어를 잘해야 한다고 말씀하셨어요. 글로벌 마인드를 가져야 한다고 말씀하신 거죠. 이후 저는 정말 열심히 영어, 프랑스어, 중국어, 스페인어를 공부했어요."

어머니가 박근혜에게 항상 강조한 것은 '성실 이상의 슬기는 없다'는 것이었다.

배움형 인간이 되라

박근혜가 위기에 처할 때마다 냉정함을 잃지 않는 것도 육 여사를 꼭 빼닮았다. 박정희 前 대통령이 1961년 5월 16일 '5.16 군사혁명'을 일으키기 하루 전날의 일이다. 5월 15일 밤 10시. 박정희는 당시 군인이었다. 혁명을 일으키기 위해 군복을 입고 구두끈을 조여매고 있었다.

"여보, 가방 속의 권총을 건네줘요. 다녀올게."

박정희가 혁명에 나서기 위해 육 여사와 인사를 나누는 순간이었다.

육 여사는 한 치의 흔들림도 없이 대답했다.

"근혜 숙제 좀 봐주시고 나가세요."

당시 박근혜는 초등학생이었는데 숙제를 하고 있는 중이었다. 육 여사는 큰일을 앞두고도 눈물을 보이거나, 혁명이 실패로 끝나면 어떻게 하나 등과 같이 초조해하거나 불안해하지 않았다. 남편에게 근혜의 숙제를 봐달라고 말했던 것은 아이들을 위해서라도 부디 몸조심을 하라는 의미였다. 차분하고도 냉정한 모습으로 혁명에 나서는 남편을 배웅했던 것이다. 혁명이 실패로 끝난다면 가족 전체가 큰 어려움에 처하거나 심지어 목숨까지 잃을 수도 있는 긴박한 상황이었지만 육 여사는 이성을 유지했다.

5.16군사 혁명이 있던 날, 남편 동료군인의 부인들이 혁명결과가 어떻게 될지 몰라 초조해하며 육 여사를 찾아왔을 때에도 침착하게 그들을 위로하고 마음을 안정시켰다. 위기에 처했을 때에도 냉정하게 상황을 판단했던 것이다.

박근혜가 1979년 아버지가 돌아가셨을 때 전방의 휴전선 상황을 먼저 체크한 것이나, 2008년 선거유세 도중 피습 당했을 때 선거결과를 먼저 물은 것도 육 여사가 평소 보여준 냉정함을 보고 배운 것이었다.

육 여사는 근혜가 인생을 살아가는데 필요한 삶의 방향과 원칙을 제시해 준 롤모델이었다. 근혜가 생활신조로 여기고 있는 검소, 배려, 원칙과 소신, 엄격, 노력 등과 같은 가치는 모두 어머니를 보면서 배우고 터득한 것이었다.

근혜는 자신의 저서에서 이렇게 적고 있다.

"저는 이제 더 이상 어머니의 모습을 뵙고 그 모습에 가르침을 받을 수는 없습니다. 하지만 아직도 제 가슴에 남아있는 어머니의 살아생전 모습만으로도 저는 굵은 회초리 하나를 가슴에 안고 사는 것이라고 다짐합니다."

박근혜에게 어머니가 어떠한 존재였고, 어떠한 존재로 가슴속에 남아 있는지 알 수 있는 대목이다. 근혜는 영국의 마거릿 대처 전 수상과 엘리자베스 1세 여왕을 롤모델로 삼고 있으며, 어머니인 육영수 여사를 인생의 스승으로 여겨 많은 것을 배우고 가르침을 받았다. 근혜는 성공을 꿈꾸는 우리들에게 '성공하고 싶다면 배움형 인간이 되라'고 말하고 있다.

2장

어제보다 나은
오늘을
갈망하라

1. 안전한 항구를 떠나 항해하라

복잡하고 험난한 문제들도 오히려 발전의 기회라고 생각하고 용기를 내어 한번 붙어봐야 할 것이다. 그렇게 할 때 아마 상상도 할 수 없었던 일을 해내는 우리의 모습을 발견하고 스스로 대견해 할지도 모른다.

기회는 늘 위기의 얼굴로 찾아온다

'도전' 이라는 단어만큼 우리의 마음을 뭉클하게 하는 말도 없을 것이다. 두 주먹을 불끈 쥐고 "도전" 이라고 외칠 때 우리는 가슴 깊은 곳에서 용솟음치는 에너지를 느끼게 된다. 도전은 곧 성취이자 성공이자 삶의 존재이유이다. 성공한 사람치고 도전하지 않은 사람은 없을 것이다. 박근혜의 도전은 '트로이의 목마' 에 비유할 수 있다. 매 순간 새로운 목표를 향해 나아갈 때 박근혜는 트로이의 목마처럼 과감하게 도전했고, 한 단계 자신을 레벨업할 수 있는 전환점을 만들었다. 박근혜의 도전정신은 세 가지로 요약할 수 있다.

첫째, 유리천장을 깨트려라. 여성은 안 된다는 고정관념을 과감하게 깨트릴 수 있어야 한다는 것이다. 여성의 인권과 권리를 존중하는 문화가 자리를 잡았다고는 하지만 한국 사회 곳곳에서는 아직까지도 보이지 않는 차별을 두는 곳이 많다. 이 같은 유리천장을 깨트리는 것이야말로 여성들이 도전해야 할 과제이다.

둘째, 위기일 때 오히려 도전하라. 보통 사람들은 위기가 닥칠 때 현실을 회피하고 안전한 곳으로 피신하려고 한다. 하지만 기회는 늘 위기의 얼굴로 찾아온다. 역사에 이름을 남긴 이들은 위기에서 기회를 포착하고 과감하게 도전한 사람들이다.

셋째, 불가능에 도전하라. 남들이 생각하지 못하는 것에 도전해야 한다. 모두 다 가능하다고 생각되는 길에는 이미 많은 사람들이 몰려있기 때문에 진정한 도전이라고 볼 수 없다. 설령 도전한다고 하더라도 나에게 돌아오는 몫은 너무나 작다. 경영 이론에서 얘기하는 것처럼 '레드오션' 에서 벗어나 새로운 기회가 있는 '블루오션' 을 찾아나서야 한다.

이제 앞에서 설명한 트로이의 목마에 대해 잠깐 살펴보고, 박근혜의 도전정신을 어떻게 트로이의 목마와 비교할 수 있는지 알아보도록 하자.

고대 지중해 지역에서 그리스와 트로이 군대가 전쟁을 벌이고 있었다. 트로이 왕자 파리스가 스파르타(그리스 연합국가의 하나)의 왕비 헬레네를 납치해 트로이로 가면서 전쟁은 시작되었다. 그리스 군대는 트로이를 정벌하기 위해 원정길에 나서게 된다.

전쟁은 10년 동안 계속 되었지만, 그리스 군대는 트로이를 함락시키지 못했다. 철수해야 한다는 여론이 점점 높아질 때 그리스의 오디세우스는 전세를 역전시킬 수 있는 묘안을 짜낸다. 그리스 군대는 거대한 목마를 남기고 철수하는 것처럼 위장전술을 폈다. 목마 안에는 완전무장을 한 그리스 군인들이 숨어 있었다. 트로이 군대는 그리스 군대가 철수한 것으로 착각하고 목마를 성 안으로 들여와 전쟁 승리를 축하하는 축제를 벌였다. 트로이 군대가 술에 취해 있을 때 그리스 군대는 트로이 목마에서 빠져 나와 성문을 열었고, 그리스 군대는 한순간에 트로이 성을 함락시키고 말았다. '트로이 목마'는 오늘날 도전과 승리를 상징하는 단어로 사용되고 있다.

이제 박근혜가 어떻게 트로이의 목마처럼 도전을 하고 성공을 만들어 가는지 알아보도록 하자.

1979년 청와대를 떠나 18년 동안 소시민 생활을 했던 박근혜는 1998년 정치에 입문했다. 당시 나이 47세였다. 이전에도 정치를 해보면 어떻겠느냐고 권유하는 국회의원들이 많았지만 정중하게 거절했었다. 권력을 놓고 다투는 모습이 싫었고, 권력에 따라 변하는 사람들의 변심과 배신이 괴로웠고 개인적인 아픈 가족사도 크게 작용했기 때문이었다.

하지만 박근혜는 1998년 대통령 선거를 앞두고 전격적으로 한나라당에 들어갔다. 새로운 출발이자 도전이었다. 그의 정치인생에서 첫 번째 트로이의 목마를 만든 시점이었다.

1974년 어머니가 세상을 떠나고, 22세 때부터 퍼스트레이디 역할을 하면서 청와대와 여당, 여당과 야당이 서로 협상하기도 하고 갈등하기도 하는 모습을 지켜보기는 했지만 자신이 직접 정계에 뛰어든 것은 처음이었다.

박근혜가 정계에 입문하기로 도전장을 낸 것은 국제통화기금(IMF) 외환위기가 결정적인 계기가 되었다. 1997년 한국 경제는 침몰하고 있었다. 길거리에는 실업자가 넘쳐나고, 생계를 꾸리지 못하는 사람들이 스스로 목숨을 끊는 일도 자주 발생했다. 경제는 벼랑으로 떨어지고 있는데 정치인들은 한국 경제가 침몰하는 것은 감지도 못하고 사리사욕만 채우고 있었다. 한심하기 짝이 없는 노릇이었다.

한국은 돈이 없어 외국에서 돈을 빌려왔고, 국제통화기금(IMF)에서도 달러를 빌려와 경제를 살려야 하는 형편이었다. 쓰러져가는 한국 경제를 살려보자며 국민들은 '금 모으기 운동'을 벌이며 집에 있는 금반지, 금목걸이를 성금으로 내놓았다. 유치원생, 초등학생들도 고사리 손에 천 원짜리 지폐를 들고 성금을 했고, 가난한 사람들도 자신보다 더 형편이 어려운 사람들을 위해 기부를 했다. 모두 '빨리 외환위기를 벗어나자'며 몸부림을 치고 있었다.

박근혜는 답답했다. 어떻게 일구어 놓은 대한민국인데 이렇게 망가지고 있는 것인가. 국민들은 '다시 한 번 잘 살아보자'며 허리띠를 졸라매고 있는데, 정치인들은 마땅한 해결방법도 마련하지 못하고 우왕좌왕하고 있었다. 사리사욕을 채우거나 권력을 되찾기 위해 책임공방만 하고 있었다. 한심하고 안타까운 한국 정치의 현실이었다.

바람이 불 때 돛을 올려라

한국이 어떠한 나라인가. 1960년대 세계에서 가장 가난하고 헐벗은 나라에서 '한강의 기적'을 일구어내며 개발도상국의 선두주자가 된 나라가 아닌가. 세계 120여 개국 가운데 인도 다음으로 못살았던 나라에서 막강한 경제력을 자랑하며 후진국들의 부러움을 사고 있는 나라로 탈바꿈하지 않았는가.

어머니들은 자신의 머리카락을 팔아 마련한 돈으로 아이들 공부를 시켰고, 중소기업은 머리카락으로 만든 가발을 해외에 수출해 돈을 벌었다. 누나와 언니들은 하루에도 12시간 이상 지하공장에서 몸을 돌보지 않고 중노동을 하면서 생활비를 벌었고 이를 고향에 보냈다. 외국에 가면 돈을 벌 수 있다는 생각에 우리의 아버지들은 서독에 가서 탄광에서 광부 일을 했다. 간호사들도 서독으로 날아가 돈을 벌었다. 40도를 오르내리는 중동의 사막에서 굵은 땀방울을 흘리며 우리의 아버지들은 한국으로 돈을 보냈고, 자녀들을 대학공부까지 시켰다. 내 한 몸을 희생해서 가정을 일으켜 세우고, 동생들을 공부시켜야 한다는 생각으로 밤낮으로 일을 했다. 대물림되는 가난의 굴레를 더 이상 내 동생에게는, 나의 아들 딸들에게는 물려주지 않겠다는 일념으로 몸이 으스러질 정도로 일을 하지 않았는가. 그 분들의 노력과 땀방울과 희생으로 일으킨 나라가 바로 대한민국이었던 것이다. 그런데 한국은 1997년 외환위기를 맞았고 해외에서 돈을 빌려야 하는 국가가 되었다.

박근혜는 더 이상 소시민으로 남아있을 수가 없었다. 국가와 국민을 위해 무엇이든 해야 한다는 생각에 사로잡혔다.

"회사가 망했어요."

"직장에서 해고되었어요."

"무료급식을 먹고 오는 길이에요."

"생활이 어려워 이혼했어요."

한숨과 탄식이 대한민국을 뒤덮고 있었다. 박근혜는 자신에게 물어보았다.

"하늘에 계신 아버지와 어머니라면 지금 어떻게 하실까. 그냥 현실에 안주하고 계실까. 아니야, 신음하고 고통 받는 국민들을 위해서, 우리 이웃들을 위해서 발 벗고 나섰을 거야. 이대로 있을 수는 없어. 국민들을 위해서 헌신할 수 있는 방안을 찾아보아야겠어."

부모님이 돌아가시고 나서 박근혜에게는 특이한 습관이 하나 생겼다. 중요한 의사결정을 내려야 할 순간에는 "부모님이라면 어떻게 하실까?"라고 물어보는 것이었다. 그리고 젊은 시절 청와대에서 지켜보았던 아버지와 어머니를 떠올리면서 의사결정을 하는 것이었다.

아버지가 "근혜야, 네가 나서야 할 때다"라고 말씀하시는 것 같았다. 어머니가 "근혜야, 많은 사람들이 고통 받고 있구나. 네가 해야 할 일이 있지 않겠니?" 하며 용기를 불어넣는 것 같았다. 인생의 패배자는 바람이 불면 돛을 내리고, 인생의 승리자는 바람이 불면 돛을 올린다고 했던가. 박근혜는 처음 가는 길이었지만 과감하게 도전하기로 결심했다. 그리고 부모님 사진을 응시하면서 두 주먹을 불끈 쥐었다.

대통령 선거를 며칠 앞둔 1997년 12월 박근혜는 한나라당에 입당했다. 정치인으로서 도전장을 내미는 순간이었다. 대통령 선거를 앞두고 한나라당의 이회창 후보와 민주당의 김대중 후보가 치열하게 선거운동을 벌이고 있었다. 한나라당은 다소 보수적인 정당이었고, 민주당은 상대적으로 진보성향이 강한 정당이었다.

목표가 있는 사람은 눈빛만 봐도 알 수 있다고 했던가. 근혜는 이회창 후보를 지원하는 연설을 하기 위해 전국 방방곳곳을 돌아다녔다. 승용차 안에서 토막잠을 자고, 하루에도 수 천 킬로미터를 돌아다니는 강행군을 했지만 한나라당 당원들에게는 조금도 피곤한 기색을 보이지 않았다. 당원들의 사기를 떨어뜨릴 수도 있었기 때문이었다. 집에 돌아오면 손목이 퉁퉁 붓고 다리가 끊어질 정도로 아팠지만 목표를 위해서는 반드시 거쳐야 하는 고통이라고 생각했다.

그러다가도 선거연설을 하는 유세현장을 찾을 때면 다시 힘이 솟았다. 에너지가 뿜어져 나왔다. 수산시장의 아주머니는 생선을 칼질하다 점심이라도 사먹으라며 1,000원짜리 몇 개를 주기도 했는데 너무나 감사했다. 지폐에서 비린내가 나지 않고 오히려 향기가 나는 것 같았다.

"근혜가 왔다."

"근혜야, 울지 마라."

"당신을 사랑해요."

"얼마나 고생이 많았어요."

시민들은 박근혜가 가는 곳마다 인산인해를 이루며 "박근혜"를 연호하고 환호성을 질렀다. 박근혜의 손을 잡으며 '육영수 여사가 생각난다'며 울음을 터트리는 할머니를 볼 때면 박근혜의 마음도 쓰라렸다.

"부모님을 여의고 20년 가까이 얼마나 고생이 많았느냐? 참 예쁘게 컸다"라며 이마에 주름이 깊이 팬 할머니가 울기 시작하자 시장 전체가 울음바다가 되기도 했다.

"할머니를 위해서라도, 나를 응원하는 아저씨, 아주머니, 학생들을 위해서라도 열심히 정치를 하자. 열심히 하는 것만으로는 안 돼. 바른 정치를 하자."

　박근혜는 혼신의 힘을 다해 이회창 후보를 지원하고 선거운동을 펼쳤지만, 정권은 상대방 후보였던 민주당의 김대중 후보에게 넘어갔다. 이회창 후보가 패하고, 김대중 후보가 대통령 선거에 승리해 결국 대통령이 되었다. 박근혜가 속한 한나라당은 정권을 내주었기 때문에 야당이 되고 말았다. 한나라당이 야당이 되기는 이번이 처음이었다. 그만큼 한나라당 당원과 지지자들의 충격은 컸다.

　그리고 1998년 4월 2일 국회의원 재보궐선거가 예정되어 있었다. '재선거'는 선거에서 당선된 후 당선인이 '임기를 시작하기 전' 사망하였거나 불법선거 등으로 당선 무효처분을 받게 된 경우에 치러지는 선거를 말한다. 그리고 '보궐선거'는 선거에 의해 선출된 당선자가 '임기 중에' 사퇴, 사망, 실형선고 등으로 인해 그 직위를 잃어 공석상태가 되는 경우 치러지는 선거를 말한다. 결국 재보궐 선거는 국회의원을 다시 뽑는 선거인 것이다.

　4월 2일 재보궐 선거는 부산과 대구, 문경에서 치루어졌다. 한나라당으로서는 대통령 자리를 민주당에게 내어준 상황에서 재보궐 국회의원 선거에서 마저 패배한다면 존립이 위태로운 상황이었다. 당시 김대중 대통령은 취임 초기 지지도가 90%를 넘어서고 있어서 한나라당이 승리하기는 거의 불가능한 상황이었다. 하지만 박근혜는 과감하게 대구 달성에서 국회의원에 출마하기로 결심을 굳혔다. 도전장을 내민 것이다.

　주위에서는 '무모하다' '위험하다'며 출마를 말리는 사람이 많았다. 상대방인 민주당의 승리가 거의 확실한 지역에 왜 출마를 하려고 하는지 이해할 수 없다는 반응이었다. 처음으로 국회의원 선거를 치르는데 승산이 있는, 좀 더 안정된 지역에서 출마를 하는 것이 어떻겠느냐는 조언이었다. 하지만 박근혜는 흔들리지 않았다.

"내가 왜 정치를 하려고 하는가. 편안한 길을 가기 위해서가 아니다. 한나라당에 도움이 되고, 이를 통해 국민들에게 꿈과 희망을 주기 위해서가 아닌가. 힘들더라도 도전을 하자. 내가 정치를 시작하는 이유가 바로 여기에 있는 것 아닌가."

근혜의 결단은 단호했다.

하지만 상황은 좋지 않았다. 근혜가 패배할 것이라는 전망이 팽배했다. 상대방 후보는 이 지역 출신으로 오래전부터 마을 사람들을 관리해오고 있었다. 그 당시만 하더라도 국회의원 선거를 치르면 자기 마을이나 동네 후보를 찍어주는 것이 일반적인 관례였다. 박근혜는 정치를 처음 시작하는 사람이었고, 상대방 후보는 그곳 사람들에게 이미 널리 알려진 인물이었다.

하지만 박근혜는 포기하지 않았다. 선거일까지는 한 달 가량의 시간이 남아 있었다. 한 달 안에 절대적으로 불리한 상황을 역전시키지 못한다면 선거는 패배로 끝날 것이 뻔했다. 제대로 된 사무실도 없었고, 조직을 동원할 수 있는 형편도 아니었고, 선거자금도 없었다.

"내가 할 수 있는 일은 주민들을 많이 만나고, 그들과 대화를 나누고, 정책을 열심히 소개하고, 나의 진심을 보여주는 것밖에 없다. 이것 이외에는 나에게 무기가 없다."

박근혜는 하루에 4시간만 자면서 선거운동을 했다. 얼마나 악수를 많이 했는지 손목이 퉁퉁 부었고, 얼마나 많이 걸었는지 다리도 부었다. 구두축이 닳아 없어져 구두도 몇 켤레나 갈아 신어야 했다. 하지만 박근혜는 포기하지 않았다.

두 손에 지폐를 쥐어주시며 "힘내라"고 외치시는 할머니, "좋은 정치를 하라"며 눈물을 글썽이는 아주머니, "용기 잃지 마세요"라며 소고기를 보내주신 아저씨. "근혜 아줌마, 파이팅!" 하며 승리의 V자를 보여주었던 학생들. 박근혜를 일으켜 세우는 힘이요, 에너지였다.

사람들이 점점 박근혜에게 다가오기 시작했다. 여론의 변화가 일었다. 박근혜의 진심이 사람들의 심금을 울리고 있었던 것이다. 주변 여건은 불리했지만 포기하지 않고 트로이의 목마를 만들어 전세를 역전시켰던 그리스 군대처럼 박근혜는 위기 속에서 기회를 포착했던 것이다.

알바트로스 정신

4월 2일 저녁, 드디어 모든 투표가 끝나고 개표가 시작되었다. TV로 개표상황을 지켜보는 박근혜는 누구보다 긴장하고 있었다.

박근혜가 고전할 것이라는 당초 예상과는 달리 개표시간이 지날수록 상대방 후보와의 표 차이를 더욱 벌리며 박근혜가 크게 앞서갔다. 박근혜 사무실을 가득 메운 지지자들은 연신 "박근혜!"를 부르짖으며 환호성을 질렀다. 여기저기서 눈물을 닦으며 흐느끼는 울음소리가 들렸다. 벽을 쳐다보며 두 손을 모아 기도하는 지지자도 있었다. 박근혜의 승리였다. 박근혜는 터져 나오는 눈물을 애써 참았다. 부모님이 돌아가시고 18

년 동안 야인생활을 하면서 인고(忍苦)의 시간을 눈물로 보냈던 기억들이 하나둘씩 떠올랐다. 인고의 시간은 근혜가 국회의원으로 정계에 입문하는 보약이 되었고, 밑거름이 되었다. 절망에 굴하지 않고 목표를 향해 과감하게 도전한 결과였다.

박근혜는 47세의 늦은 나이에 여성 국회의원이 됐다. 그는 늦은 나이에도 불구하고 새로운 트로이의 목마를 만들어 남성들이 지배하고 있었던 국회에 과감하게 도전을 했고, 결국 승리를 거두었다. 지금은 여성 국회의원들을 쉽게 볼 수 있지만, 당시만 하더라도 국회에서 여성의원이 차지하는 비중은 미미했다.

초선 국회의원이 된 박근혜는 여의도 국회 본회의장에서 연설을 했다.

"나라가 어려울 때 정치에 입문하게 되어 더욱 어깨가 무겁습니다. 앞으로 깨끗하고 바른 정치, 국민과 아픔을 함께하는 정치가 구현되도록 최선을 다해 노력하겠습니다."

2011년 올해 예순을 맞이한 박근혜는 이 날의 연설 내용을 아직도 잊지 않고 있다. 힘들 때나 어려움에 직면할 때에는 이날 국회 본회의장에 섰던 자신의 모습을 떠올리며 초심(初心)을 잊지 않으려고 한다.

서강 정치학회 초청특강에서 박근혜는 젊은이들과 청중들에게 도전정신에 대해 이렇게 말한 적이 있다.

"알바트로스는 하늘을 나는 가장 큰 새이지만 알에서 깨어나자마자 육지가 아닌 바다 위를 떠다녀야 합니다. 그러면서 혹독하게 스스로 날아오르는 법을 배워야만 살아남습니다. 알바트로스 정신은 현재를 넘어 미래로 나아가는 것입니다. 또 위기에 굴하지 않는 의지입니다. 그리고 발전을 멈추지 않는 정신입니다."

박근혜는 자신이 몸소 보여주었던 '알바트로스 정신'을 통해 현실에 안주하려는 우리들에게 용기와 도전정신을 불어넣고 있다.

시인 마르셀 프로스트가 멋들어진 시어(詩語)로 표현한 것처럼 우리들 인생에는 두 갈래의 길이 있다. 많은 사람들이 걸어갔던 길이 있고, 아무도 걷지 않았던 길. 99%의 사람들은 많은 사람들이 간 길을 간다. 바닥이 탄탄하고 돌부리도 제거되었기 때문에 그대로 따라가기만 하면 안전하게 목적지에 도착할 수 있다. 하지만 1%의 사람들은 남들이 가지 않았던 미지의 길을 선택한다. 돌부리에 걸려 넘어지기도 하고, 여기저기 널린 나뭇가지에 생채기가 나기도 하지만 이들은 용기 있게 모험에 나선다.

남들이 간 길을 가는 사람들은 평범하게 여생을 살아가지만, 남들과 다른 길을 걷는 사람들은 자신의 계획대로 주체적인 삶을 산다는 큰 차이점이 있다. 여러분은 지금 어느 길을 걷고 있다고 생각하는가.

2. 일곱 번 쓰러져도 여덟 번 일어나라

'하늘은 스스로의 운명을 바꾸려 하지 않는 사람의 운명은 바꿔 주지 않는다' 는 말도 있듯이, 기회나 계기가 백번 주어져도 일어설 줄 모르면 놓치고 만다. 아무리 좋은 대리석이 주위에 굴러 다녀도 그것으로 집을 짓지 않으면 아무 소용이 없으며, 적당한 비와 햇빛이 있어도 씨를 뿌리지 않으면 나중에 거두어 들일 게 없을 것이다.

양심이 허락하는 행동을 하라

보통 사람들은 누군가가 좋은 자리를 제안하면 덥석 그 자리를 받아들인다. 남들이 베푸는 호의를 선뜻 받아들이는데 우리는 익숙해져 있다. 특히 일부 여성들의 경우 "레이디 퍼스트"라며 사람들이 여성들에게 모든 것을 양보하면 당연하다는 듯이 받아들인다. 하지만 박근혜는 여성이라고 해서 특별대우를 받는 것에 대해 손사래를 친다. 남성과 여성을 떠나 공정하게 경쟁해서 성공의 사다리를 올라가는 것이 정의라고 생각한다. 여성에게 주어지는 보호막을 걷어치우는 것, 이것이야말로 여성들이 가져야 하는 '알바트로스 정신' 이라고 믿고 있다.

박근혜의 알바트로스 정신은 이건희 삼성그룹 회장의 '메기론' 과 많이 닮았다. 현실의 편안함에 만족해서는 안 되며, 언제든지 위기가 찾아

올 수 있다는 절박한 심정으로 긴장해야 한다는 것이다.

'미꾸라지를 키우는 논 두 곳 중 한쪽에는 포식자인 메기를 넣고, 다른 한 쪽은 미꾸라지만 놔두면 어느 쪽 미꾸라지가 잘 자랄까. 메기를 넣은 논의 미꾸라지들이 더 통통하게 살찐다. 이들은 메기에게 잡아먹히지 않기 위해 더 많이 먹고 더 많이 운동하기 때문이다.'

이건희 회장이 강조하는 '메기론'이다. 현상을 유지하거나 남들의 호의에 의존해서는 발전이 있을 수 없다. 항상 긴장하면서 자신을 계발하고 새로운 것에 도전해야지 성공과 발전을 기대할 수 있는 법이다. 알바트로스 정신과 메기론은 일맥상통한다.

박근혜는 2000년 4월 13일 실시된 16대 국회의원 선거에서 다시 국회의원으로 당선됐다. 정치인으로서의 능력과 열정을 국민들이 높이 평가한 결과였다. 한나라당은 4.13 총선이 끝난 뒤 전당대회를 열었다. 전당대회는 정당의 주요 내용을 결정하는 당원 회의라고 할 수 있다. 여기에서 정당의 대표나 대통령 후보 등을 결정한다. 박근혜는 부총재 경선에 나서겠다고 발표했다. '경선(競選)'은 경쟁선출의 줄임말로 정당 안에서 경쟁을 통해 인물을 뽑는 것을 말한다. 정당 대표가 일방적으로 적임자를 지명하는 것이 아니라 선거와 투표를 통해 능력 있는 자를 뽑는 것을 말한다.

한나라당 당원들은 깜짝 놀랐다. 박근혜는 가만히 있으면 선거나 투표를 하지 않고 자동적으로 부총재로 임명되는 상황이었다. 당원들은 '굴러들어오는 복을 차버리는' 박근혜를 이해할 수 없다는 표정이었다. 왜 굳이 도전을 하는지 의아해 했다. 하지만 박근혜의 생각은 달랐다.

"정정당당하게 선거를 치르지 않고 부총재에 선출되는 것은 나에게 아무 의미가 없다. 당원들과 대의원들로부터 지지를 받지 않고 총재가 지명하는 부총재에 임명되는 것은 바른 정치가 아니다. 투표를 통해 정당하게 부총재가 될 것이다."

박근혜는 또 다른 트로이의 목마를 만들기로 결심했다. 여성이기 때문에 혜택을 받아 총재가 제안하는 부총재직을 그대로 받아들인다는 것은 박근혜의 양심이 허락하지 않는 행동이었다. 국민들에게는 여성들의 정치 참여를 독려하면서 정작 자신은 편안하게 부총재직을 수락한다는 것은 있을 수 없는 일이었다. 2000년 5월 부총재 경선이 있었고, 투표결과 결국 박근혜는 한나라당의 부총재로 선출되었다. 한나라당의 기존 관행과 관습을 깨고 새로운 변화의 바람을 불러일으키며 과감하게 도전해 나갔던 것이다. 주위 사람들은 이 같은 박근혜의 도전과 용기를 보며 "과연, 박근혜다"라는 반응을 보였다.

한국 최초의 여성 대통령을 꿈꾸다

19세기를 대표하는 미국의 시인 헨리 롱펠로는 "사람은 이 세상의 모루 아니면 망치"라고 노래하지 않았는가. '모루'는 순수 우리말로 대장간에서 불린 쇠를 올려 놓고 두드릴 때 받침으로 쓰는 쇳덩이를 말한다. 롱펠로는 "우리는 낡은 것을 그대로 본뜨는 모루가 아니라 새로운 사회를 만드는 망치가 되어야 한다"고 말했다. 박근혜도 마찬가지였다. 한나라당에서 관행처럼 여겨졌던 낡은 모루를 깨트리고 도전을 통해 새로운 변화를 일으키는 망치가 필요하다고 생각했다. 박근혜는 한나라당 총재가 제안하는 당연직 부총재라는 '모루'를 내팽개치고 부총재 경선이라는 '망치'를 들고 작은 변화에 나섰던 것이다.

부총재 임기를 마친 2004년 3월 박근혜는 또 다른 트로이의 목마를 만든다. 초선 국회의원이 되고, 부총재가 된 것에 만족하지 않고 다시 새로운 도전에 나선 것이다. 한나라당 대표를 뽑는 경선에 나서기로 했다. 당시 한나라당은 부정과 부패사건이 잇따라 터지면서 최악의 상황으로 내몰리고 있었다. 국민들은 한나라당에 너무나 실망한 나머지 고개를 돌렸다.

'부패한 정당'

'민심을 저버리는 정당'

국민들의 원성과 분노는 하늘을 찌르고 있었다. 박근혜는 자꾸만 침몰하는 한나라당을 그대로 지켜보고만 있을 수 없었다. 누군가가 깃발을 들고 나서서 한나라당을 구해야 했다. 한 달 뒤인 2004년 4월 15일에는 국회의원을 뽑는 총선이 기다리고 있었다. 한나라당에 대한 국민들의 분노를 감안할 경우 한나라당이 선거에서 패배할 것은 불을 보듯 뻔했다. 한나라당 대표가 되면 선거패배에 대한 비난과 책임을 고스란히 져야 했다.

"한나라당 대표로 나서서는 안 됩니다."

"투표결과 당선이 되지 않으면 망신입니다."

"당선이 되더라도 이로울 것이 없습니다."

"포기하시죠."

주위 사람들은 '힘들다' '안 된다' '사서 왜 고생을 하느냐' 며 박근혜가 대표 경선에 나서는 것을 반대하거나 만류했다. 하지만 박근혜는 도전하기로 결심했다. 위기 속에 기회가 있다고 긍정적으로 생각했다. 이 상황을 어떻게 모른 체하고 있을 수 있단 말인가. 한나라당을 지지하고 성원을 보내주었던 국민들의 얼굴을 어떻게 볼 것인가. 상황이 나에게 불리하다고 해서 뒤로 숨어버려서야 되겠는가.

“나는 정계에 입문할 때 맹세하지 않았는가. 나를 위해서가 아니라 국민을 위해서 정치를 하겠노라고. 상황은 불리하지만 도전하자. 그리고 국민들이 한나라당을 지지하고 사랑할 수 있도록 나부터 노력하자.”

대표 경선에 나선 비중 있는 인물은 5명 정도였다.

드디어 2004년 3월 23일, 서울 잠실학생체육관에서 한나라당의 새로운 대표를 뽑는 전당대회가 열렸다. 근혜의 연설이 이어질 때마다 당원들은 환호성을 지르고 “박근혜, 박근혜!” 라고 외쳐댔다. 눈물을 흘리는 당원들도 있었다. 마음 저 깊은 곳에서 우러나오는 진심과 혼이 담긴 연설이었다. 그날 박근혜는 한나라당의 새로운 대표가 되었다. 벼랑 끝에 내몰린 한나라당의 선장이 된 것이다. 한국 역사상 두 번째로 여성이 정당의 대표가 되는 기록을 세웠다. 박근혜의 도전정신이 다시 한 번 빛을 발하는 순간이었다.

박근혜가 좋아하는 소설가 헤밍웨이도 말하지 않았는가.

“세상은 누구에게나 시련과 고통을 안겨다 준다. 그러나 어떤 사람들은 고통을 겪은 후에 더욱 강해진다.”

박근혜는 ‘기회라는 것은 위기의 얼굴로 찾아오는 것’ 이라고 생각했다.

2004년 한나라당 대표가 된 박근혜는 또 다른 목표를 위해 도전에 나선다. 정치인으로서 네 번째 트로이의 목마를 만들게 되는 것이다. 박근혜는 한국 최초의 여성 대통령을 꿈꾸며 한나라당 대통령 후보에 도전한다.

박근혜가 대통령 후보로 나선 것은 일신상의 영달이나 안위를 위한 것이 아니었다. 국민들과 국가를 위해서 조금이라도 헌신하고 봉사해야 한다는 의무감 때문이었다. 박근혜는 2007년 8월 전당대회를 앞두고 한나라당 당원과 대의원들에게 이렇게 지지를 당부하고 연설했다. 대통령 후보로 나설 수밖에 없었던 이유, 도전해야만 했던 이유, 결정하기까지의 고뇌가 아무런 과장 없이 진솔하게 표현되어 있다.

"우리가 제대로 일할 수만 있다면 위기에 처한 나라를 구하고, 비정상적인 나라를 충분히 정상으로 돌려놓을 수 있는데도, 우리는 지난 10년간 손발이 묶인 야당으로 살아야 했습니다. 나라가 혼란에 빠지고 경제가 무너지는데, 정말 피땀 흘려 싸웠지만, 야당이라는 한계에 부딪칠 수밖에 없었습니다.

이제 올해 우리에게 소중한 기회가 왔습니다. 정말 제대로 일할 수 있는 우리 한나라당이 정권을 찾아와야 합니다. 제대로 능력을 발휘할 수 있는 나라를 만들어야 합니다. 그래서 거꾸로 가고 있는 이 나라를 정상으로 돌려놓고, 미래를 향해 나가는 새로운 나라로 만들어 놓아야 합니다. 등산을 할 때에는 정확한 나침반과 지도를 가진 리더가 있어야 합니다. 우리가 선진국으로 가는 길도 이와 다르지 않다고 생각합니다. 앞으로 우리나라가 성장의 동력을 새롭게 찾고, 우리 정치도 그렇게 바꿔서 여러분이 마음 놓고 사실 수 있도록 제가 할 수 있는 모든 노력을 다하겠습니다.

제가 살아온 길을 돌아보면 시련과 위기의 연속이었고, 그 위기를 극복하면서 저는 오늘 여기까지 왔습니다. 저한테 가장 먼저 닥친 위기는 어머니와의 이별이었습니다. 저는 22살 나이에 어머니를 흉탄에 잃었습니다. 제가 꿈꾸던 길을 접고, 어머니의 빈자리를 메우기 위해 정말 피나는 노력을 했습니다. 하루 5시간 이상 잠을 자지 않고 아버지를 도와드리는 강행군의 연속이었지만 대통령이라는 자리가 어떤 자리인지, 국가를 경영하는 것이 무엇인지 폭넓게 경함할 수 있었습니다. 그러다가 아버지마저 또 그렇게 보내드려야 했습니다. 어머니에 이어 아버지까지 그렇게 보내드린 후에, 정말 저에게 남겨진 것은 하나도 없는 것 같았습니다. 숨쉬는 것조차 힘이 들었고 당장이라도 모든 것을 포기하고 싶었습니다.

하지만 저는 다시 일어섰습니다. 저를 구해준 것은 바로 우리 국민들이었습니다. 시장의 할머니, 장바구니를 든 아주머니, 거리에서 만나는 평범한 이웃들이 저의 손을 잡고 마음의 상처를 어루만져주고 용기를 주었습니다. 저는 국민이라는 새로운 가족, 더 큰 가족을 만나 위기를 딛고 다시 일어설 수 있었습니다.

저를 정치로 불러들인 것은 1997년 국제통화기금(IMF) 외환 위기였습니다. IMF 사태로 알토란 같은 우리 기업들이 쓰러지고, 하루아침에 실업자가 된 사람들이 거리에 넘쳐나고, 수많은 가정이 파탄을 맞았습니다. 그걸 보면서 '이 나라가 어떻게 세운 나라인데…… 이대로 내버려둘 수 없다'는 각오로 정치권에 들어왔습니다. 그리고 저는 지금 또 다른 위기를 극복하기 위해 여러분 앞에 섰습니다. IMF가 나라경제의 위기였다면 지금은 민생의 위기, 안보의 위기, 사회갈등의 위기가 결합된 총체적 위기입니다.

저는 결혼도 하지 않았고, 자식도 없습니다. 하지만 저에게는 국민이 가족이고, 대한민국이 최우선입니다. 앞으로 오직 나라와 국민을 생각하면서 한 치의 물러섬도 없이 나아가겠습니다.”

박근혜의 연설에는 힘이 있었고, 열정이 있었고, 무엇보다 진솔함이 배어 있었다. ‘진인사대천명(盡人事待天命)’이라고 하지 않았는가. 목표와 꿈을 향해 열심히 노력하고 땀을 흘렸다면 그 결과는 하늘의 뜻에 맡겨야 한다. 새로운 것에 도전한다는 그 자체가 아름다운 일 아닌가.

패배도 아름다울 수 있다

드디어 2007년 8월 20일 서울 잠실 체조경기장에서 전당대회가 열렸다. 긴장된 분위기 속에서 투표가 진행되었다. 대선후보 경선투표 결과 이명박 후보가 8만 1,084표를 얻었고, 박근혜 후보는 7만 8,632표를 얻었다. 차이는 2,452표에 불과했다. 이명박 후보가 한나라당의 대통령 후보가 된 것이다. 박근혜는·이명박 후보와의 치열한 접근 끝에 1.5%포인트 차이로 안타까운 패배를 하고 말았다.

마지막 인사말을 하기 위해 박근혜가 연단에 오르자 전당대회장은 일순간 고요해졌다. 한국 정치사를 되돌아보면 경선결과에 불복해 자신이 속한 정당을 박차고 떠나는 경우도 종종 있었기 때문이었다. 하지만 원칙과 소신을 중시하는 박근혜에게는 그런 행동이 용납되지 않았다. 박근혜는 실망하거나 낙담하지 않았다. 그리고 이명박 후보에게 축하하는 인사말도 잊지 않았다.

"저 박근혜, 경선 패배를 인정합니다. 깨끗하게 승복합니다. 당원의 본분으로 돌아가 이명박 후보를 도와 정권교체를 이루기 위해 백의종군하겠습니다."

순간 박수소리와 환호성이 메아리쳤다. 패배한 박근혜 지지자들도, 승리한 이명박 후보 지지자들도 결과에 승복하는 박근혜에게 뜨거운 박수를 보냈다. 한때는 라이벌이었지만 이제는 친구가 되었다. 한때는 경쟁자였지만 이제는 동무가 되었다. 박근혜는 원칙대로 정치를 한다면 '정치도 아름다울 수 있다' 는 것을 보여주었던 것이다. 박근혜의 도전은 비록 실패로 끝나고 말았지만 박근혜는 이를 실패라고 생각하지 않았다. 더 큰 목표를 향해 나아가는 징검다리라고 생각했다. 전당대회장 여기저기서 박근혜 지지자들이 눈물을 흘렸지만 박근혜는 끝내 눈물을 보이지 않았다.

다음날 박근혜를 위로하기 위해 동료 의원 40여 명이 서울 강남구 삼성동에 있는 박근혜 자택을 찾았다. 동료의원들은 이야기를 하다가 '엉엉' 소리를 내며 울기까지 했다. 이를 본 박근혜는 "제가 남자들을 참 많이도 울리네요"라며 냉정을 잃지 않고 미소를 보였다.

박근혜의 삶은 도전과 실패, 또 다른 도전의 연속이다. 실패했다고 해서 좌절하는 것이 아니라 오뚝이처럼 일어서는 삶이며, 현실에 안주하지 않고 새로운 목표를 향해 나아가는 삶이다. 한국 최초의 여성 대통령을 향한 그의 목표는 아직도 진행 중이다. 그의 삶은 도종환 시인이 쓴 '흔들리며 피는 꽃'이라는 시에 비유할 수 있을 듯하다.

흔들리지 않고 피는 꽃이 어디 있으랴

이 세상 그 어떤 아름다운 꽃들도

다 흔들리면서 피었나니

흔들리면서 줄기를 곧게 세웠나니

흔들리지 않고 가는 사랑이 어디 있으랴

젖지 않고 피는 꽃이 어디 있으랴

이 세상 그 어떤 빛나는 꽃들도

다 젖으며 피었나니

바람과 비에 젖으며 꽃잎 따뜻하게 피웠나니

젖지 않고 가는 삶이 어디 있으랴

우리들의 인생도 이러해야 하지 않을까. 한번 시험에 떨어졌다고 해서, 한번 사업에 실패했다고 해서, 한번 결혼생활에 실패했다고 해서, 한번 직장에서 해고되었다고 해서 좌절하거나 주저앉아버려서는 안 된다.

누구에게나 실패와 좌절은 찾아온다. 승리자와 패배자를 가르는 기준은 이를 극복하느냐, 이에 굴복하느냐 여부에 달려 있다. 트로이의 목마를 만드는 심정으로 도전하고, 메기가 도사리고 있다는 위기의식을 가지고 자신을 계발해 나간다면 분명 오늘보다 나은 나 자신의 모습을 기대할 수 있다. 세상에 흔들리지 않고 피는 꽃은 어디에도 없다.

행하는 자가 이루는 법이다

박근혜는 인생의 고비 고비마다 뒤로 물러서지 않고 과감하게 도전을 택했다. 1998년에는 탄탄한 조직도 없이 국회의원에 당선됐고, 이후에는 경선을 통해 한나라당 부총재가 되었고, 경선을 통해 한나라당 대표가 되었고, 2007년에는 한나라당 대통령 후보로 나섰다.

역사가 토인비가 말한 것처럼 '도전과 응전'으로 점철된 인생이었다. '행하는 자 이루고, 가는 자 닿는다'고 하지 않는가. 현실에 안주하지 말고 도전을 해야 이룰 수 있고, 발을 내디뎌야 원하는 목적지까지 갈 수가 있는 법이다. 박근혜는 도전을 두려워하지 않는 '행하는 자'이고 '가는 자'이다.

미국인들이 가장 존경하는 대통령 에이브러햄 링컨도 이렇게 말하지 않았는가.

"내가 걷는 길은 험하고 미끄러웠습니다. 그래서 나는 자꾸만 미끄러져 넘어지곤 했지요. 그러나 나는 곧 기운을 차리고 내 자신에게 말했습니다. '괜찮아, 길이 약간 미끄럽긴 해도 낭떠러지는 아니야'라고."

우리의 인생은 도전과 실패, 재도전의 연속이다. 열심히 노력해도 실패하는 경우도 있다. 하지만 세계적인 위인들은 실패에도 굴하지 않고 다시 도전했다는 공통점을 가지고 있다. 보통 사람들이 실패를 두려워해 아예 도전조차 하지 않거나 도전하더라도 실패한 이후 자포자기 상태가 되어 재도전을 하지 않는 것과는 큰 차이가 있다.

나이가 들면 현실에 안주하게 된다. '이 나이에 다른 도전은 해서 뭐해' '이만하면 됐어' '편안하게 남은 인생을 이제는 즐기는 거야' 등과 같이 어린 시절 우리가 가졌던 용기와 당당함은 시간의 세월 속에 무디어져가고 결국 사라져 버린다.

인생을 살아가다가 우리는 넘어질 수 있다. 쓰러질 때도 있다. 포기하고 싶을 때도 있다. 울고 싶을 때도 있다. 하지만 신은 우리들에게 다시 일어설 수 있는 도전정신과 용기도 함께 주었다. 쓰러졌어도 먼지를 툭툭 털고 다시 일어날 수 있도록 오뚝이 정신도 같이 불어넣어 주었다.

농구황제 마이클 조던은 "용감하게 행동하세요. 세상은 확신을 갖고 행동하는 사람들을 위해 길을 비켜줍니다"라고 말했다. 또 동화작가 안데르센은 "어떠한 높은 곳이더라도 사람이 도달하지 못할 곳은 없습니다. 그러나 용기와 자신감을 갖고 올라가지 않으면 안 됩니다"라고 강조했다. 몇 번 넘어졌느냐가 중요한 것이 아니라 몇 번 일어섰느냐가 더욱더 중요하다는 사실을 깨달아야 한다.

3. 겁쟁이는 여러 번 죽고,
용감한 자는 한 번 죽는다

'파도를 탓하지 말고 바람을 없애라'는 말씀이 있다. 어떤 위기를 만나든, 위기 그 자체만 바라보면 해결이 더욱 어려울 것이다. 파도를 없애기 위해서는 바람을 없애야 하듯, 위기의 근본 원인을 찾아서 그것을 해결해 나간다면 어떤 위기도 극복할 수 있다고 생각한다.

용서에도 용기가 필요하다

용기는 새로운 것을 시도하고, 남들이 하지 않았던 일에 도전하는 것이다. 남들은 주저하지만 과감하게 깃발을 들고 앞으로 나아가는 것이 바로 용기이다. 박근혜는 한국 최초의 여성 대통령을 꿈꾸며 지난 2007년 한나라당 대통령 경선후보에 나섰다. 이명박 후보에게 근소한 차이로 투표에서 패배하기는 했지만 국민들은 '아름다운 패배'로 기억하고 있다. 여성으로서 대통령 경선에 나선 것도 용기였고, 투표결과에 승복한 것도 용기 있는 행동이었다. 비단 도전하는 것만이 용기는 아니다. 상대방의 허물과 과실을 '용서'하는 것도 용기가 필요한 일이다. 박근혜가 보여주는 용기의 첫 번째 원칙은 '용서하는 것도 용기가 필요하다'는 것이다.

박근혜는 2002년 5월 11일부터 14일까지 3박 4일 일정으로 북한을 전격 방문했다. 한나라당을 탈당해 자신이 만든 미래연합 대표로 있을 때의 일이었다.

당시 박근혜는 유럽연합(EU)코리아재단의 이사로 활동하고 있었는데, 북한이 EU코리아재단 이사진을 북한에 초청한 것이었다. 당시 EU코리아재단은 북한에 의약품과 축구공을 보내는 등 민간지원에 열심이었고, 유럽과 북한의 경제협력에도 힘을 쏟고 있었다.

박근혜의 북한 방문 결정에 대해 동료 국회의원들과 연세가 지긋한 보수적인 사람들 중에서는 반대하는 목소리가 많았다.

"북한은 전혀 변하지 않았다."

"과거의 잘못에 대해 어떠한 반성도 하지 않았다."

"잘못하면 북한에 이용당할 우려가 있다."

특히 북한이 과거에 저질렀던 소름끼치는 악행과 잘못에 대해 어떠한 사과와 반성도 하지 않고 있는 것에 대해 분노하고 있었다.

1968년 발생한 김신조 사건이 대표적이다. 1월 21일 발생했다고 해서 1.21사태라고도 한다. 북한의 무장 게릴라 31명이 휴전선을 넘어 야간을 이용해 서울까지 들어오는데 성공했다. 하지만 이들은 세검정 고개의 자하문을 통과하려다 비상근무 중이던 경찰의 불심검문을 받았다. 그들의 정체가 드러나자 검문 경찰들에게 수류탄을 던지고 기관총을 무차별 난사했으며, 시내버스에도 수류탄을 던져 귀가하던 많은 시민들이 아까운 목숨을 잃었다. 그날 유일하게 잡힌 김신조는 "박정희의 목을 따러 왔다"고 말해 국민들을 깜짝 놀라게 했다.

1974년에는 박근혜의 어머니인 육영수 여사가 간첩 문세광(文世光)의 총탄에 맞아 세상을 떠났다. 8월 15일 서울 국립극장에서 거행된 광복절 기념식에서 조총련계 재일교포 문세광이 박정희 대통령과 육영수 여사에게 권총을 발사했고, 머리에 총탄을 맞은 육 여사는 그 자리에서 목숨을 잃고 말았다. 영부인을 잃은 국민들은 눈물을 흘리며 며칠 동안 슬픔에 빠져들었다. 그리고 상식 이하의 행동을 저지르는 북한에 치를 떨었다.

북한은 1983년에는 '아웅산 테러'를 일으켰다. 당시 버마(현 미얀마)를 방문 중이던 전두환 대통령과 수행원들을 대상으로 테러를 자행한 것이었다. 미얀마의 아웅산 묘소에서 일어난 강력한 폭발로 대통령 수행원 17명이 사망하고 14명이 중경상을 입었다. 이 사건으로 부총리, 외무부장관, 상공부장관, 동자부장관, 대통령비서실장 등을 포함해 정부 고위직 관료 17명이 사망했다.

전두환 대통령은 사건 발생 후 나머지 일정을 모두 중단하고 이튿날 급거 귀국해 미얀마 정부와 합동조사를 벌였다. 미얀마 정부는 북한 김정일의 친필 지령을 받은 북한 군인들이 테러를 저질렀다는 수사결과를 발표했다. 한국 국민들의 분노는 하늘을 찔렀다.

박근혜는 북한 방문 초청을 받는 순간 고민에 고민을 거듭했다. 많은 사람들이 반대한다는 것도 잘 알고 있었다. 더군다나 북한은 어머니를 죽게 한 나라가 아닌가.

여기서 박근혜의 '용서하는 용기'가 빛을 발한다. 박근혜는 북한 방문에 나서기로 결정한 것이다. 북한의 사과를 받아낼 수 있는 것은 받아내고, 앞으로 협력할 수 있는 분야는 협력하면서 건설적인 관계를 만들어야 한다고 생각했다. 과거에 집착하지 말고 미래를 향해 나아가야 한다고 판단했다.

박근혜는 방북 당시의 심정을 홈페이지에 이렇게 적고 있다.

"어머니를 잃은 슬픈 기억과 보수층의 반발도 있었지만 분단의 안타까운 현실에서 한 사람의 국민으로서, 또 정치인으로서 남북한의 화해협력과 평화정착에 작은 힘이나마 보태겠다는 마음으로 평양행을 결정했습니다."

방문 준비를 하면서 그는 김정일 위원장에게 요구할 사항과 내용들을 꼼꼼히 챙겼다. 빈손으로 가서 빈손으로 돌아올 수는 없는 일이었다. 자신이 어떠한 말을 하고, 어떠한 행동을 하느냐에 따라, 그리고 어떠한 원칙과 소신을 가지고 북한 문제를 다루느냐에 따라 남북관계가 달라질 수 있었다. 박근혜는 김정일 위원장에게 이산가족 면회소 설치, 남북 횡단철도 연결, 남북통일축구 개최, 금강산댐 공동조사, 국군포로 송환 등을 요구하기로 했다. 그는 막중한 의무와 책임감을 느끼며 북한을 방문했다.

박근혜는 중국 베이징에서 김정일 위원장의 특별 전용기를 타고 방북했다. 체류기간 중에는 2000년 김대중 대통령이 묵었던 백화원초대소에 묵는 등 특별대우를 받았다. 5월 13일 그는 김정일 위원장과 단독면담을 가졌다. 김정일은 김일성 주석의 아들이었고, 박근혜는 박정희 대통령의 딸이었다. 참으로 어색한 만남이었지만, 박근혜는 어릴 때부터 몸에 배인 침착함과 냉정을 잃지 않고 대화를 주도해 나갔다. 청와대 시절 수많은 해외 정상과 외교관을 만나면서 터득한 외교와 협상의 기술을 충분히 발휘했다. 논리적으로 대화를 이끈 것은 박근혜였다.

김정일 위원장은 먼저 사과를 했다. 1968년 발생한 김신조 사건(1.21 사태)에 대해 사과를 한 것이었다. 또 그 일을 저지른 사람들은 모두 처벌을 받았다고 말했다. 박근혜는 준비해갔던 사항들, 즉 이산가족 면회소 설치, 남북 횡단철도 연결, 남북통일축구 개최, 금강산댐 공동조사, 국군포로 송환 등에 대해 김정일 위원장에게 제안했고, 몇 가지 소기의 성과를 이루었다. 북한의 정치논리에 휘둘리지 않고, 자신의 소신과 원칙을 그대로 김정일 위원장에게 전달했던 것이다.

많은 사람들은 방북 일정을 마치고 서울로 돌아온 박근혜에게 격려와 칭찬을 쏟아냈다.

"용기 있는 행동이었다."

"아무도 나서지 않을 때 잘 나서 주었다."

"남북관계 개선에 힘쓰는 모습이 보기 좋았다."

박근혜의 북한 방문은 어머니를 암살한 사람들과 만나는 일이었다. 대단한 용기가 필요한 일이었다. 남을 용서하는 데에도 용기가 필요하다. 박근혜가 보여준 용기의 두 번째 원칙은 '결정을 빨리 해야 한다' 는 것이다. 너무 신중하게 생각을 오래하다 보면 찾아온 기회를 놓치고 만다. 기회는 우리 앞에 서서히 찾아왔다가 순식간에 지나가고 만다. 찬스라고 생각했을 때는 바로 행동에 옮기는 실행력이 있어야 한다. 생각과 실천이 일치될 때에라야 진정한 용기라고 말할 수 있다.

용기 있는 사람들에게서 찾아볼 수 있는 공통점은 확신을 가지고 행동에 나선다는 점이다. 다른 사람들이 어떻게 생각할지 따져보며 속앓이를 하는 것이 아니라 자신의 소신과 원칙대로 밀고 나아가는 것이 바로 박근혜가 보여주는 용기의 핵심이다. 용기에는 '결단력'이 반드시 따라다닌다. 결단을 내릴 수 있는 뚝심과 배짱이 있어야 용기를 낼 수 있다. 프랑스를 대표하는 철학자 사르트르가 "인생은 B(Birth)와 D(Death) 사이의 C(Choice)"라고 얘기한 이유가 바로 여기에 있다.

파도를 탓하지 말고 바람을 없애라

박근혜는 2007년 5월 연설에서 이렇게 말했다. "평소에 부처님 말씀 가운데 좋은 말씀을 마음에 담곤 하는데, '파도를 탓하지 말고 바람을 없애라'는 말씀이 있습니다. 우리가 어떤 위기를 만나더라도, 위기 그 자체만 바라보면 해결이 더욱 어려울 것입니다. 파도를 없애기 위해서는 바람을 없애야 하듯, 위기의 근본원인을 찾아서 그것을 해결해 나간다면 어떤 위기도 극복할 수 있다고 생각합니다."

문제를 덮어두고 시간이 지나가기를 기다려서는 안 된다. 문제의 원인을 분석하고 이를 해결하기 위해 끊임없이 노력해야 한다. 남들이 주저할 때 깃발을 들고 앞장서 나가는 것, 이것이 바로 진정한 용기인 것이다.

한나라당 대표로 있던 2006년 3월 8일 박근혜가 일본을 방문했을 때의 일화이다. 고이즈미 일본 총리를 비롯해 일본 정부 관료들을 만나 한국과 일본 간 복잡하게 얽힌 외교문제에 대해 논의하기 위해 일본을 방문했다. 당시 한국과 일본은 독도, 야스쿠니 신사참배, 교과서 왜곡, 위안부 문제 등을 둘러싸고 관계가 냉랭했다. 일본 보수 정치인들은 독도가 일본 땅이라는 망언을 일삼았고, 일본 전쟁범죄의 대명사인 야스쿠니 신사에 참배를 올렸고, 한국 역사를 왜곡해 일본 교과서에 실었고, 위안부 문제에 대해서는 공식적인 사과조차 하지도 않았다.

일본에 대한 한국 국민들의 반일 감정은 점점 고조되고 있었다. 한국 정치인들도 일본과는 대화를 하지 않으려고 했다. 일본을 방문하는 것조차도 꺼렸다. 국민들의 감정이 좋지 않은 상태에서 일본을 방문했다가는 비난을 받을 위험도 있었다. 하지만 근혜는 남들이 나서기를 꺼릴 때 용기를 내어 과감하게 도전했다. 일본이 잘못했을 때에는 엄하게 꾸짖어야 하고, 개선할 부분이 있으면 서로 협력도 할 수 있는 일이었다.

박근혜는 총리관저에서 고이즈미 준이치로 총리를 만났다. 그리고 준엄하게 꾸짖었다.

"지난 1년간 야스쿠니 신사참배, 독도 문제, 역사교과서 왜곡 등 과거사에서 비롯된 일련의 현안들이 문제가 되고 있습니다. 정치 지도자로서 신중한 언행과 지도력이 필요합니다. 고이즈미 총리의 좌우명이 '믿음이 없으면 살아나갈 수 없다' 는 뜻의 '무신불립(無信不立)' 이라고 알고 있습니다. 국가 간에도 신뢰와 신의를 지키는 것이 중요합니다. 신뢰를 키우기 위해서는 언행을 바르게 해야 합니다."

박근혜의 날카로운 지적이었다.

박근혜는 고이즈미 총리의 좌우명이 '무신불립' 이라는 것을 사전에 조사를 했고, 고이즈미 총리의 말과 행동이 다르다는 것을 꼬집었던 것이다.

하지만 고이즈미 총리는 "전적으로 공감한다, 앞으로 협력하겠다" 등과 같이 원론적인 답변만 할 뿐이었다. 그러나 박근혜의 지적이 너무나 정확했기 때문에 고이즈미 총리는 당황한 표정이 역력했다.

박근혜가 인용한 '무신불립' 은 『논어』 안연편(顔淵篇)에 나오는 말로 정치나 개인의 관계에서 믿음과 의리의 중요성을 강조한 표현이다. '믿음이 없으면 살아나갈 수 없다' 라는 뜻으로 공자의 말에서 비롯됐다. 제자 자공이 정치가 무엇이냐고 묻자 공자는 "식량을 풍족하게 하고(足食), 군대를 충분히 하고(足兵), 백성의 믿음을 얻는 일이다(民信)"라고 대답했다.

자공이 "어쩔 수 없이 한 가지를 포기해야 한다면 무엇을 먼저 해야 합니까?" 하고 물었다. 이에 대해 공자는 군대를 포기해야 한다고 답했다. 자공이 다시 나머지 두 가지 가운데 또 하나를 포기해야 한다면 무엇을 포기해야 하는지 물었다. 공자는 식량을 포기해야 한다고 답했다. 공자는 "예로부터 사람은 죽음을 피할 수 없지만, 백성의 믿음이 없이는 나라가 서지 못한다"라고 가르쳤다. 여기에서 정치나 개인의 관계에서 믿음과 의리의 중요성을 강조하는 말로 '무신불립' 이라는 말이 쓰이기 시작했다.

박근혜는 고이즈미 총리에게 마지막 카운트펀치를 날렸다.

"고이즈미 총리 시절 여러 개혁정책으로 일본경제가 불황을 딛고 일어나 우리도 참고할 만합니다. 총리로 재임하는 동안 외교적으로도 존경받는 총리가 되면 좋겠습니다."

박근혜는 고이즈미 총리가 한국과 일본 간 외교문제를 제대로 해결하지 못하고 있다는 말을 에둘러서 표현했던 것이다. 앞으로 제대로 하는지 지켜보겠다는 경고의 메시지도 담고 있었다. 고이즈미 총리 비서진과 일본 관료들은 표정이 굳어 있었다. 너무나 민감한 문제여서 누구도 언급하기를 꺼려했지만 박근혜 대표가 문제제기를 했기 때문이었다. 박근혜의 대담한 태도와 용기에 한나라당 비서진은 물론 일본 관료들도 깜짝 놀라는 눈치였다. 박근혜는 여장부로서의 진면목을 그대로 보여주었다.

마땅히 해야 할 말을 하지 못하는 것이 '비겁'이고, 반드시 해야 할 말을 하는 것이 '용기'이다. 박근혜는 다른 사람들이 외교적 예의라고 변명을 하며 일본 정부에 대해 강하게 주장하지 못했던 것과는 달랐다. 확고한 원칙과 소신을 가지고 있었기 때문에 결단력 있는 용기를 보여줄 수 있었던 것이다.

직장생활도 마찬가지다. 사장이나 상사 앞에서는 꼼짝도 못하면서 이들이 보이지 않는 곳에서는 험담을 하는 직장인들을 심심찮게 볼 수 있다. 익명이 보장되는 직원들만의 인터넷 카페에서 잘못된 회사 시스템을 성토하고 경영진의 무능력을 토로하지만, 정작 사장과 상사가 나타나면 고개를 숙이고 마는 사람들이 많다. 반면 묵묵하게 자신에게 주어진 의무와 책무를 다하다가 회사 시스템이 잘못 돌아갈 때에 경영진과 상사에게 직접 문제점을 지적하고 해결방안을 제시하는 직원들도 있다. 전자는 비겁한 행동이요, 후자는 용기 있는 사람의 행동이다. 여러분은 어떠한 유형에 속하는가.

박근혜가 일본 방문 기간 중 일본 기자들과 간담회를 했을 때의 일화이다. 한 기자가 물었다.

"박 대표는 다케시마 문제를 어떻게 풀어야 한다고 생각하십니까?"

다케시마(竹島)는 독도를 일본식으로 부르는 말이다. 일본 기자는 굳이 독도를 다케시마라고 의도적으로 말했다.

"전혀 어려울 것이 없습니다. 독도는 한국 땅이니까 일본이 그것을 인정하기만 하면 됩니다."

짧은 한마디였다. 더 이상 말이 필요치 않았다. 남의 것을 자기 것이라고 우기지 않으면 문제는 간단하게 해결된다는 것이었다. 일본 기자들은 허탈한 웃음만 지을 뿐이었다.

박근혜는 자신의 입장을 논리적이고 이성적으로 밝힘으로써 고이즈미 총리와 일본 기자들의 코를 납작하게 만들었다. 그의 용기가 만들어낸 성과였다.

박근혜는 자신의 저서에서 이렇게 쓰고 있다.

"지도자의 길, 그것도 황폐한 나라를 중흥으로 이끌려 했던 지도자의 길이 쉽고 안이하리라고 생각하는 사람은 아무도 없을 것이다. 왜 이렇게 어려운가. 그것은 근본적으로 앞서 가야 하기 때문이며 일마다 이해를 받기 어렵기 때문이다. 박수 받는 일만 하는 것이 지도자라면 얼마나 쉬운가. 아무라도 웬만한 상식만 가지면 한 사회를 이끌 것이다. '안 된다' '불가능하다' 하는 일을 불굴의 의지로 해나가야 하니 일 자체도 어려운 것이다. 거기다가 이해를 받기 어려우니 수 곱절 더 힘들게 되는 것이다."

남들은 '안 된다' '불가능하다' '힘들다' 고 말할 때 용기를 내서 깃발을 들고 먼저 나아가야 한다고 그는 강조한다. 박근혜가 보여주는 용기를 한 마디로 요약하면 '명쾌하게 선택해야 한다' 는 것이다. 주저하다 보면 우리에게 찾아온 기회는 봄볕에 눈이 녹아 없어지듯 사라지고 만다.

'당당부단(當斷不斷)이면 반수기란(反受其亂)' 이라는 말이 있다. '마 땅히 끊어야 할 것을 끊지 못하면 오히려 혼란이 가중될 수 있다' 는 뜻이 다. 의사결정을 내려야 하고, 판단을 해야 하는 시점에 용기 있게 결단을 내리지 못하면 오히려 화를 당하거나 손해를 보게 된다는 의미이다. 살 아가면서 우리는 수많은 결정을 해야 하고, 판단을 해야 하는 상황에 놓 이게 된다. 하지만 새로운 변화를 두려워해 현실에 안주하는 결정을 내 리는 경우가 대부분이다. 다른 사람들과의 관계가 악화되는 것을 우려해 반드시 해야 할 말을 못하는 경우가 많다. 이는 비겁한 사람의 행동이다. 성공으로 가는 길이 아니라 패배자의 길로 들어서는 것이다. 박근혜처럼 결단을 내리고, 새로운 것에 도전하고, 확신을 가지고 행동하는 모습을 보여야 한다. 그것이 바로 용기이다.

4. 마음을 훔치는 리더가 되라

지도자에게 중요한 것은 말이 아니라 실천이다. 영국의 마거릿 대처 총리가 어려운 상황 속에서도 영국병을 뜯어 고쳐 영국을 유럽에서 가장 경쟁력있는 나라로 만든 것은 물리적인 힘이 있었기 때문이 아니다. 어려운 상황 속에서도 확고한 신념으로 원칙을 지키고, 그것을 끝까지 실천해 나갔기 때문이다.

진시황과 징기스 칸을 높이 평가하지 않는 이유

성공한 위인이나 다른 사람들의 존경과 사랑을 받는 사람들은 리더십을 가지고 있다는 공통점이 있다. 권력이나 재물로 다른 사람들을 제압하는 '권위적인 리더십'도 있을 수 있고, 다른 사람들에게 감동을 주면서 자발적으로 따르게 하는 '부드러운 리더십'도 있다.

중국 대륙을 최초로 통일한 진시황이나 몽골제국을 건설한 징기스 칸이 권위적인 리더십의 대표적인 사례이다. 반면 부드러운 리더십으로 사람을 이끈 인물로는 조선시대 다산 정약용과 충무공 이순신 장군을 꼽을 수 있다. 박근혜의 리더십 역시 부드러운 리더십에 속한다. 남들에게 억지로 강요하는 것이 아니라 사람들이 스스로 따르게 하는 카리스마를 가지고 있다. 이른바 '따뜻한 카리스마'로 사람들을 이끄는 것이다. 박근혜가 자신의 저서나 일기에서 진시황과 징기스 칸을 낮게 평가하고, 다산 정약용 선생과 이순신 장군을 높이 평가하는 것은 이 같은 이유에서다.

박근혜는 1991년 5월 9일 일기에 이렇게 적고 있다.

"진시황의 그 혹독한 정치로 중국 진나라는 15년 만에 망했는데 그 멸망의 원인이 된 농민봉기는 작은 일에서 시작되었다. 그러나 그것이 도화선이 되어 대폭발을 일으키게 된 이유는 그 15년의 세월동안 쌓인 백성의 원한에 있었다. 가스가 가득 찬 방안은 눈으로는 언뜻 보이지 않으나 거기에 성냥불같이 작은 불이라도 갖다 대면 엄청난 결과를 초래한다. 바싹 마른 낙엽 위에 던진 담배꽁초가 어이없이 산불을 낼 수도 있는 것이다."

그리고 같은 해 6월 27일 일기에서는 이렇게 기록하고 있다.

"남의 고통을 이해할 수 있는 사람, 더 나아가 남의 고통을 덜어주고 완화해 주고 제거해 주려고 노력하는 사람은 삶의 가장 큰 보람과 아름다움, 위대함의 가닥을 붙잡은 사람이다. 바로 중요한 길로 들어선 사람이요, 삶의 진정한 의미를 깨달은 사람이다. 세계를 정복한 징기스 칸을 위대하다고 말할 수 있겠는가. 나에게 있어 영웅, 위대한 인물은 결코 그런 사람들이 아니다. 자신이 차지한 땅이 이만큼 넓은 대제국이라는 것을 과시하기 위해 얼마나 많은 사람을 전쟁터로 몰아넣었고, 얼마나 많은 가족들을 울리고 고통스럽게 하였는가. 비록 넓지 않은 영토라도 이웃 나라를 침범하지 않고 자기 나라 백성을 몸과 마음이 편하게 살도록 하는 사람이 더 위대하고 훌륭하다."

박근혜가 권위적이고 강압적인 리더십보다는 부드러우면서도 카리스마 넘치는 리더십을 보이는 이유를 알 수 있는 대목이다.

박근혜 의원을 보좌하는 비서진이나 동료 의원들, 그리고 박 의원을 취재하는 기자들은 박 의원의 리더십을 다음과 같이 요약해 표현한다.

'화합(和合)의 리더십'

'도덕(道德)의 리더십'

'희생(犧牲)의 리더십'

'소통(疏通)의 리더십'

권위적이고 강압적인 요소는 찾아볼 수 없다. 사람들에게 화합과 도덕, 희생, 그리고 소통하는 모습을 직접 보여줌으로써 사람들이 자발적으로 따라오게 만든다. 이것이 박근혜 리더십의 매력이다.

화합하지 않으면 성공은 기대하기 힘들다. 손바닥도 마주쳐야 소리가 나는 법이다. 모든 연주자들이 화합해야 훌륭한 오케스트라를 연주할 수 있는 것처럼, 개인이든 조직이든 국가든 모두 화합해야 발전할 수 있고 앞으로 나아갈 수 있다.

박근혜는 지역감정 때문에 화합하지 못하고 오랫동안 반목했던 한국 정치의 현실을 개선하기 위해 김대중 前 대통령과 호남지역을 찾아 사과를 하고 용서를 구했다. 또 어머니를 죽음으로 몰아넣은 북한의 김정일 위원장을 만나 허심탄회하게 경제협력과 남북화해에 대해 논의했다. 어떤 사람들은 지역감정과 남북한 대결구도를 악의적으로 이용해 이익을 취하려고 한다. 하지만 갈등은 또 다른 갈등을 낳을 뿐이다. 박근혜는 화합의 리더십을 국민들에게 보여주려고 한다. 박근혜는 화합의 리더십에 대해 이렇게 말했다.

"동서고금 역사를 통해서 볼 때 갈등을 일으키고 분열한 나라치고 발전한 나라는 없습니다. 북이스라엘, 남유다로 나뉘어서 어떻게 되었습니까? 북이스라엘은 200년 만에, 남유다는 300년 만에 모두 망하고 말았습니다. 우리나라가 지금처럼 이념과 지역, 세대로 대립해서는 앞으로 희망도 비전도 없습니다. 저는 국민화합이야말로 이 시대가 가장 필요로 하는 시대정신이라고 생각합니다. 이를 위해서는 모두를 엮는 화합의 리더십이 있어야 합니다."

박근혜의 어린 시절 별명은 '바른생활 소녀' 였고, 지금도 여전히 도덕적인 삶을 살고 있다. 1998년 정치에 입문하고 나서 12년 동안 정치생활을 하고 있지만 그에게는 뇌물청탁이나 부정비리 등과 같은 스캔들이 한 번도 없었다. 법과 원칙을 생명처럼 지키고 있는 것이다.

일부 정치인들이 기업체 뇌물을 받거나, 부정하게 선거자금을 모으거나, 부당하게 이권에 개입하다가 하루아침에 범죄자로 전락하기도 한다. 법과 원칙을 중시하는 박근혜에게 이 같은 유혹이 파고들 틈은 전혀 없다.

원칙을 고수하고, 약속을 지키고, 소신을 그대로 밀고 나가고, 청렴하게 생활하면서 도덕의 리더십을 보여주고 있다.

박근혜는 도덕의 리더십에 대해 이렇게 설명한다.

"도덕에서 가장 중요한 것은 실천입니다. 이 땅에서 예수님은 길지 않은 삶을 사셨지만 영원한 가르침을 주셨고, 몸소 실천하면서 온 인류에 모범적인 삶을 보여주셨습니다. 무엇보다 법과 원칙, 상식이 통하는 나라가 되어야 합니다. 법과 원칙은 몸으로 말하면 척추와 같습니다. 척추가 바로서야 우리 몸도 바로 설 수 있습니다. 척추에 디스크 하나, 조금이라도 굽어지면 얼마나 고통이 큽니까? 마찬가지로 법, 원칙, 상식이 바로서야 선진사회로 갈 수 있습니다. 그러기 위해서는 무엇이 중요하겠습니까? 바로 국가 지도자의 도덕성입니다. 자기 자신이 법, 원칙, 약속을 지키지 않으면서 어떻게 국민 앞에서 약속, 법을 지켜라 할 수 있겠습니까? 지도자가 도덕적으로 인정받고, 신뢰를 얻을 때 국민이 하나가 될 수 있습니다. 저 자신부터 깨끗해야 한다고 믿고 그렇게 살아왔습니다. 신뢰와 원칙을 지키는 것을 정치생명으로 여겨왔고, 법과 원칙을 지키는 것을 신념으로 생각해왔습니다."

자신을 가장 낮은 곳에 두어라

박근혜의 리더십을 언급할 때 '희생'이라는 덕목을 빠트릴 수 없다. 그는 충무공 이순신을 진정한 위인이라고 생각한다. 충무공 이순신은 그를 시기하는 사람들로부터 온갖 박해와 멸시를 받았지만 위험에 빠진 나라가 그를 필요로 했을 때에는 자신을 희생했다. "신에게는 아직도 12척의 배가 남아 있습니다"라고 외치며 왜군들과 싸웠고 결국 목숨까지 잃고 말았다.

2004년 한나라당이 부정부패로 국민들의 질타와 손가락질을 받으며 벼랑 끝으로 내몰리고 있을 때 박근혜는 한나라당 대표를 맡았다. 다른 의원들이 이리저리 계산하며 주판알을 튕기고 있을 때 박근혜는 조금도 주저하지 않고 침몰하는 한나라당의 선장이 되기를 자처했다. 자칫 잘못하다가는 국회의원 생명이 위태로운 상황이었지만 자신이 희생하기로 했던 것이다. 이 같은 희생정신이 있었기에 이후 한나라당은 여러 선거에서 연전연승하며 국민들의 신뢰를 다시 얻을 수 있었다.

한나라당 대표 출마를 권유하는 동료 의원들에게 박근혜는 "당이 필요하다면 희생해야죠"라고 짧게 말할 뿐이었다. 더 이상의 부연설명이 필요 없었다. 선거기간 중에는 매일 5시간만 자는 강행군을 했지만 동료 의원들이 선거유세 일정을 줄이겠다고 하면 "괜찮아요. 버틸 때까지 버텨봐야죠"라며 자신을 희생했다. 그는 마지막 순간까지 자신을 내던졌던 것이다.

박근혜는 희생의 리더십에 대해 이렇게 강조한다.

"우리에게 필요한 것은 사심 없이 헌신하는 리더십입니다. 수많은 군중과 제자들이 예수를 따랐지만 예수는 단 한순간도 자신의 영달을 위해 살지 않았습니다. 갈릴레이 언덕에서 500여 개의 기적을 일으킬 때 생각해 보십시오. 어린아이가 떡 5개, 생선 2마리를 가져왔을 때, 예수님께서는 축복하시고 전부 나누어 주셨습니다. 그랬을 때 5,000명이 먹고도 열두 광주리가 남는 기적이 일어났습니다. 마지막 순간, 예수님께서는 우리 죄를 대신 짊어지기 위해 자신의 목숨까지 내놓았습니다. 그의 삶은 처음부터 끝까지 인류를 위한 삶이었습니다."

박근혜의 연설은 계속 이어진다.

"잠시 재미나는 얘기 해드리겠습니다. 어떤 노처녀가 하나님께 매일 좋은 신랑감을 달라고 기도했습니다. 그러나 하나님께서는 응답이 없으셨습니다. 그래서 친구에게 하나님께서 응답이 없다고 털어놨더니 친구가 자기 자신을 위해 기도하지 말고 남을 위해 기도해야 한다고 했습니다. 그래서 '저의 어머니에게 좋은 사윗감을 보내 달라' 고 기도했다고 합니다. 이것은 우스갯소리지만 우리가 남을 위한다고 하지만 실제로 자기 자신을 위하는 것이 얼마나 많습니까. 적어도 일국의 지도자는 자기보다 국민이 앞에 있어야 된다고 믿습니다."

박근혜는 코미디언 중 유재석을 좋아한다. 박근혜가 유재석 씨를 좋아하는 이유는 유재석 씨가 MC를 하면서 다른 사람을 지배하거나 군림하는 것이 아니라 섬기고 봉사하는 서번트 리더십(Servant Leadership)을 보여주기 때문이다. 봉사하는 리더십이다. 예능 프로그램에 참여하는 동료 코미디언과 게스트 손님들이 편하도록, 또 프로그램에서 그들이 빛나도록 도와준다. 이는 박근혜가 강조하는 희생 리더십과 맥을 같이한다.

박근혜는 이렇게 말한다.

"여러분께서는 유재석 씨 인기비결이 뭐라고 생각하십니까? 물론 재미있어서 인기가 있겠지만, 무엇보다 가식이 없고, 진실 되고, 사생활이 깨끗하기 때문이라고 합니다. 또 다른 사람을 섬기고 봉사하는 리더십의 결과라고 이야기하고 있습니다. 우리 정치인들이 정말 배워야 할 부분이라는 생각이 듭니다. 지도자가 진실되게 국민을 대하고, 도덕적으로 깨끗하고 국민의 신뢰를 받는다면 강력한 리더십을 가질 수 있습니다. 거기에 저는 유재석 씨처럼 국민 여러분께 웃음을 주는 법도 좀 배웠으면 좋겠습니다."

화합, 도덕, 희생의 리더십과 함께 박근혜는 소통의 리더십을 보여준다. 우리 시대의 많은 문제점이 서로 대화를 하지 않고, 상대방을 이해하려고 하지 않고, 나의 생각만 옳다고 우기는 데서 비롯된다. 부모와 자식이 소통하지 않고, 형제들 간에 소통하지 않고, 직장 동료들끼리 소통하지 않고, 사장과 종업원이 소통하지 않고, 학교 친구들끼리 소통하지 않고, 국민들 간에 소통하지 않고, 지도자와 국민이 소통하지 않는다면 발전은 없고 퇴보만 있을 뿐이다.

근혜는 보수적인 한나라당의 관행에서 벗어나 젊은이들과 소통하기 위해 노력하고 있고, 현재 큰 성과를 얻고 있다. 한나라당 홈페이지를 젊은이들과 소통하는 도구로 만들었을 뿐 아니라 자기 자신도 미니홈피, 블로거, 트위터 등을 통해 젊은층과 직접 대화를 하고 의견을 나눈다. 전국을 돌아다니며 대학교 강연을 통해 젊은이들의 생각과 사고를 이해하려고 애쓰는 것은 이 때문이다. 또 중국, 일본, 독일, 싱가포르 등 외국 정상과 외교관은 물론 북한의 김정일 위원장을 만나 풀기 힘든 문제를 해결하기 위해 노력한다. 소통의 힘을 믿고 있기 때문이다. 보수적인 성향이 강한 한나라당을 싫어하는 20~30대 젊은이들도 박근혜가 나타나면 우르르 몰려와서 사인을 받으려고 하고, 핸드폰 카메라로 사진을 찍어댄다.

박근혜는 광고모델도 했다. 2010년 10월 모교인 서강대학교를 알리고 홍보하기 위해 직접 광고모델로 나섰다. 신문 한 면을 장식하는 전면광고에 거의 전부를 채우다시피 하며 등장해 화제를 모으기도 했다. 이 광고는 서강대 자연과학부와 공학부가 고등학교 3학년 수험생들을 유치하기 위해 만든 것으로 활짝 웃는 박근혜 사진 옆에는 '박근혜, 74년 전자공학과 졸업' 이라는 글귀가 적혀 있다. 물론 광고료는 없었다. 광고모델역시 국민들과 소통하는 수단으로 삼았던 것이다.

나침반, 종교, 접착제 같은 리더십

박근혜는 2001년 4월 이화여대 특강에서 리더십에 대해 이렇게 말했다.

"저는 이화여대에서 국내 처음으로 이 나라의 지도자를 길러내기 위해 '리더십 훈련' 과목을 개설했다는 소식을 듣고, 옛날 제가 학교 다닐 때 이런 강의가 있었더라면 좋았을 텐데 하는 아쉬운 마음이 있었습니다. 그때 저도 들었다면 지금 큰 도움이 되었을 것이라는 생각이 듭니다. 저는 리더십이란 '나침반' 과 같은 것이라고 생각합니다. 사람들이 어디로 가는지 모른다면 리더십이라고 할 수 없기 때문입니다. 또 리더십은 '종교' 와 같은 것이라고 생각합니다. 사람들이 스스로 믿고 따르지 않는다면 리더십이라고 할 수 없기 때문입니다. 그리고 리더십은 '접착제' 와 같은 것입니다. 사람들을 뭉치게 하지 못하고 서로 대립하고 흩어지도록 한다면 리더십이라고 할 수 없기 때문입니다. 특히 정치에서의 리더십은 정말 중요하다고 봅니다. 왜냐하면 만약 어떤 한 기업의 최고경영자(CEO)의 리더십에 문제가 있다면 단지 그 기업 하나가 흔들리는데 그치겠지만, 국가를 경영하는 정치 지도자의 리더십에 문제가 많다면 그 나라의 경제, 사회, 안보 등 모든 분야가 흔들리게 되고 결과적으로 국민 모두가 엄청난 피해를 입게 될 것이기 때문입니다."

박근혜가 몸소 실천하고 있는 리더십은 나침반, 종교, 접착제의 성격을 가지고 있다. 그는 나침반처럼 우리가 나아가야 할 방향을 제시하고, 종교처럼 사람들이 스스로 따라오도록 하고, 접착제처럼 사람들을 화합하고 통합하는 리더십을 보여주고 있다. 미래 비전을 제시하지 못하거나, 다른 사람을 권위적이고 강압적으로 따르게 하거나, 반목과 대립을 일삼는 지도자라면 올바른 리더십을 발휘하기가 어렵다.

박근혜에게는 '4무(無) 리더십'이 있다. 4가지가 없다는 것이다. 그 1무는 좀처럼 화를 내지 않는 것이고, 2무는 반말을 하지 않는 것이고, 3무는 봉투가 없는 것이고, 4무는 눈물이 없는 것이다.

그는 어떠한 상황과 환경에 놓이더라도 이성적으로, 그리고 냉정하게 의사결정을 내린다. 감정에 휘둘려 화를 내거나 역정을 내지 않는다. 감정을 지혜롭게 다스릴 줄 안다.

반말을 하지 않는 이유는 상대방을 배려하고 존경하기 때문이다. 아랫사람이라고 해서 말을 함부로 하지 않는다. 말 속에는 그 사람의 인격과 품격이 그대로 묻어 나온다는 것을 잘 알고 있다.

봉투가 없다는 것은 청렴하고 깨끗하다는 것이다. 뇌물을 받거나 부정부패에 연루되면 봉투가 오고 간다. 도덕성과 원칙을 강조하는 그에게 봉투가 오고갈 하등의 이유가 없다.

박근혜는 좀처럼 눈물을 흘리지 않는다. 부모님이 돌아가셨을 때에도 마음속으로는 울었지만 결코 눈물 흘리는 모습을 보이지 않았다. 혼자서 눈물과 슬픔을 삼킬 정도로 강한 정신력을 가지고 있다.

박근혜는 1991년 2월 20일 일기에서 리더십에 대해 이렇게 결론짓고 있다.

"요즘 보는 역사책이 주는 한결 같은 교훈. 나라가 망하기 전에 먼저 임금의 마음이 결딴난다. 임금 마음에 망조가 들면 제일 먼저 교만해진다. 그리되면 자연히 충신, 간신의 말을 구별 못한다. 나라를 잘 이끌고 지키려는 지도자는 마땅히 자기 마음부터 잘 지키고 다스려야 한다. 그리하면 그 나머지는 자연히 이루어지게 되어 있다. 좀 극단적으로 말하자면 한 지도가 이끌고 있는 나라의 모습, 그 현주소는 바로 그 지도자의 마음을 펼쳐 놓은 것일 뿐이다.”

박근혜가 지적하고 있는 것처럼 지도자의 리더십에 따라 조직이나 단체나 국가의 운명이 결정된다. 뛰어난 리더십을 가진 지도자를 둔 조직은 승승장구하는 반면 리더십이 없는 지도자를 둔 조직은 쇠퇴하고 만다. 개인도 마찬가지다. 여러분 주위에서 항상 뭇사람들의 관심을 끌고, 스포트라이트를 받는 사람을 눈여겨보라. 공통점이 있을 것이다. 바로 리더십을 가지고 있다는 점이다. 또한 이들에게는 자신감이 있다. 방향을 잃고 우왕좌왕하는 사람들은 한 방향으로 이끌고 나아가는 사람에게서 신뢰감을 느낀다. 사람들에게 할 수 있다는 용기와 자신감을 불어넣을 수 있는 사람에게 희망을 찾는다. 이러한 자질은 모두 리더십의 기본 요건이다.

그럼 박근혜의 리더십을 한마디로 어떻게 요약할 수 있을까. 화합과 도덕, 희생, 소통, 실천 등을 모두 통합할 수 있는 리더십을 어떻게 표현할 수 있을까. 바로 ‘핑크 리더십’ 이다.

따뜻함을 연상하게 하는 핑크 리더십은 달리 말해 부드러운 리더십이라고 볼 수 있다. 리더십이라고 해서 강압적인 리더십만을 생각해서는 안 된다. 토마스 홉스가 『리바이던』에서 설파했던 강한 카리스마의 리더십도 있는가 하면, 어머니의 손길처럼 부드러운 리더십도 있다. 군대를 통솔하는 군단장이 보여주는 엄격한 리더십이 있는가 하면, 부처님의 미소처럼 온화하게 조직을 지휘하는 따뜻한 리더십도 있다.

제너럴 일렉트릭(GE)의 최고경영자였던 잭 웰치는 손익계산서(Profit & Loss)에 기초해 엄격하게 조직을 꾸린 지도자였다. 하지만 손익계산서를 뜻하는 P&L을 사람과 사랑(People & Love)으로 설명하며 인간적인 사랑으로 조직을 이끄는 최고경영자도 있다. 어떤 리더십이 정답이라고 단언할 수는 없다. 다만 자신의 상황과 성격에 맞는 리더십을 길러야 한다.

박근혜는 여성으로서의 장점을 살려 부드러운 리더십을 보여주고 있다. 특히 이 글을 읽는 독자가 여성이거나 성격이 소심하거나 남들 앞에서 부끄러움을 많이 타는 성격이라면 박근혜 리더십을 눈여겨봐야 한다. 날카로운 칼날로 사람들을 휘어잡을 수도 있지만, 부드러운 미소는 사람들에게 감동을 주어 마음을 움직이기 때문이다.

5. 이겨야 하는 건 아니지만
원칙은 지켜야 한다

운동을 좋아하는가? 테니스를 치다 보면 공이 안 맞는 때가 있다. 그것을 잘 분석해 보면 기본에 충실하지 않기 때문이라는 것을 알게 된다. 테니스는 편안히 힘을 빼고 스윙을 해야 공도 잘 맞는다. 마음을 비우고 어깨에 힘을 빼고 기본기에 충실하면서 공을 치면 보다 멀리 날아간다.

원칙에 예외는 없다

박근혜를 가장 잘 표현하는 단어는 '원칙' 이다. 원칙을 지키는 것이야말로 국민들과의 약속을 지키는 것이고, 원칙을 깨트리는 순간 국민들과의 약속도 깨진다고 믿는다. 박근혜와 정당이 다르고 정책을 달리하는 동료 의원들도 박근혜가 얼마나 원칙에 충실한 사람인가를 확인하고는 그를 다시 보게 된다.

2005년 6월의 일이다. 당시 노무현 대통령이 '연정' 을 제안했다. 연정은 연합정부를 줄인 말로 정당과 정당을 합해 같이 나라를 운영하는 것을 말한다. 당시 정권을 쥐고 있었던 열린우리당과 야당인 한나라당을 합해서 공동으로 장관과 차관을 정하고, 같이 국정을 운영하자는 제안이었다. 노무현 대통령은 기회가 있을 때마다 한나라당 박근혜 대표에게 연정을 하자고 독촉했다.

하지만 박근혜 대표는 침묵으로 일관하며 이에 응하지 않았다. 하지만 노무현 대통령은 계속 연정을 제안하며 박근혜 대표를 압박하고 나섰다.

국민들은 서민경제는 생각하지도 않고 정치인들이 연정 논쟁으로 시간을 소비하고 국가 에너지를 소모하는 것에 혀를 끌끌 찼다. 쓰러져가는 경제를 살려 서민들에게 희망을 줄 생각은 하지 않고, 정치논리를 내세워 권력투쟁을 일삼는 정치권에 불만을 쏟아냈다.

"노무현 대통령이 무리수를 두고 있구나. 이대로 가다가는 정치권 논쟁에 휘둘러 서민들의 살림살이만 나빠지겠구나. 시간이 지나면 연정 얘기가 수그러들 줄 알았는데 오히려 노무현 대통령은 연정만을 고집하는 것이 아닌가. 국민들을 안심시키기 위해서라도 나의 단호한 생각을 노무현 대통령에게 알려주어야겠다."

드디어 박근혜 대표는 8월 1일 기자간담회를 열어 자신의 견해를 밝혔다.

"지금 이 나라를 구하는 길은 결코 연정이 아니라, 국정의 무한책임을 진 대통령과 정부 여당이 새로운 각오와 바른 정책으로 도탄에 빠진 민생부터 살려내는 것입니다. 따라서 저와 한나라당은 대통령의 연정 제안을 단호히 거부합니다. 국민을 혼란으로 몰아가는 연정 논의를 즉각 철회하고, 남은 임기 동안 민생경제를 살리는 일에 전념해 줄 것을 노무현 대통령에게 촉구합니다."

박근혜 대표의 쩌렁쩌렁한 목소리가 기자회견장에 울려 퍼졌다. 결코 노무현 대통령의 연정 제안에 타협하지 않겠다는 결연한 의지를 나타낸 것이며, 특히 국민들에게 연정에 참여하지 않겠다는 굳은 결의를 내보인 것이기도 했다. 박근혜 대표는 정책과 정견을 달리하는 한나라당과 열린우리당이 인위적으로 정당을 합해서 국정을 같이 운영하는 것은 자기모순이라고 생각했다.

한나라당은 전통적으로 보수성향이 강하고, 열린우리당은 진보성향이 강한 정당이 아닌가. 북한의 핵문제를 포함해 경제정책, 복지정책, 언론정책, 교육정책 등 대부분의 경우 각기 다른 의견과 정책을 주장하고 있는데 어떻게 두 개의 정당을 합해서 국정을 공동으로 운영한다는 말인가. 박근혜 대표는 노무현 대통령의 연정 제안 자체가 어불성설이라고 생각했다.

박근혜 대표는 '원칙'이라는 카드를 다시 꺼내들었다.

"노무현 대통령은 연정을 말할 것이 아니라 끊임없이 국민을 편 가르기 하는 분열과 갈등의 정치부터 중단해야 합니다. 노무현 대통령이 선거법 하나를 고치기 위해 야당과 일시적으로 흥정하는 도구로 쓰라고 국민이 대통령을 선출했다고 생각한다면 이것은 헌법파괴를 넘어서 국민을 우롱하는 처사입니다."

박근혜 대표의 목소리에는 노여움이 묻어나왔다.

"한나라당은 다음 대통령 선거에서 당당하게 국민의 선택을 받을 때까지는 국민이 부여한 야당의 길을 갈 것입니다. 대통령의 말 한마디로 나눠주는 권력은 국민이 부여한 권력이 결코 아니기 때문에 받을 의사가 조금도 없습니다. 정권을 교체할 권리는 오직 국민에게만 있습니다."

　기자회견장은 더욱 숙연해졌고 박근혜 대표의 목소리에는 진정성이 배어 있었다.

　"열린우리당과 한나라당이 연정을 한다면 국회 299석 중에서 271석, 즉 91%를 차지하게 됩니다. 이것은 1당 독재와 다를 바 없습니다. 야당이 사라진 국회, 1당 독재 지배하에 놓인 국회가 과연 국회 본연의 기능을 다할 수 있겠습니까? 연정은 야당의 실종, 민주주의의 실종이라는 심각한 결과를 초래할 것입니다. 노무현 대통령이 나와 한나라당의 이러한 제안을 받아들이지 않고 계속 연정에만 매달리더라도 이제 더 이상 대응할 필요를 느끼지 못합니다. 한나라당은 비록 부족한 힘이지만 진정한 정책정당으로 거듭나서 민생을 살리는 길로 매진할 것입니다."

　박근혜 대표는 '원칙에 어긋나는 행동은 절대 하지 않겠다' 는 평소의 소신을 국민들에게 그대로 보여주었다. 연정을 하면 박근혜 대표도 정부에서 고위직 관료가 될 수 있었고, 한나라당도 국정에 참여할 수 있었지만 박근혜 대표는 '이는 정도가 아니다' 며 단칼에 거절했다. 바른길, 즉 정도(正道)가 아니면 가지를 않았던 것이다.

　지금 당장 나에게 이익이 되고, 이득이 된다고 해서 지금까지 지켜온 원칙과 국민들과의 약속을 저버린다면 세상 사람들의 조롱거리가 되는 것 아닌가. 남들은 약삭빠르게 지름길로 간다고 할지라도 우리는 더디더라도 국민들과 손을 잡고 원칙을 지키며 가야 하는 것 아닌가. 인생을 살다 보면 너무나 가치 있고 중요하기 때문에 끝까지 고수하고 지켜야 하는 신념과 원칙이 있게 마련이다. 영원히 살아남을 수 있는 거짓이란 존재할 수 없는 법 아닌가.

박근혜는 생각이나 정책을 달리하는 노무현 대통령에 대해 '원칙론'으로 맞섰을 뿐 아니라 같은 정당 사람이더라도 원칙에 어긋나는 말을 하거나 행동을 할 때에는 예외 없이 쓴 소리를 한다. 원칙에는 예외가 없기 때문이다.

세상에는 절대 양보할 수 없는 가치가 있다

베스트셀러 작가 시오노 나나미는 『로마인 이야기』에서 이렇게 지적하고 있다.

"인간의 행동 원칙을 바로잡는 역할을 유대인은 종교에 맡겼고, 그리스인은 철학에 맡겼고, 로마인은 법률에 맡겼다."

세계에서 가장 위대한 민족이라는 평가를 받고 있는 유대인은 유태교라는 종교를 통해 자신들의 원칙을 지키려고 노력했다. 찬란한 고대문명을 꽃피웠던 그리스인들은 철학을 통해 원칙을 지켰고, 고대 서양세계를 제패한 로마인은 엄격한 법률을 통해 원칙을 지키려고 했다. 유대인, 그리스인, 로마인의 성공법칙은 각각 종교와 철학, 법률이었다. 그럼 여러분의 행동 원칙은 어디에 뿌리를 두고 있는가. 곰곰이 한번 생각해 볼 필요가 있는 문제라고 생각한다.

박근혜는 행동 원칙을 '양심'에 두고 있다. 양심에 비추어 부끄럽지 않게 행동하는 것이 그의 원칙이다. 양심에 어긋남이 없으면 소신 있게 밀어붙이고, 반대로 양심이 허락하지 않는다면 어떠한 외압이나 회유에도 타협하지 않는다. 양심에 따라 행동하는 그의 원칙을 한번 들여다

보자.

2005년 노무현 대통령은 충청남도에 세종시를 만들어 행정중심복합도시를 만들자는 제안을 했다. 서울 인구가 1,000만 명을 넘어설 정도로 인구집중이 심화되고 있는 만큼 서울에 집중된 인구를 지방으로 분산하자는 의도에서였다. 서울과 지방을 균형적으로 발전시키기 위해서는 서울에 몰려있는 행정기관을 세종시로 이전할 필요가 있다는 판단이었다.

이에 여당인 민주당과 야당인 한나라당이 각각 당의 방침을 정해 세종시를 만드는 방안을 검토하기로 했다. 결국 여당과 야당은 협상을 통해 중앙행정기관 중 12개의 부(部)와 4개의 처(處), 2개의 청(廳)을 옮기기로 합의했으며 국회에서도 이를 통과시켰다. 박근혜 의원도 세종시를 만드는 방안에 동의했다.

'인구를 포함해 모든 것이 서울에 너무 집중되어 있어. 이를 지방으로 분산시켜 국토를 균형적으로 발전시키는 것이 필요해. 여당과 야당이 모두 합의를 했으니 좋은 결과가 있을 거야.'

박근혜 의원의 생각이었다.

2007년 7월 20일에는 세종시 건설 기공식이 있었고 공사에도 들어갔다. 국민들도 충청남도 세종시로 중앙행정기관이 이전되는 것으로 알고 있었다. 모든 것이 순조롭게 진행되는 듯 보였다. 당시 대통령 선거를 앞둔 이명박 대선 후보자도 반대의 목소리를 내지 않았다. 암묵적으로 동의를 했던 것이다.

하지만 문제가 발생했다. 2008년 대통령에 당선된 이명박 대통령이 2009년 11월 정운찬 국무총리에게 세종시를 수정하는 방안을 마련하도록 지시했다. 그리고 '국민과의 대화'를 통해 국민들에게 세종시를 원래대로 추진하지 말고 형태를 조금 바꿔 만들자고 새로운 제안을 했다. 사람들은 원래 계획된 방안을 '세종시 원안'이라 불렀고, 이명박 대통령이 새로이 제시한 방안을 '세종시 수정안'이라고 불렀다. 이명박 대통령은 행정부처를 세종시로 옮기지 말고 삼성, 현대, LG 등과 같은 대기업 공장을 세종시에 유치시켜 고용을 창출하고 지역경제를 활성화시키자고 주장했다.

이명박 대통령의 이 같은 입장 변화에 박근혜 의원은 조금도 주저하지 않고 반대 목소리를 높였다.

"세종시를 원안대로 건설하기로 국민들과 약속을 하지 않았는가. 여당인 민주당과 야당인 한나라당이 약속을 했고, 국회에서도 통과된 사안이 아닌가. 이제 와서 국민들과의 약속을 깨트린다는 것이 말이 되는가. 이것은 신뢰의 문제이고, 원칙의 문제이다. 양보할 수 없는 사안이다."

박근혜 의원은 결코 원칙을 포기할 수 없다며 세종시 수정안에 강하게 반대했다. 이명박 대통령 후보의 당선을 위해 누구보다 열심히 선거운동을 벌였고, 이명박 대통령을 아낌없이 지원했던 박근혜 의원이었지만 원칙을 포기할 수는 없었던 것이다.

아무리 한나라당에서 같은 식구로서 동고동락(同苦同樂)을 한 이명박 대통령이었지만 원칙과 소신, 국민들과의 약속을 깨트릴 수는 없는 일이었다.

'원칙을 무너뜨리는 것은 자기 존재를 부정하는 것'이라는 믿음과 철학을 가지고 있었던 박근혜 의원에게는 너무나 당연한 일이었다. 결

국 2010년 6월 29일 국회 본회의에서 세종시를 원안으로 건설할 것이
냐, 수정안으로 추진할 것이냐를 놓고 투표가 열렸다. 표결에 부쳐진 것
이었다.

과연 세종시 수정안에 찬성할 것인가, 반대할 것인가. 국회 본회의장
에는 팽팽한 긴장감이 감돌았다. 드디어 전광판에 불이 들어왔다.

'찬성 105표, 반대 164표, 기권 6표'

결국 세종시 수정안은 부결되었다. 박근혜 의원의 주장대로 세종시를
당초 원안대로 추진하게 된 것이었다. 박근혜의 원칙과 소신, 그리고 뚝
심이 빛을 발하는 순간이었다.

"세상에는 양보할 것이 있고, 절대로 양보할 수 없는 것이 있다. 국민
들과의 약속은 하늘이 무너져도 지켜야 하는 절대원칙이 아닌가. 나는
나의 소신대로 결정했을 뿐이다."

박근혜의 진면목을 읽을 수 있는 대목이다. 박근혜 성공비밀의 열쇠
는 바로 '원칙'에 있다. 많은 사람들이 박근혜 의원을 가리켜 '얼음공
주'라고 부르는 것은 그만큼 원리, 원칙대로 일을 처리하고 의사결정을
하기 때문이다. 원칙을 어기다 보면 양치기소년처럼 진실을 이야기할 때
에도 사람들은 도와주지 않는다. 원칙을 깨트리는 나쁜 버릇에 물들다보
면 한순간에 거짓말쟁이가 되고 만다. 원칙을 지키느냐, 안 지키느냐 여
부에 따라 평판은 극과 극으로 달라진다.

『탈무드 잠언집』에 이런 글이 있다.

위대한 랍비 아키바가 임종할 무렵 그의 아들이 말했다.

"아버님, 아버지 친구분들께 제가 얼마나 열심히 공부를 하고 원칙을

지키며 사는지 말씀해 주십시오.”

그의 아들은 꽤 훌륭한 청년이었다. 아키바는 이렇게 대답했다.

“아들아, 나는 너를 추천할 필요가 없다. 왜냐하면 너에 대한 소문이 가장 좋은 소개장이니 말이다.”

원칙과 신용을 삶의 모토로 삼고 살아가는 사람들에게는 소개장이 필요 없다. 그 사람 그 자체가 바로 신용장이고, 소개장이기 때문이다. 원칙에 대한 근혜의 생각은 몇 가지로 요약할 수 있다.

첫째, 여론을 막무가내로 추종해서는 안 된다.

둘째, 처음에 했던 약속은 반드시 지켜야 한다.

셋째, 원칙은 상대편뿐만 아니라 우리 편에게도 그대로 적용해야 한다.

넷째, 원칙은 거래의 대상이 아니다.

넓은 바다를 항해하는 선박들은 나침반에 의지해 항로를 결정한다. 나침반을 무시하고 항해를 하면 길을 잃게 되고, 잘못하면 암초에 걸려 좌초하기도 한다. 인생도 마찬가지가 아닌가. 원칙을 무시하고 상황과 환경에 따라 그때그때 입장을 바꾼다면 누가 우리를 신뢰하고 믿어주겠는가. 원칙과 소신이라는 것은 선박의 나침반처럼 우리가 좌초하지 않고 앞으로 올바르게 나아갈 수 있는 길을 제시해 준다.

박근혜는 1991년 3월 일기장에서 이렇게 쓰고 있다.

“인생은 순간순간을 살고, 그 순간에 충실할 수밖에 없다. 적어도 내 마음을 바르게 가꾸고, 죽을 때까지 변함없이 그것을 지키겠다는 생각과 결심이 변화무쌍한 이 세상에서 유일한 위로가 된다.”

우리는 세상을 살아가면서 수많은 약속을 하고, 헤아릴 수 없는 말들을 쏟아낸다. 하지만 때때로 상황이 변하거나 환경이 급변하면 이전에 했던 약속을 잊어버리고 딴소리를 한다. 자신에게 조금만 유리하거나 이득이 된다고 판단되면 옛날의 약속과 말을 헌신짝 버리듯이 내팽개치기도 한다. 인간은 그만큼 유혹과 물질적인 욕심에 약한 법이다. 약속을 어기는 횟수가 많아질수록, 거짓말을 하는 빈도가 늘어날수록, 원칙을 깨트리는 일이 잦아질수록 가치도 덩달아 떨어지게 된다. 세상 사람들의 시선도 곱지 않게 된다. 원칙을 지키려는 삶. 박근혜가 평생에 걸쳐 집착하고 지키려는 이유를 알 수 있지 않는가.

3장

1%만
변화하라

1. 책같이 좋은 친구도 없다

나는 읽고 싶은 책이 생기면 그것이 빨리 보고 싶어 마음이 바빠진다. 그리고 그 책을 손에 잡았을 때 마음이 설렌다. 이 한 권의 책 속을 지나가면서 내가 맛보게 될 새 세상이 있고, 배우는 즐거움이 있기 때문이다.

전투적으로 책을 읽어라

방송이나 신문지상을 통해 다른 선진국 국민들에 비해 한국인들의 독서량이 절대적으로 부족하다는 뉴스를 접하게 된다. 2010년 5월 국가 지식경쟁력을 나타내는 국민 독서량 조사에서 한국인이 최하 순위를 기록했다. 세계 30개국 13세 이상의 3만 명을 대상으로 인쇄매체 접촉시간을 조사한 결과 선진 30개국 중 한국이 가장 낮은 30위를 나타냈다. 독서시간이 가장 높은 국민은 인도인으로 주당 10.7시간이었으며 이에 반해 한국인의 독서시간은 인도인의 30%도 안되는 3.1시간에 그쳤다. 국가별 평균 독서시간이 6.5시간인 점을 감안하면 우리나라 국민들의 독서시간은 국가별 평균독서시간의 절반에도 못 미치는 것이다. 실제 우리나라 사람들의 여가활동 중 가장 적은 비중을 차지하는 것이 바로 '독서' 다. 문화관광부 조사에 따르면 성인의 여가생활에서 가장 큰 비중을 차지하는 것은 'TV시청'으로 25.7%를 차지했다. 그 다음으로는 '인터넷 및 웹브라우징(8.7%)', '수면과 휴식(8.4%)'이었으며 '독서'는 6.7%로 가장 낮았다.

여러분은 일주일에, 아니 한 달에 몇 번 서점에 가는가. 한 달에 몇 권의 책을 읽는가. 바쁜 직장생활, 사회생활을 하다 보면 책 읽을 시간이 없다고 호소하는 사람들이 많다.

보통 직장인들은 지하철이나 버스를 이용해 출퇴근하는데 2시간가량 소요된다. 나도 지하철을 이용해 출퇴근하는데 신문을 보는 것도 아니고, 책을 읽는 것도 아니고 2시간 동안 지하철 안에서 멍하니 시간을 보내는 사람들을 꽤 많이 본다. 출퇴근 시간에 책을 읽어도 한 달에 2~3권의 책을 읽을 수 있다. 1년이면 20권의 책을 읽을 수 있는 셈이다.

나의 경험으로 충분히 가능하다고 본다. 미국 뉴욕 생활을 하면서 미국 가정을 지켜본 결과 가장 놀란 것은 사람들이 책을 가까이하고 시간이 나면 책을 펼쳐든다는 것이다. 여름휴가를 맞아 해변으로 여행을 갈 경우 여행 가방 속에는 1~2권의 책이 있다. 파라솔 밑에서 책을 읽는 사람들을 자주 보게 된다.

그리고 선선한 바람이 부는 봄, 가을이 되면 앞뜰에 접이식 침대를 펼쳐놓고 책을 읽으며 망중한(忙中閑)을 보내는 사람들도 자주 보게 된다. 독서는 시간이 있어서 하는 것이 아니라 의지와 관심이 있어야 가능한 것이다. 미국, 유럽 등 선진국 사람들은 논리적으로 대화하고 다른 사람들 앞에서 자신 있게 발표하는 능력이 뛰어난데 독서가 밑바탕이 된 것은 아닐까.

　박근혜는 물건에 대한 욕심이 없는 사람이지만 유독 욕심을 내는 물건이 하나 있다. 바로 '책'이다. 박근혜는 사람들과 다투고 전투하는 것을 싫어하지만 독서를 할 때만은 '전투적'으로 한다.

　박근혜의 자택을 방문한 기자나 보좌관들이 가장 먼저 놀라는 것은 책장에 꽂혀 있는 수많은 책들이다. 그는 항상 책을 가까이 두고 자투리 시간이 날 때마다 책을 펼쳐든다. 성공한 위인들의 또 다른 공통점은 책을 통해 시야를 넓히고 자신만의 세계관을 만들었다는 점이다.

　그럼 박근혜의 독서습관은 뭘까.

　가장 중요시했던 독서 원칙은 고전을 열심히 읽었다는 점이다. 서양 철학은 물론이고 『논어』『맹자』『채근담』 등과 같은 동양고전을 유독 가까이 했다. 성인들의 말씀 속에는 삶을 살아가는 지혜와 생각을 깊게 하는 가르침이 녹아 있다. 고전은 결코 옛날 책이 아니다. 오늘날 인간 세상과 사회생활에 그대로 적용할 수 있는 영구불변의 진리를 고스란히 담고 있다. 우리는 고전이라고 하면 어디선가 읽은 듯한 착각을 한다. 학창시절 드문드문 일부를 발췌한 글을 교과서에서 읽었거나, 영화나 TV를 통해 토막토막 접했기 때문일 것이다. 고전의 참맛은 토막글에 있지 않고, 다소 읽기는 힘들지만 처음부터 끝까지 정독했을 때 진정한 의미를 맛볼 수 있다.

　박근혜는 고전 애호가이자 고전 예찬론자이다. 야인생활을 했던 시절이나, 마음의 상처를 입었거나, 좌절했을 때에는 언제나 고전을 읽었고, 책속에서 탈출구를 찾았다. 보는 순간은 재미있지만 지나고 나면 머리를 멍하게 만드는 삼류 TV드라마를 보는 대신 그 시간에 고전을 읽어보는 것은 어떨까. 시간과 공간을 초월해 성현들의 지식을 그대로 복사할 수 있는 여행을 떠나보는 것은 어떨까.

박근혜는 고전 여행을 통해 얽히고 설킨 문제들을 해결하는 방안을 찾아내기도 했다. 고전 독서법을 좋아했던 위인들로는 존 스튜어트 밀을 비롯해 레오나르도 다 빈치, 처칠, 에디슨, 아인슈타인 등을 꼽을 수 있다. 이들은 플라톤, 소크라테스, 아리스토텔레스 등과 같은 성현들의 책을 어릴 때부터 정독했고 이를 통해 남들보다 일찍 사고의 체계를 형성할 수 있었다. 화가 레오나르도 다 빈치는 "나는 공식적인 교육은 받지 않았지만 플라톤과 아리스토텔레스 등 옛 성현들이 저술한 저서들을 통해 심오한 가치를 깨달았다. 철학 고전을 개인적으로 심도 있게 공부했다"라고 고백할 정도였다.

박근혜가 자신만의 뚜렷한 사고체계를 가지고 논리적인 연설로 사람들을 설득시키고, 재미있는 유머를 구사하면서 대화를 이끌어 나가는 것도 고전을 가까이 하고, 책을 많이 읽었기 때문일 것이다. 그럼 박근혜의 어린 시절로 돌아가 보자.

중국 고전에서 길을 찾다

"언니, 무슨 책을 그렇게 열심히 읽고 있어?"

궁금하다는 표정으로 동생 근영이가 물었다.

"응, 『삼총사』라는 책이야. 다 읽고 나면 어떤 내용인지 얘기해줄게."

박근혜가 책에서 눈을 떼지 않고 대답했다.

"언니, 너무 내용이 궁금해. 어떤 책인지 좀 얘기해주라."

근영이가 응석을 부리며 언니에게 졸라댔다.

"그래, 잠깐만 기다려. 성격이 급하기도 하지. 프랑스의 대문호인 알렉상드르 뒤마가 쓴 작품인데 17세기 유럽을 배경으로 왕실 내부의 암투와 음모, 복수를 재미있게 그려낸 소설이야. 나는 국왕을 위해 충성을 다하는 삼총사와 달타냥이 너무나 마음에 들어. 의리로 똘똘 뭉친 그들은 정의를 위해 목숨을 걸고 싸우지. 너무 멋있지 않니?"

근혜가 책 읽는 재미에 푹 빠져 활짝 웃으며 말했다.

"야, 재미있겠다. 나도 읽고 싶네. 언니가 다 읽으면 나한테 빌려줘. 나도 언니처럼 책을 많이 읽을 거야."

근영이가 근혜에게 다가가 속삭였다.

"그래. 근영아, 약속할게. 부모님도 책 많이 읽어야 한다고 하셨으니까 같이 읽자. 그러겠다고 약속할 거지?"

"응, 언니. 약속할게."

박근혜는 초등학교에 다니던 시절 역사소설을 무척 좋아했다. 역사소설을 통해 동서양의 역사를 알 수 있었고, 그 시대의 인물들을 이해할 수 있었고, 상식을 얻을 수 있었기 때문이었다. 또 역사소설에는 열정과 용기, 실패에 굴하지 않는 도전정신이 배어 있어 위대한 삶을 살았던 위인들을 통해 많은 것을 배울 수도 있었다.

박근혜는 또래 친구들보다 책을 더 많이 읽었다. 책을 통해 지혜를 얻고 상식을 늘려 나가는 것이 너무나 뿌듯했다. 책 한 장 한 장을 넘길 때마다 마음의 양식과 상식은 점점 쌓여갔다. 독서를 좋아하는 아버지와 어머니를 항상 옆에서 지켜보고 자랐기 때문에 자연스럽게 책을 가까이 두는 습관이 생겼다.

어느 날 아버지가 근혜에게 책 한 권을 불쑥 내밀었다.

"아버지, 무슨 책이에요?"

근혜가 몹시 궁금하다는 듯이 물었다.

"아빠가 좋아하는 소설책 『삼국지』란다. 유비, 관우, 장비, 제갈공명이 등장하는 중국 소설이지. 삼국지를 세 번 읽지 않은 사람하고는 이야기도 하지 말라는 말이 있을 정도로 배움의 과정에 있는 청소년은 꼭 읽어봐야 할 책이야."

"고맙습니다. 저도 꼭 한번 읽어볼 작정이었는데 아버지가 제 마음을 미리 아셨네요. 열심히 읽고 아버지에게 소감이나 느낀 점을 말씀 드릴께요."

아버지에게서 『삼국지』를 건네받은 근혜는 뛸 듯이 좋아했다. 그날부터 근혜는 『삼국지』에 푹 빠져들었다. 등장인물이 많이 나오고, 시대상황이 복잡해 이해하기 힘든 부분도 있었지만, 근혜는 정독을 해가며 책을 읽었다. 『삼국지』의 재미와 매력에 시간가는 줄 몰랐다.

유비, 관우, 장비가 복사꽃 동산에서 도원결의(桃園結義)를 맺을 때는 의리와 신뢰의 중요성을 깨달았고, 유비가 제갈공명을 스승으로 삼기 위해 세 번이나 찾아가는 삼고초려(三顧草廬) 대목에서는 인내를 배웠다. 제갈공명이 남쪽의 오랑캐 대장인 맹획을 일곱 번이나 잡았다가 놓아주는 장면에서는 용서와 관용의 중요성을 배웠고, 제갈공명과 유비가 적벽

대전에서 조조 군대를 물리치는 대목에서는 불리한 상황도 잘 이용하면 승리할 수 있다는 교훈도 얻었다.

학교에 갔다 와서 숙제를 끝내고 나면 근혜는 바로 『삼국지』를 집어 들었다. 아버지와의 약속도 지켜야 했지만 그보다는 책을 읽으면서 너무나 많은 가르침과 교훈을 얻었기 때문이었다. 근혜는 아버지가 왜 『삼국지』를 권해 주셨는지 그 이유를 알 수 있을 것 같았다. 어린 딸에게 『삼국지』를 통해 배워야 할 교훈을 간접적으로 일깨워 준 아버지의 마음이 고맙게 느껴졌다.

"근혜야, 삼국지에는 많은 인물이 나오는데, 너는 누가 제일 좋으냐?"

아버지가 근혜에게 다가가 물었다.

"저는 조자룡이 제일 좋아요."

근혜가 한 치의 망설임도 없이 즉시 답했다. 아버지는 근혜의 대답을 듣고는 빙그레 웃음을 지었다.

근혜는 수많은 전쟁터에서 긴 칼을 휘두르며 적들의 간담을 서늘하게 했던 조자룡의 모습이 너무나 늠름했다. 유비가 전쟁터에서 어린 아들 유선을 잃어버렸을 때 유선을 찾아 어깨에 둘러메고 유비에게 돌아오는 장면에서는 감동하지 않을 수 없었다. 진정한 의리가 무엇이며, 참된 신뢰가 무엇인지 절실히 느낄 수 있었다. 어린 근혜는 나중에 남자친구를 사귀게 되면 조자룡처럼 믿음과 신뢰를 주는 사람을 만나야겠다고 마음속으로 생각했을 정도로 소설 속의 조자룡을 짝사랑했다. 고전을 통해 이상적인 남성상을 그렸다고 할 수 있다. 다음 일화도 흥미를 끈다.

이베리아 반도에 위치한 스페인에서는 매년 7월이 되면 팜플로나 시청 앞 광장에서 '산 페르민(San Fermin) 축제' 가 열린다. 7월 6일 정오부터 7월 14일 자정까지 열리는 행사이다. 3세기 말 팜플로나의 주교였고 도시의 수호 성자로 여겨졌던 산 페르민을 기념하기 위해 열린다. 축제의 하이라이트는 매일 아침 8시에 반복하는 소몰이. 오후에 열릴 투우에 쓰일 소들이 투우장까지의 길을 질주하는데, 하루에 6마리의 소가 투우 경기에 출전한다. 산토도밍고 사육장에서 출발해 투우장까지 825m가량 되는 길을 가는 데는 3분 정도가 소요된다. 소몰이를 할 때에는 여러 안전장치가 설치되지만 부상자가 속출한다. 씩씩거리고 달려가는 소에 밟히거나, 뿔에 부딪치거나, 뒷다리에 차이기도 한다. TV를 통해 산 페르민 축제를 구경해 본 적이 있을 것이다.

박근혜는 『노인과 바다』라는 작품으로 유명한 헤밍웨이가 쓴 『태양은 또다시 떠오른다』라는 책을 통해 산 페르민 축제를 처음 알게 되었다. 산 페르민 축제는 헤밍웨이 덕분에 유명해졌다. 1923년부터 10년 동안 축제가 열릴 때면 어김없이 팜플로나를 찾았던 헤밍웨이는 처녀작 『태양은 또다시 떠오른다(1926년)』에서 광란의 소몰이 현장을 생생하게 묘사했다. 헤밍웨이의 작품을 통해 산 페르민 축제는 전 세계로 이름을 날리게 되었다.

박근혜는 『태양은 또 다시 떠오른다』라는 책을 읽으면서 스페인 사람들의 정열을 느낄 수 있었다. 태양보다 뜨거운 열정을 품고 살아가는 사람들. 스페인을 여행할 기회가 있으면 꼭 산 페르민 축제에 참여해보고 싶다는 희망을 품곤 했다. 책은 우리가 직접 가보지도 못하고, 경험하지도 못한 것을 간접적으로 알게 해주는 좋은 길동무라고 박근혜는 생각했다. 책을 읽으면 읽을수록 상식이 늘어나고 지식이 깊어진다는 사실을 어린 시절부터 터득하고 있었던 것이다.

어린 시절 역사소설과 고전, 해외 유명 작가의 소설을 즐겨 읽었던 근혜는 어머니가 돌아가시고, 아버지가 세상을 떠나신 뒤에는 끔찍한 시간들을 보내야 했다. 1979년 아버지인 박정희 대통령이 총탄에 쓰러져 세상을 떠난 이후, 10년 동안 새로운 정권은 아버지에 대한 비난과 매도, 폄하작업을 벌였다. 새로운 정권은 박정희 대통령을 깎아내리고 비판하는 방식으로 새로운 정권의 정당성과 권위를 인정받으려고 했다.

"박정희 대통령은 독재자이다."

"박정희 대통령은 민주주의를 말살했다."

"박정희 대통령은 국민들의 인권을 유린했다."

새로운 정권이 들어서서 박정희 대통령에 대한 공격이 거세질 때마다 박근혜의 아픔과 고통도 커져만 갔다. 아버지와 같이 일했던 분들이나 아버지에게서 많은 도움을 받았던 분들이 새로운 정권에 들어가서 아버지를 비판하는 작업에 앞장서는 것을 보고는 말할 수 없는 배신감을 느끼기도 했다.

박근혜는 몸과 마음이 모두 허약해져갔다. 감기 같은 잔병치레를 하는 일이 많아졌고, 머리가 지끈지끈 아파오는 날도 많아졌다. 원리와 원칙, 그리고 소신을 버리고 권력에 아부하며 이리저리 뛰어다니는 사람들을 볼 때마다 박근혜는 현기증을 느끼고 속앓이를 해야만 했다.

이 당시 박근혜에게 힘과 에너지와 삶의 방향을 제시해 준 것이 독서였다. 박근혜는 『명심보감』 『정관정요』 등과 같은 중국 고전과 『법구경』

『금강경』 등과 같은 불교경전, 성경을 두루 읽었다.

보통 사람들은 중학교나 고등학교에서 단편적으로 배운 고전을 전부 읽은 것처럼 착각하는 경우가 종종 있다. 하지만 박근혜는 고전을 머리맡에 두고 마음이 어지럽거나 혼란스러울 때는 수시로 꺼내들고 읽었다. 고전에서 발견하는 좋은 문장과 생각은 박근혜가 마음을 다잡는데 큰 도움이 되었다. 옛 성현들의 지혜와 철학이 책을 통해 그대로 박근혜에게 전달되었고, 박근혜는 이를 해석하고 이해하면서 자신을 더욱 강하게 만들어 나갔다.

박근혜는 특히 『명심보감』의 '존심편(存心篇)'에 나오는 다음의 가르침을 무척이나 좋아했다. 그리고 오늘날까지 평생의 격언으로 가슴속에 새기며 실천하고 있다. 이는 중국 북송 때 재상이었던 범충선공(范忠宣公)이 자식들을 불러 앉혀놓고 한 말이다.

"너희들은 마땅히 남을 책망하는 마음으로 자신을 책망해야 한다. 그러면 허물이 적을 것이다. 자신을 용서하는 마음으로 남을 용서해야 한다. 그러면 온전히 할 수 있을 것이다."

보통 사람들은 다른 사람의 작은 허물과 실수에 대해서는 비난을 하고 책망을 한다. 하지만 자신의 실수에 대해서는 대수롭지 않은 것인 양 그냥 넘어가려고 한다. 자신을 쉽게 용서하는 것이다. 『명심보감』은 이를 반대로 실천하라고 가르친다.

남의 실수는 관대하게 용서하고, 반대로 자신의 허물은 반성하고 스스로 책망해야 한다는 것이다. 박근혜는 이 글귀를 읽으면서 범충선공이 그의 자녀들이 아니라 마치 근혜 자신에게 가르침을 주고 있는 것이 아닌가 하는 느낌을 받았다.

"남의 허물 대신 나의 허물을 보고 고치도록 하자."

"남을 원망하는 대신 용서하고 이해하도록 하자."

박근혜의 이 같은 다짐은 평생 그를 지탱하는 소신이 되고 원칙이 되었다.

중국 청나라의 전성시대를 열었던 강희제도 이 글귀를 좋아했다. 그는 거실 좌우의 벽에 이 문구를 친필로 써서 걸어 놓고 평생의 좌우명으로 삼았다.

서울 여의도 국회의사당 의원회관 5층에는 박근혜 의원 사무실이 있다. 사무실을 들어서는 순간 오른쪽 한쪽 벽면을 장식하고 있는 책들에 우선 눈길이 간다. 정치를 비롯해 경제, 사회, 문화 등 다양한 분야의 책들이 빼곡하게 책장에 꽂혀 있다. 박근혜 의원은 책을 통해 지혜를 얻고, 견문을 넓히고, 자신만의 원칙과 소신을 지켜가고 있다.

박근혜 의원은 책과 신문, 잡지를 읽는 것으로 하루를 시작한다. 국민들의 살림살이를 체크하기 위해 경제신문을 읽고, 글로벌 경제가 어떻게 돌아가는지 파악하기 위해 외국신문을 읽고, 국민들이 원하고 바라는 것이 무엇인지를 알기 위해 신문 정치면을 꼼꼼하게 챙긴다. 어릴 때의 독서하는 습관, 글 읽는 습관이 지금까지 그대로 이어지고 있는 것이다. 박근혜는 책을 사랑하는 마음을 이렇게 표현했다.

"내가 그동안 사색을 통해 얻은 여러 가지 생각들이 책 속에서 읽혀질 때에는 반갑기도 하고 흥미롭기도 하다. 책 같이 좋은 친구도 없을 것이다."

박근혜가 독서를 좋아하는 이유는 간단하다. 책과 신문 속에는 현실을 올바로 진단하고, 미래를 제대로 예측할 수 있는 열쇠가 들어있기 때문이다. 저명한 미래 학자이자 전 세계적인 베스트셀러인 『메가트렌드』의 저자인 존 나이스빗은 책과 신문의 효용성에 대해 이렇게 말했다.

"나는 매일 6~7시간을 신문을 읽는 데 보낸다. 나에게 있어 신문과 책은 현실을 분석하고 미래를 내다보는 거울이다. 미래를 이해하는 가장 중요한 수단은 현재를 이해하는 것이다. 미래라는 것은 어느 날 하늘에서 뚝 떨어지는 것이 아니다. 지금 지구촌에서 무슨 일이 벌어지고 있는지 그 사실에 관심을 가져야 한다."

박근혜가 책과 신문을 항상 가까이 하는 것은 아마 존 나이스빗과 같은 생각을 하고 있기 때문이 아닐까.

독서는 장수의 묘약이라고도 한다. 80살 인생은 너무나 짧아 모든 것을 경험하는 데에는 한계가 있다. 하지만 독서는 시간과 공간을 뛰어넘어 경험하고 싶은 모든 것을 경험할 수 있게 해준다. 좋은 책은 우리에게 새로운 생각과 자극을 준다. 읽어야 할 책은 늘 우리를 유혹한다. 그러한 유혹과 연애하는 것이 독서인 것이다.

오늘의 독서는 가까운 미래의 자화상이라고 하지 않는가. 성공을 꿈꾸는 당신이라면 박근혜처럼 책과 연인이 되는 것은 어떨까.

2. 꿈은 꾸는 것이 아니라
이루는 것이다

과정에 비해 결과는 한순간이다. 그러나 과정과 노력 없이 결과는 있을 수 없다. 더구나 우리에게 주어진 시간이 도대체 얼마나 된다고 시간을 낭비할 수 있단 말인가.

꿈은 클수록 좋다

우리의 인생이 아름답고 살 만한 가치가 있는 것은 꿈이 있고, 희망이 있고, 목표가 있기 때문이다. '내일은 오늘보다 더 낫겠지' 라는 기대가 없다면 힘든 하루하루를 어떻게 버티어내겠는가. 저자거리에서 콩나물을 파는 할머니도, 뙤약볕 아래에서 땀 흘리는 공사판 아저씨도, 편의점에서 아르바이트를 하는 소녀도, 신문배달을 하는 소년도, 다람쥐 쳇바퀴 돌 듯 직장생활을 하는 샐러리맨들도 모두 꿈과 희망을 간직하고 살기 때문에 어려움과 난관을 극복해 나간다.

우리는 꿈을 잃고, 희망을 상실하고, 목표도 없이 하루하루를 그냥 되는 대로 살아가는 사람들을 자주 목격하게 된다. 인생의 좌표와 목표가 없기 때문에 그들의 삶속에서는 열정과 에너지를 찾을 수 없고, 부정과 탄식과 자기비난만 발견할 수 있을 뿐이다.

여러분은 지금 어떠한 꿈과 목표를 가지고 세상을 살아가고 있는가. 젊은 시절 품었던 꿈을 포기하고 살고 있지는 않는가. 어느 순간 되돌아보니까 '목표도 없이 그냥 살았구나' 하는 후회를 한 적은 없는가. 젊은 시절 크고 아름다운 꿈을 간직했던 사람들이 사회생활을 하고 조직생활을 하면서 어느 순간 꿈을 상실한 채 살아가는 경우가 많다. 여러분은 어떠한가.

일본에 가면 '코이' 라는 물고기가 있다. 이 물고기는 작은 수족관에 넣어두면 7cm 정도 자란다. 하지만 이 물고기를 좀 더 넓은 수족관으로 옮기면 자신의 이동거리가 넓어진 것을 알아차리고, 몸의 길이도 14cm 가량 커진다. 하지만 코이 물고기를 강물에 놓아두면 몸의 길이가 100cm를 훌쩍 넘어설 정도로 성장한다. 자신이 처해 있는 상황과 환경에 따라 성장의 정도가 달라지는 것이다.

여러분은 작은 수족관에서 큰 수족관으로, 다시 강물로 향해 나아갈 용기가 있는가. 자신이 처해 있는 환경을 넘어서기 위해 꿈과 용기를 가지고 도전하면 나중에 큰 결과물을 얻을 수 있다. 하지만 많은 사람들은 꿈을 향해 도전하기보다는 현실에 안주하면서 어제와 같은 오늘을 살고 있을 뿐이다. 작은 수족관의 코이 물고기가 될 것인가 아니면 강물 속의 코이 물고기가 될 것인가는 여러분의 꿈과 용기, 그리고 도전 여부에 달려 있다.

목표를 정하고 용기를 내 도전해야 한다. 그것도 크고 웅장한 꿈을 꾸도록 해야 한다. 작은 꿈에 그치면 7cm의 코이 물고기가 되지만 큰 꿈을 간직하면 100cm의 코이 물고기도 될 수 있다. 꿈은 크면 클수록 좋다.

박근혜의 인생을 유심히 살펴보면 꿈과 목표를 향해 달려온 삶이라는 것을 단박에 확인할 수 있다. 48세의 뒤늦은 나이에 국회의원이 되었다. 남들은 사회생활에서 은퇴 계획을 하거나, 노후생활을 설계하는 나이에 그는 새로운 도전에 나섰다. 54세에는 한나라당의 대표가 되었는데 이는 한국 역사를 통틀어 여성이 개별 정당의 대표가 되는 두 번째 사건이었다. 박근혜의 도전은 한국 정치의 역사를 새로 쓰는 기록을 세우고 있다. 그리고 55세에는 비록 실패는 했지만 대통령 후보 경선에 출마하기도 했다. 그리고 그는 2012년 치러지는 대한민국 대통령 선거를 향해 달리고 있다. 한국 최초의 여성 대통령을 목표로 전진하고 있는 것이다.

그는 7cm의 코이 물고기에 머무르는 것이 아니라 100cm 코이 물고기를 목표로 도전을 하고 있다. 그의 무대는 좁은 수족관이 아니라 마음대로 헤엄칠 수 있는 강물이다. 정치인으로서의 박근혜를 이해하기 위해서는 그가 학창시절 어떠한 꿈과 목표를 가졌으며, 어떠한 노력을 기울였는지를 살펴볼 필요가 있다.

전직 대통령의 딸이라는 특권을 누렸기 때문에 순탄하게 정치생활을 한다고 생각하는 있는 독자가 있다면 이는 잘못된 생각이다. 전직 대통령의 자녀들 중에서는 비리혐의로 감옥에 갔거나, 권력이 없어지면서 비참한 말로를 보내고 있는 사람들이 많다. 이들과 달리 박근혜는 시간이 지나면 지날수록 더욱 빛을 발하고 있다. 그의 학창시절에서 성공의 해답을 찾을 수 있다.

자신이 특별하다는 생각을 버려라

박근혜가 꿈과 목표를 향해 달려가는 과정에서 철칙으로 삼았던 것이 바로 '특권의식을 버려라' 는 것이었다. 전직 대통령의 딸이었다는 특권의식을 과감하게 버리고, 다른 사람들과 동등한 입장에서 출발한다는 생각을 어릴 때부터 가졌다.

우리 주위에는 특권의식에 빠져 있는 사람들이 의외로 많다. 자신은 남들과 다르기 때문에 특별한 대우를 받아야 된다고 잘못 생각하고 있는 사람들이 많다. 회사 중역인데 내가 왜 영업일을 해야 하는가, 명문대학교를 나왔는데 왜 중소기업에 취직해야 하는가, 한 집안의 가장인데 내가 왜 집안일을 해야 하는가 등과 같이 잘못된 특권의식 때문에 일을 그르치는 사람들이 많다. 이 같은 생각을 가진 사람들에게 박근혜는 '특권의식을 버려라' 라고 강조한다.

박근혜는 1952년 2월 세상에 태어났다. 당시 한국은 북한과 6.25 전쟁의 와중에 있었기 때문에 전 국토가 폐허가 되고, 총성이 계속되고, 사망자가 속출하는 상황이었다.

제품을 생산하는 공장들은 가동을 중단했고, 산업시설은 무너져 내렸고, 길거리에는 부모를 잃고 고아가 된 아이들의 울음소리가 끊이지 않았다. 세계에서 가장 가난한 나라 중의 하나가 한국이었다. 박근혜의 아버지는 군인이었고, 어머니는 평범한 가정주부였다.

"우리가 좀 늦은 나이에 첫 딸을 두었네요. 웃는 얼굴을 보세요. 너무 귀엽네요."

연신 방실대는 박근혜를 보고 어머니가 웃으며 말했다.

"나보다는 남을 먼저 생각하는 아이로 키우도록 합시다."

아버지는 첫 딸에 대한 깊은 애정을 이렇게 표현했다.

근혜에 이어 둘째 딸 근영이가 태어났고, 막내아들 지만이가 태어났다. 근혜는 여동생 근영이와 남동생 지만이와 같이 성장하고, 대화를 나누고, 장난을 치는 것이 너무나 재미있었다. 비록 군인인 아버지의 월급은 많지 않았지만 다섯 식구가 오붓하게 단란한 생활을 꾸려나가는 것이 더없이 행복했다.

"근혜야, 이 그림 누구를 그린 것인지 맞춰 볼래?"

그림 그리기를 좋아했던 아버지가 스케치북을 근혜에게 내밀었다.

"이게 누구지? 모르겠어요. 누굴 그린 거예요?"

"하하하. 바로 지만이 뒤통수를 그린 거란다. 잘 그리지 않았니?"

"예? 이게 지만이를 그린 거라고요? 아빠는 엉터리야."

온 가족이 깔깔깔 웃었다. 근혜는 군인이었지만 자상함을 잃지 않았던 아버지와 언제나 자애로운 모습을 보여주었던 어머니 밑에서 생활하는 하루하루가 행복이고 축복이라고 생각했다.

근혜가 초등학교에 다닐 때의 일이다. 당시 아버지는 1961년 5.16혁명을 일으켜 정권을 잡았고, 2년 후인 1963년 대한민국 제5대 대통령에 취임하게 된다. 이후 근혜는 아버지가 1979년 10 · 26사건으로 암살당하기 전까지 17년 동안 청와대 생활을 한다. 세 남매가 태어났던 신당동 집을 떠나 의장 공관으로 이사를 갔다가 다시 청와대로 들어간 것이다.

"어머니, 비가 억수같이 쏟아져요. 우산도 망가졌어요."

학교에 가다 말고 돌아온 근혜가 어머니에게 말했다.

근혜는 비가 이렇게 오니까 차를 타고 학교에 갔으면 좋겠다는 마음을 어머니에게 간접적으로 전했던 것이다. 이 광경을 보고 있던 주위 사람들도 이렇게 궂은 날씨에는 차를 타고 가는 것이 좋지 않겠느냐며 어머니에게 권유했지만 어머니는 단호했다.

"근혜야, 여기 새 우산이 있다. 너 혼자 충분히 갈 수 있겠지?"

어머니는 근혜를 믿는다는 표정으로 말했다.

"어머니, 학교에 다녀오겠습니다."

근혜는 큰 소리로 어머니에게 인사를 하고 당당한 발걸음으로 학교로 향했다.

근혜는 학교에 가는 도중 어머니가 왜 차를 타지 못하게 했는지 생각해 보았다. 그리고 어머니의 깊은 속마음을 헤아릴 수 있었다.

당시만 해도 학교에 차를 타고 다니는 것 자체가 부유한 가정에서나 가능한 일이었다. 어머니는 근혜가 평범한 가정의 아이들과 같이 생각하고, 행동하고, 생활하기를 원했던 것이다. 차를 태워 보내는 것은 어려운 일이 아니지만 자녀들이 행여 특권의식을 가지거나 남보다 우월하다는 잘못된 생각을 할까 염려했던 것이다. 학교에 도착한 근혜는 우산을 접으면서 어머니가 보여준 가르침에 한없는 고마움을 느꼈다. 학창시절의 소중한 경험이 근혜의 삶을 지배하는 커다란 원칙이 되었던 것이다.

박근혜는 자신의 꿈과 목표를 향해 달려가는 과정에서 결코 경쟁자나 주위 사람들에게 특별대우를 해달라고 요구하지 않는다. 특권의식을 버리고 공정하게 경쟁하는 것, 이것이야말로 박근혜의 또 다른 성공비결이다.

미래를 창조하기에 꿈만큼 좋은 것은 없다

근혜는 서울 용산구에 위치한 성심여중에 입학했다. 수녀들이 운영하는 학교였다. 1800년 프랑스 파리에서 성녀 마들렌 소피이바라가 성심수녀회를 창설했고, 1956년 성심수녀회 수녀 8명이 교육 사업을 목적으로 한국에 들어왔다. 그리고 1957년 성심여중을 설립했다.

"근혜야, 이제 중학생이 되었으니, 단체생활을 해보는 것이 어떻겠니?"

어머니가 근혜에게 기숙사 생활을 할 것을 권유했다.

"예, 어머니, 저도 같은 생각이에요. 청와대를 떠나 학교에서 기숙사생활을 하면 친구들도 많이 사귀고 협동심도 길러지고 참 좋을 것 같아요."

다른 친구들과 같이 어울리며 특권의식 없이 평범하게 생활하기를 원했던 어머니의 심정을 근혜는 이해하고 있었다. 근혜는 기숙사 생활을 했던 1년 동안 또래 친구들과 격의 없이 지내며 공동생활을 하면서 지켜야 하는 규칙과 남을 배려하는 마음을 배울 수 있었다. 이 또한 어머니가 강조했던 교육방침의 하나였다. 또래 친구들과 밤늦게 만화책을 읽다가 수녀님께 꾸중을 듣기도 하고, 밤늦게 간식을 먹고 다음날 살짝 부은 얼굴을 보며 후회를 하기도 했지만 그야말로 행복한 학창시절이었다. 근혜는 친구들과 같이 공부도 하고 토론도 하면서 꿈과 희망, 그리고 목표에 대해서 진지하게 고민을 하게 되었다.

아버지는 대통령으로서 국가를 위해 열심히 일하고, 어머니는 영부인으로서 아버지를 내조하고 자녀들을 교육시키며 바쁘게 생활하는 모습을 보면서 자신이 해야 할 일은 공부라고 생각했다. 기숙사를 나와 청와대 생활을 했을 때에도 여동생 근영이와 경쟁이라도 하듯 밤늦게까지 같이 공부를 했다. 어머니가 근혜의 건강을 걱정해야 할 정도였다.

"근혜야, 너무 무리하지 말고 건강을 먼저 생각해야 한다."

"예, 어머니. 건강을 생각하면서 공부할게요. 너무 걱정하지 마세요."

"너희 자매가 공부하는 것이 딱해 국화차와 토마토를 가져왔다. 먹고 하도록 해라."

"예, 어머니. 저희들도 조금만 더 공부하고 잘게요. 어머니도 이제 주무세요."

근혜는 방문을 열고 나간 어머니가 몇 번이나 공부방을 서성이며 안절부절 못하는 발자국 소리를 들을 수 있었다.

근혜가 성심고등학교를 다닐 때의 일이다. 대학입학을 앞두고 근혜는 어머니와 향후 진로에 대해 대화를 나누었다.

"근혜야, 역사학을 전공하는 것이 어떻겠니? 너는 어릴 때부터 역사소설을 참 좋아했었지."

"어머니, 역사학도 괜찮지만 저는 전자산업 분야에서 공부하고 싶어요. 앞으로 한국 경제의 미래는 전자산업에 달려 있다고 생각해요. 한국의 전자산업 발전을 위해 기여하고 싶어요. 전자공학을 전공하고 싶어요."

당시 여성이 전자산업을 공부한다는 것은 대단히 드문 일이었고, 한국의 전자산업은 걸음마 수준이었다. 당장 봐서는 미래가 보장되지 않는 분야였고, 특히 여성이 진출하기에는 힘든 분야라는 것이 일반적인 시각이었다.

어머니는 근혜의 대답이 의외라는 표정이었다.

"어머니, 며칠 전에 김완희 박사께서 청와대에 오셔서 아버지와 나누는 대화를 들었어요. 그 분은 '우리나라가 수출을 늘리려면 전자산업을 집중적으로 육성해야 한다'고 말씀하셨어요. 저는 대한민국을 부강하게 만드는데 일조하고 싶어요. 제가 전자공학을 공부하고 싶은 것은 이 때문이에요."

근혜는 자신의 꿈과 목표에 대해 어머니에게 이야기했다.

"그래 근혜야. 너의 신념이 확고하구나. 공부가 힘들겠지만 너는 헤쳐 나갈 수 있을 것이라고 엄마는 생각한다. 엄마도 옆에서 열심히 응원하도록 할게."

"예, 어머니. 부모님을 실망시키지 않도록 열심히 공부하고 노력할게요. 저의 생각과 신념을 믿고 응원해 주셔서 고마워요. 전자공학 분야에서 일하는 학자나 연구원이 될 거예요."

근혜는 1970년 서울 신촌에 위치한 서강대학교 전자공학과에 '70학번'으로 입학한다. 그의 꿈과 목표를 위해 대학교와 전공을 선택했던 것이다. 전자공학과에 여학생은 근혜를 포함해 단 2명이었고, 나머지는 모두 남학생들이었다. 예상된 일이었다. 여성이 전자공학을 공부한다는 것은 당시로서는 이해하기 힘든 일이었다. 근혜의 선택은 평범함을 거부하는 결단이었다.

학과 친구들이 야유회를 가고, 주점에 가서 막걸리 파티를 할 때에도 근혜는 공부에 집중했다. 전자공학도가 되기 위해 문과에서 이과로 바꾸었기 때문에 남들보다 다소 취약한 수학공부를 보충해야 했기 때문이었다.

친구들은 미팅을 하거나 밤늦게까지 어울리며 거리를 돌아다녔지만 근혜는 도서관에서 책과 씨름을 하고, 연구실에서 실험을 하면서 열정을 불태웠다. 자신의 꿈과 목표를 위해 시간을 허비할 수가 없었다.

"모든 일에는 때가 있는 법이야. 지금은 공부해야 할 때야. 때를 놓치면 다시 공부하기가 힘들어. 지금 당장은 힘들더라도 나의 꿈과 목표를 위해 오늘을 희생하는 거야."

근혜는 이전에 읽은 중국 고전의 글귀를 떠올리며 자신을 다독였다. 근혜는 공부에 집중하는 와중에도 학과 친구들과의 교우관계에도 신경을 썼다. 공부할 때는 공부를 하고, 친구들과 어울려야 할 때는 친구들과 시간을 같이 보내면서 균형감각을 유지했다. 서강대학교 개교 10주년을 맞아 과별 행사를 할 때에는 깃발을 들고 친구들의 가장행렬을 이끌기도 했다.

근혜는 전자공학 분야에서 학자가 되거나 연구원이 되는 것이 꿈이었다. 이 목표를 실현하기 위해 강의실과 연구실, 도서관을 오가는 단조로운 생활을 했지만, 꿈이 있었기에 하루하루가 즐거웠고 행복했다.

어렵게 느껴졌던 수학도 예습과 복습을 철저히 하면서 보다 친숙하게 되었고, 어려운 이론과 방정식도 점점 이해할 수 있게 되었다. 전자공학과 친구들은 자신의 목표를 위해 열정적으로 학문에 집중하는 근혜를 보고 '모범생'이라고 불렀다.

"어머니, 잠깐만요. 얘기 좀 할 수 있어요?"

근혜가 어머니의 손목을 살짝 잡으며 말했다.

"왜 그러니, 근혜야. 무슨 일인데?"

"조금 있으면 졸업인데 제가 이공학부 수석으로 졸업을 한대요. 학교에서 연락을 받았어요."

"그래, 우리 근혜 정말 장하다. 하늘은 스스로 돕는 자를 돕는다고 하더니 참말이네. 열심히 했는데 좋은 결과가 나와서 기쁘구나. 참 대견하구나."

어머니는 대견하다는 듯이 근혜의 머리를 쓰다듬었다. 도서관과 연구실을 오가며 밤을 새워가면서 공부한 옛 추억들이 주마등같이 스쳐 지나갔다.

인생의 길이는 인생의 지속기간이나 장수를 의미하는 것만이 아니라, 꿈과 목표를 향해 전진해 나간 정도를 의미하는 것이 아닌가. 박근혜는 이 같은 가르침을 실천하며 목표를 향해 점점 더 전진하고 있었던 것이다.

"명확한 목적이 있는 사람은 가장 험난한 길에서조차 앞으로 나아가고, 아무런 목적이 없는 사람은 가장 순탄한 길에서조차 앞으로 나아가지 못한다."

19세기를 대표하는 영국의 역사가인 토머스 칼라일의 말처럼 박근혜는 자신의 꿈과 목표를 향해 전진, 또 전진해 나갔다. 박근혜의 꿈은 작은 수족관에서 노는 코이 물고기가 아니라 거센 강물에서 뛰어 노는 코이 물고기와 무척 닮았다는 것을 확인할 수 있다.

우리는 인생을 살아가면서 돈과 권력, 사회적 지위, 명예 등을 중요시하지만 이보다 더 중요한 것이 있다. 바로 '자신의 꿈'이다. 아무리 굳은 심지를 가지고 있는 사람이더라도 상황이나 환경이 변하면 바로 초심을 잊어버리는 사람들이 많다. 하지만 명확한 꿈과 목표가 있는 사람은 상황이 변해도 초심을 잊지 않는다. 꿈을 실현하기 위해 땀방울을 흘리는 모습, 성공의 또 다른 모습이 아닐까.

3. 글로벌 시대를 이끌어라

10년 외국어 공부를 했어도 간단한 회화 한마디 하기 어렵다고 푸념하는 사람들이 있다. 언어도 배우는 방법에 따라 쉽게 터득할 수 있고 항상 구름 속을 헤맬 수 있다. '배움에는 왕도가 없다'는 말과 같이 노력 없는 대가는 없다.

외국어 공부의 5가지 원칙

필자는 여의도공원 옆에 위치한 산업은행을 오랫동안 취재한 적이 있다. 일반적으로 사람들은 산업은행, 기업은행 등과 같은 국책은행이나 공기업을 '신(神)의 직장'이라고 부른다. 연봉도 많고, 공무원 신분으로 정년이 보장되기 때문이다. 몇 년 전까지만 하더라도 산업은행은 대학생들이 졸업 후 취업하고 싶어 하는 직장 중 몇 손가락 안에 포함되는 회사였다. 하지만 지금은 상황이 많이 변했다. 공무원 사회에도 치열한 경쟁 시스템이 도입되면서 편안하고 안락한 직장생활을 기대하기 힘들게 되었다.

2010년 뜨거운 여름날, 산업은행에서 기업구조조정을 담당하는 임원 방을 방문한 적이 있다. 나무책상 위에 영어책이 놓여 있었다.

“부행장님, 무슨 책입니까?”

“응, 영어책이야. 영어공부를 다시 시작한 지 2년쯤 돼.”

“갑자기 무슨 영어공부를 한다고 그러세요?”

“서 기자, 산업은행 임원이 되려면 영어구사는 기본이야. 특히 나 같은 경우는 중동, 동남아 등 해외 파트너들과 비즈니스를 해야 되기 때문에 영어를 잘해야 돼. 아랫사람들에게 모든 업무를 맡겨놓아서는 안 되고, 내가 직접 챙겨야지. 2년 정도 꾸준히 하니까 기본적인 대화하는 데는 문제가 없어. 좀 더 일찍 시작하지 않은 것이 후회가 되네. 꼭 영어를 정복하고야 말겠다는 심정으로 공부를 하고 있다네.”

부행장의 미소에는 굳은 결의가 배어 있었다. 지금 당장 영어를 사용할 일은 없지만 사회생활을 하거나 직장생활을 하다 보면 언젠가는 영어가 큰 도움이 된다는 사실을 부행장은 강조했다. 부행장의 설명은 이어졌다.

“국제화 시대에 살아남기 위해서는 영어를 비롯해 외국어 하나쯤은 반드시 유창하게 구사할 수 있어야 한다고 생각해. 오랫동안 회사생활을 하면서 터득한 사실이야. 어렵지 않아. 매일 매일 조금씩만 외국어 공부에 투자한다면 수년이 지난 후에 큰 효과가 있을 거야. 나는 이 귀중한 사실을 너무나 늦게 깨달았어. 조금만 일찍 시작했더라면 하는 후회가 많이 든다네. 외국어 하나는 죽기 전에 반드시 마스터해야 하는 시대에 우리는 살고 있어.”

공무원 사회도 변하고 있다. ‘철밥통’ 이라고 불리며 안정된 정년을 보장해 주는 시대도 끝났다. 세월이 지나면 자동으로 승진이 되고 호봉이 올라가던 시대가 사라지고 있는 것이다. 자기 계발을 하지 않거나 현실에 안주하는 순간 도태되고 만다. 일반적인 직장생활은 상황이 더욱 어렵다. 55세까지 직장생활을 하는 것은 희망사항이 되고 있다. 경기변동에 따라 기업구조조정이 다반사로 벌어지고 있고, 50세만 넘으면 퇴직을 심각하게 고려해야 할 정도로 직업 안정도는 떨어진다. 죽기 전에 외국어 하나쯤은 정복해야 하는 이유가 여기에 있다.

글로벌 시대에 대처하기 위해서는 외국어 하나쯤은 마스터하는 것이 좋다. 직장생활을 하다보면 영어나, 중국어, 일본어 등을 능수능란하게 구사하는 직원들이 좋은 대접을 받는 것을 쉽게 목격할 수 있다. 중요한 해외 바이어가 오면 이들과 협상을 하고, 해외법인을 설립할 때에는 설립 작업을 주도하고, 해외투자자들에게 회사 기업설명회(IR)를 하는 것도 이들의 몫이다. 연봉이 올라가고 경쟁업체의 스카우트 대상이 되는 것은 물론이다. 외국어는 직장인들이 반드시 갖추어야 할 조건 중의 하나이며, 대학생들이 스펙을 쌓기 위해 반드시 정복해야 할 대상이다.

독자들 중에서는 박근혜가 4개 외국어를 구사한다는 사실을 아는 이가 드물 것이다. 박근혜는 비록 직장생활을 한 경험은 없지만 자신의 꿈과 목표를 위해 꾸준히 독학으로 외국어를 공부했다. 박근혜의 외국어 공부에도 몇 가지 원칙이 있다.

첫째, 굳이 해외 유학을 나가지 않더라도 국내에서 외국어를 정복할 수 있다.

둘째, TV나 라디오의 외국어 강의 프로그램을 이용하라.

셋째, 반복학습이 중요하다.

넷째, 절대 포기하지 마라.

다섯째, 배움형 인간이 되라.

이제 박근혜가 외국어 정복을 위해 어떠한 노력을 기울였고, 어떠한 성과를 만들어 냈는지 살펴보도록 하자.

"웨이 쫑한량궈더 여우하오 깐베이(爲中韓兩國的友好乾杯)!"

박근혜 의원이 잔을 높이 들고 건배사를 했다. 좌중은 박근혜의 능숙한 중국어 실력에 깜짝 놀랐다. 한국말로 건배사를 하고 통역사가 중국어로 통역을 해줄 것으로 예상했는데 정반대였다. 만찬행사를 마련한 중국 공산당 왕자루이(王家瑞) 대외연락부장과 중국측 고위 관료들은 박근혜의 유창한 중국어 실력에 어안이 벙벙한 표정이었다. 박 의원과 함께 만찬장에 참석한 한국 관료들도 놀라기는 마찬가지였다. 박근혜 의원이 2006년 11월 27일 중국을 공식 방문했을 때의 일화이다.

박 의원은 사전에 마련된 원고도 없이 3분간에 걸쳐 건배사와 인사말을 건넸고, 중국측 고위 관료들과 중국어로 대화하는 모습을 보여주었다. 그녀의 중국어 발음에는 자신감이 배어 있었고, 한 치의 주저함도 없었다.

다음날 박 의원은 다이빙궈(載兼國) 외교부 상무 부부장을 만났을 때에도 유창한 중국어로 인사말을 건넸고 간단한 대화는 중국어로 했다.

"중국어를 정말 잘하시는군요."

박 의원의 발음을 들은 다이빙궈 부부장이 놀란 표정을 지으며 말했다.

"아니에요, 나름대로 공부를 한다고 했는데 아직까지 더 공부를 해야 될 것 같아요."

박 의원이 손사래를 치며 겸손하게 대답했다. 박 의원의 중국어 실력은 중국 현지 기자들 사이에서도 단연 화제였다. 박 의원은 중국 언론과의 인터뷰에서 중국어로 다음과 같이 말했다.

"오늘 일부러 빨간색 옷을 입고 나왔습니다. 중국인들이 빨간색을 유난히 좋아하는 것을 알고 있기 때문입니다."

중국 기자들은 자신들의 귀를 의심하지 않을 수 없었다. 한국 정치인이 중국에서 공식 인터뷰를 하면서 이처럼 능숙하게 중국어를 구사하는 것을 보지 못했기 때문이었다. 중국 기자들은 박근혜 의원에게 금방 호감을 보였다.

2008년 초 중국을 방문했을 때에는 후진타오 주석과 탕자쉬안 중국 국무위원을 만났다. 박 의원은 매번 회담이 시작되기 전의 인사말이나 건배사는 중국어로 했으며, 오찬이나 저녁만찬 도중에도 즉석에서 중국어로 대답해 주위 사람들을 깜짝 놀라게 했다.

후진타오 주석은 "박 의원의 중국어 발음이 정확하다"며 찬사를 보냈고, 탕자쉬안 국무위원은 "매번 바쁘게 오시지 말고 다음에는 휴가차 한 번 여유 있게 오십시오"라고 초청했다.

초청을 받은 박 의원은 중국어로 "제 처지가 그렇게 되나요?"라며 웃으며 대답했다. 순간 한국 사람이 유창하게 중국어를 구사하는 것을 보고 탕자쉬안 국무위원과 중국측 관료들은 그 자리에서 웃음을 터뜨리며 즐거워했다.

박근혜는 30대 후반부터 중국어 공부를 시작했다. 남들은 외국어 공부를 하기에는 시기가 늦은 것 아니냐며 회의적인 반응을 보였지만, 근혜는 이에 아랑곳하지 않았다.

　‘늦었다고 생각했을 때가 가장 빠른 법이라고 하지 않는가. 결코 늦지 않았다. 중국어를 정복하느냐, 마느냐는 나의 마음먹기에 달려있을 뿐이야.’

　박근혜는 마음을 다잡았다.

　사람들에게는 ‘관성의 법칙’이라는 것이 있다. 편안하고 편리한 생활을 하다 보면 거기에 자신도 모르게 물들어 버리는 것이다. 도전을 두려워하고, 평소의 생활습관을 고수하려는 경향이 있다.

　“이 나이에 무슨 공부를 한단 말이야. 되는 대로 그냥 살지.”

　“나는 지금 이대로가 딱 좋아. 다른 도전을 하기가 싫어.”

　“남들만큼만 하면 돼. 왜 괜히 사서 고생을 하는 거야.”

　하지만 박근혜는 관성의 법칙을 거부했다. 근혜는 라디오를 켰다. EBS 교육방송의 중국어회화 강좌에 주파수를 맞추었다. 하루도 빠짐없이 20분 가량 중국어를 공부했고, 예습과 복습을 통해 그날그날 배운 것을 익혔다. 처음에는 발음도 어렵고, 문법도 어렵고, 모든 것이 힘들었지만 시간이 지날수록 중국어가 친숙하게 다가왔다. 녹음한 테이프를 들고 다니면서 시간이 날 때마다 반복해서 중국어를 들었고, 성우의 발음을 그대로 따라하면서 발음연습을 했다. 어떤 이들은 근혜가 음악을 열심히 듣는 줄 알았지만, 근혜는 남모르게 혼자의 힘으로 중국어를 공부하고 있었던 것이다.

　“여기에서 포기하면 안 돼. 지금 포기하면 현재까지 투자한 시간이 아깝잖아.”

박근혜는 힘들 때마다 자신을 다독이며 중국어 공부를 이어갔다. 1년이 지나고, 2년이 지나고, 그렇게 중국어 공부에 매달린 결과 5년쯤 지나자 근혜는 중국어를 능숙하게 구사할 수 있게 되었다. 아무리 지치고 힘든 일이 있어도 근혜는 매일 매일 5년 동안 중국어 공부를 빠트리지 않았다. 우공이산(愚公移山)의 신념으로 열정을 가지고 목표를 위해 노력한 결과였다.

중국어 실력이 언론에 화제가 되었을 때 박근혜는 "국회의원이 되기 전에 EBS 교육강좌를 들으면서 5년 정도 혼자 공부를 했어요. 예전에는 더 잘 했었는데 안 쓰니까 자꾸 까먹게 되네요"라며 수줍어했다.

박근혜 의원은 2005년 5월 중국을 방문해 후진타오 주석을 만났을 때에도 중국어로 인사말을 건넸다. 후진타오 주석은 박 의원이 한국말로 인사말을 할 줄 알았는데, 유창한 발음의 중국어로 인사를 하자 크게 놀라는 표정이었다. 회담장의 분위기는 금방 부드러워졌고 화기애애해졌다. 국가는 다르지만 같은 언어로 얘기를 하면 더욱 더 상대방을 이해하게 되고, 마음을 터놓고 얘기를 하게 되는 것이었다. 그날 박 의원은 후진타오 주석과 북한의 핵문제와 대학의 이공계 발전방안에 대해 격의 없이 대화를 나누었다. 중단되거나 막힘이 없이 물 흐르듯이 자연스럽게 흘러가는 대화였다. 독학으로 공부를 한 땀과 노력이 결실을 맺는 순간이었다.

한국이 아닌 세계를 무대로 삼아라

박근혜가 이처럼 외국어 공부를 중시하게 된 것은 어머니의 가르침 때문이었다. 어머니는 영부인으로서 공식 일정이 없을 때나 자투리 시간이 있을 때에는 항상 라디오를 켜고 해외뉴스를 들었다. 아침식사를 준비하실 때나 청소를 하실 때나 잠깐 휴식을 취할 때나 라디오를 켜놓고 세상 돌아가는 뉴스를 전해 들었다. 어머니와 함께 라디오를 자연스럽게 듣게 되면서 근혜도 국제뉴스와 해외 정보에 관심을 기울이게 되었다.

"근혜야, 세상이 어떻게 돌아가는지 잘 알고 있어야 한단다. 좁은 한국을 벗어나 세계 속에서 활동해야 할 시대가 올 거야. 그러기 위해서는 외국어 공부도 많이 해야 하고, 해외 뉴스에도 관심을 기울이는 것이 좋아."

외국 대통령과 영부인들을 자주 만났던 어머니는 자신의 경험을 근혜에게 알려주며 외국어 공부가 얼마나 중요한지 일깨워 주었다.

박근혜는 고등학교, 대학교를 다닐 때 전공 공부 이외에 자투리 시간이 날 때마다 꾸준히 외국어 공부에 매달렸다. EBS 교육방송을 듣고, 테이프를 들으면서 중국어뿐만 아니라 영어, 불어, 스페인어로 일상대화를 나눌 수 있을 만큼 실력을 갖추었다. 보통 사람들은 외국어 한 개를 정복하기 위해 애쓰고 있을 때, 근혜는 목표를 높이 잡고 4개 외국어에 도전을 했고 소기의 성과를 달성했던 것이다.

서강대학교에 재학중이었던 1972년에는 어머니를 대신해 스페인을 방문했다. 한국과 스페인 기업이 공동으로 만든 유조선을 진수하는 행사였다. 박근혜는 그동안 독학으로 공부한 스페인어로 연설문을 읽어 현지 사람들을 깜짝 놀라게 했다. 서양인이 아닌 동양인이 스페인어를 유창하게 구사하는 것을 보고 스페인 청중들은 환호성을 지르며 열광했다.

또 이듬해인 1973년 1월에는 어머니를 대신해 하와이를 방문했다. 미국의 50번째 주(州)인 하와이에서 열리는 '한국이민 70주년 경축행사' 에 참석하기 위해서였다. 20세기 초인 구한말, 하와이 이민자들은 돈을 벌기 위해 태평양을 건너 하와이에 정착한 이민 1세대들이었다. 무더위와 폭염 아래에서 사탕수수를 경작하며 하와이에서 터전을 잡은 사람들이었다. 하와이를 방문해 동포를 만난다는 것 자체가 박근혜에게는 큰 기쁨이기도 했지만 두려움이기도 했다.

"혹시 실수라도 하면 어떻게 하나. 내가 어머니의 역할을 잘 수행할 수 있을까. 하와이 동포들에게 실망감만 안겨주면 어떻게 하나."

걱정이 되었지만 박근혜는 과감하게 도전하기로 했다.

행사 도중 현지 기자들의 질문이 쇄도했다. 박근혜는 순간 당황했지만 차분하게 영어로 기자들의 질문에 하나하나 대답했다. 이 인터뷰 내용은 하와이 방송사 TV로 중계되었는데, 이 광경을 지켜본 하와이 동포들은 능숙하게 영어를 구사하며 현지인들에게 한국이라는 국가를 알리는 박근혜에게 뜨거운 박수를 보냈다. 박근혜가 남모르게 갈고 닦은 영어실력이 빛을 발하는 순간이었다.

'어머니 말씀이 맞구나. 해외 방문을 하면서 외국어가 얼마나 중요한지 뼈저리게 느꼈어.

외국인들은 다른 나라 사람들이 자기네 언어로 대화를 하고 연설을 하는 것을 보고 마음의 문을 여는구나. 외국어는 해외에서 쏟아지는 정보를 이해하는 데에도 도움이 되지만, 외국인에게 더욱 친숙하게 다가가는 데에도 큰 도움이 되는구나. 앞으로 더욱 열심히 외국어를 공부해야겠다'

이후 박근혜는 영어뿐만 아니라 불어, 스페인어, 중국어까지 두루 열심히 배우게 된다.

1979년 10월 16일 싱가포르의 리콴유 수상과 부인이 한국을 방문해 아버지와 회담을 가졌을 때에는 박근혜가 중간에서 영어로 통역을 했다. 아버지는 근혜를 자랑스럽게 생각했고, 리콴유 수상 부부도 대통령의 딸이 유창하게 영어를 구사하는 것을 보고 깊은 인상을 받았다.

2000년대 들어 박근혜는 하버드대학교, 스탠포드대학교 등과 같이 세계 굴지의 대학교에서 강연을 하는 경우가 많아졌다. 그만큼 국제적으로 명성을 얻어가고 있다는 증거이다. 박근혜는 세계의 젊은이들과 대화를 하고 의견을 나누면서 자신의 정치철학과 삶의 원칙을 전해주고, 대학생들로부터는 젊은이들의 열정과 용기를 배운다. 박근혜가 해외 대학교에서 강연을 할 때에는 학생들이 좌석이 없어 계단에 앉아서 강연을 들어야 할 정도로 성황을 이룬다.

일반 사람들은 박근혜 의원이 외국어 4개를 구사한다는 사실을 잘 모른다. 남들에게 과시하거나 자랑하기를 극히 꺼리는 박근혜 의원의 성격 때문에 외부에 잘 알려지지 않았기 때문이다. 박근혜 의원은 '포기하지 않고 매일 매일 꾸준히 매진하면 반드시 성과가 나타난다' 는 단순한 진리를 실천으로 우리들에게 보여주고 있는 것은 아닐까.

유엔 사무총장으로 맹활약을 하고 있는 반기문 총장도 열심히 외국어 공부를 하고 있다. 보통 사람들이 보기에 완벽한 영어를 구사하고 있지만, 보다 정확한 발음을 위해 비서진에게 발음교정을 받는다. 또 외교무대에서는 프랑스어가 많이 사용되기 때문에 지금도 프랑스어를 공부하고 있다. 배움에는 끝이 없는 법이다.

외국어 하나쯤은 마스터하고 싶다는 바람을 가지고 있다면 박근혜처럼 5가지 원칙을 마음속에 새기며 도전해 보면 어떨까. 반드시 큰 성과가 있을 것이라고 나는 생각한다.

4. 거울은 스스로 웃지 않는다

'거울은 스스로 웃지 않는다' 라는 표현이 있다. 거울을 웃게 하려면 내가 먼저 웃어야 한다는 뜻이다. 저는 우리 사회도 마찬가지라고 생각한다. 우리가 먼저 이웃을 향해 웃을 때, 이웃의 얼굴에도 웃음이 떠오르게 된다.

유머가 이긴다

박근혜의 말에 사람들이 매료되는 것은 그 말 속에 진실이 있고, 진정성이 있기 때문이기도 하지만, 그 속에는 유머와 위트가 녹아 있다는 점에 주목해야 한다. 원리와 원칙, 소신만을 강조하다 보면 말이 단조롭게 느껴지지만, 때때로 유머와 위트를 넣어주면 말의 내용이 한층 부드러워지고, 분위기도 화기애애하게 된다.

박근혜가 대학생이나 국민들을 대상으로 연설을 하거나 강연을 하는 내용을 들어보면 어김없이 유머와 위트를 섞어 사용한다는 점을 확인할 수 있다. 이는 사람들에게 '듣는' 즐거움을 선사한다.

박근혜가 직접 연설을 하거나 선거유세장에서 동료의원을 위해 연설을 할 때, 사람들이 구름떼처럼 몰려드는 것은 그의 말에 감동이 있고, 유머와 위트가 있기 때문이다. 상대방의 긴장을 풀어주고 대화분위기를 부드럽게 하는 데에는 유머와 웃음만큼 좋은 수단이 없다는 것을 박근혜는 알고 있다. 박근혜는 의식적으로 대화와 유머의 기술을 배웠다. 책을 읽다가 좋은 문구나 재미있는 유머가 있으면 메모지에 적어두었다가 자신의 것으로 만든다. 그리고 연설을 하거나 대화를 할 때 활용한다. 동료의원의 이해를 구하고, 더 나아가 국민을 설득하기 위해서는 유머가 들어간 연설이 필수적이라고 생각하고 있다.

박근혜는 1970년대 어머니와 아버지를 떠나보내고, 이후 1998년 정치에 입문하기까지 힘들고 어려운 시간을 보내야만 했다. 사람 만나는 것을 피했고, 여행과 독서를 하면서 자기 자신만의 시간을 즐겼다. 박근혜가 이 기간 동안 썼던 수필과 글에서는 배신한 사람들에 대한 서운함과 권력에 대한 회의감, 삶의 고통 등을 주로 다루고 있다. 웃음과 유머를 쓸 수 있는 마음의 여유가 없었다.

하지만 정치에 입문하고 사람들과의 대화가 많아지고, 청중들을 대상으로 연설할 기회가 늘어나면서 그의 말에 웃음과 유머가 풍부해지기 시작한다. 박근혜는 유머를 사용하는 방법을 공부했고 실제 연설에 이를 적용시켰다. 세상에 노력 없이 이루어지는 것은 아무 것도 없는 법이다. 박근혜가 어떠한 상황에서 어떤 유머를 구사하고, 유머에 대해 어떠한 철학을 가지고 있는지 살펴보도록 하자.

박근혜가 서울 여의도의 모 식당에서 여성의원들과 점심식사를 했을 때의 일화이다.

"오늘 밥값을 내시나요?"

기자들이 박근혜에게 물었다.

"오늘 난 초대를 받아서……."

재치 있는 한마디였다. 초대를 받아서 왔기 때문에 점심값을 내지 않아도 된다는 말이었다. 한바탕 폭소가 터져 나왔다. 분위기가 한층 부드러워졌다.

박근혜는 여성의원들에게 영어식 유머를 선보였다.

"경상도 할머니가 외국인에게 버스를 보며 '왔데이'라고 했는데, 외국인이 '먼데이'라고 했다. 다시 할머니가 '버스데이'라고 하자 외국인이 '해피 버스데이'라고 했고, 할머니는 다시 '시내버스데이'라고 했다."

여성의원들은 배꼽을 잡고 웃었다.

박근혜가 섬진강포럼에 참석해 회원들에게 연설을 할 때였다. 그는 인사말을 이렇게 시작했다.

"오늘 이렇게 뜻 깊은 자리에서 만나 뵙게 되어 정말 기쁜 마음입니다. 예로부터 섬진강 물이 얼마나 좋은지, '순천에 와서 인물 자랑하지 말라'고 했다는 말을 들었습니다. 저도 나름대로 '얼짱'이라는 말을 듣는 편인데, 오늘 여러분을 뵈니 순천에서는 정말 그런 말 하면 안 될 것 같습니다."

청중들은 강당이 떠나갈 듯이 웃었다.

박근혜가 이처럼 대화나 연설 중에 유머를 즐기는 것은 상대방에 대한 배려 때문이다. 박근혜는 이렇게 말한다.

"'거울은 스스로 웃지 않는다'라는 표현이 있습니다. 거울을 웃게 하려면 내가 먼저 웃어야 한다는 뜻입니다. 저는 우리 사회도 마찬가지라고 생각합니다. 우리가 먼저 이웃을 향해 웃을 때, 이웃의 얼굴에도 웃음이 떠오르게 됩니다."

박근혜는 2007년 6월 서울파이낸셜포럼 특별강연에서 '비틀' 유머를 소개했다.

"여러분, 요즘 인터넷에 우스갯소리로 3가지 '비틀'이 있다고 합니다. 전후 독일경제를 살린 것은 자동차 '비틀'이고, 전후 영국 경제를 살린 것은 인기그룹 '비틀즈'인데, 지금 한국 경제를 망치고 있는 것은 '비틀' 거리는 정부라고 합니다."

청중들의 반응은 폭발적이었다. 유머를 통해 정부의 잘못된 정책을 우회적으로 꼬집은 것이었다. 그의 유머와 위트는 같은 해 방송기자클럽 강연에서도 이어진다. 기자들을 대상으로 강연을 하면서 유머를 선보인 것이다.

"요즘 젊은이들 사이에 '화장 안한 맨얼굴'이라는 뜻의 '쌩얼'이라는 말이 있습니다. 저는 권력자들의 '쌩얼'을 드러내는 것이 여러분의 역할이라고 생각합니다. 그리고 여러분을 통해 맨 얼굴이 드러나는 것이 두렵지 않아야 진정으로 국민 앞에 당당한 지도자가 될 수 있다고 생각합니다. 국민 앞에 숨길 것이 없고 부끄러울 것이 없어야 합니다. 저는 여러분께 '쌩얼'을 더 많이 보여드리도록 노력하겠습니다. 제가 원래 화장 안한 얼굴이 더 예쁘다는 소리를 종종 듣습니다."

순간 기자들의 얼굴에 미소가 번졌다. 깨끗하고 사심없는 정치를 하겠다는 의지를, '쌩얼'을 보여주겠다는 것으로 우회적으로 표현했던 것이다.

박근혜의 연설이나 강연을 유심히 들여다보면 유머 한 토막, 조크 한 마디가 어김없이 들어있다는 것을 알게 된다. 경직된 분위를 부드럽게 하고, 청중들과의 심리적인 거리를 좁히기 위해 박근혜는 유머를 섞어 이야기하는 것을 좋아한다. 유머의 위력과 힘을 알고 있기 때문이다.

이번에는 박근혜가 근엄한 대학교수들을 대상으로 유머를 던졌다. 2008년 11월 21일 부산에 있는 부경대학교에서 명예 정치학 박사학위를 받는 자리였다. 수백 명의 교수님들이 자리에 앉아서 박근혜의 강연에 귀를 기울였다. 마치 천주교 성당에서 미사를 하는 것처럼 조용하고 엄숙한 분위기였다. 박근혜는 이렇게 교수님들을 웃겼다.

"사실 제 정치의 신념과 목표는 모두 정치학 교과서에 나오는 것들입니다. 정당에서 상향식 공천을 하고, 민주화된 정당을 만들어야 한다든가, 100가지 제도보다 원칙과 약속을 지키는 정치 문화를 만들어야 한다든가, 깨끗한 정치를 한다든가 하는 것들은 아마 잘 아실 거라 생각합니다.

하지만 막상 그것을 현실에서 하려고 하니까, '정치를 모른다' '실험 정치를 한다' 등 여러 평가들이 많았습니다. 그런데 이제 부경대에서 정치학 박사학위를 주셔서 앞으로 정치를 모른다는 얘기는 듣지 않을 것 같습니다."

근엄한 표정을 짓고 있던 교수님들이 크게 웃으며 박장대소를 했다. 원칙과 소신, 그리고 약속을 지키는 정치를 실천하려는 근혜에게 주위에서 여러 가지 말들을 많이 하고 있지만, 정치학 박사를 받은 만큼 이제는 그런 이야기들이 없어질 것이라는 내용이었다. 이는 환경이나 주위 여건에 휩쓸리지 않고 자신만의 색깔을 고집하며 정도(正道)를 걸어가겠다는 의지를 표현한 것에 다름 아니다. 때때로 직설적인 표현보다는 한마디의 유머와 조크가 더욱 강력하게 청중들을 설득하고 감동시키는 법이다.

우리 주위에는 웃음과 미소를 띠는 사람이 있는가 하면 반대로 언제나 불평이 가득한 얼굴을 하고 있는 사람들이 있다. 전자를 만나면 우리의 마음도 덩달아 기쁘고 즐겁지만, 후자를 만나면 우리의 마음까지 우울해지고 심란해진다. 많은 정치인들이 유명한 스피치 강사로부터 개인교습을 받고, 유머기술을 배우는 것은 바로 이 때문이다. 국민들에게 웃음과 희망, 긍정의 메시지를 전달하지 못하는 정치인은 국민들의 사랑을 얻기가 힘들기 때문이다.

미국 역사상 가장 존경받는 대통령으로 꼽히는 링컨대통령도 이렇게 말하지 않았는가.

"내가 웃지 않고 살았다면 이미 나는 죽었을 것입니다. 여러분도 웃음이라는 보약을 드시기 바랍니다. 자신은 물론 조직 전체가 변하는 놀라운 효과를 몸으로 직접 느낄 수 있을 겁니다."

박근혜는 삶을 다할 때까지 배움의 과정에 있는 우리들에게 폭 넓은 독서와 공부를 통해 유머감각을 키우고 대화의 기술을 향상시켜야 한다고 얘기하고 있다.

5. 끊임없이 꿈꾸고 배워라

결국 모든 것을 버리고 떠나야 할 시각이 한발 한발 다가오는 나그네에게 가장 중요한 것은 무엇인가. 새로운 것을 배우고 좋은 추억을 담아가는 일일 것이다.

가장 바쁜 사람이 가장 많은 시간을 갖는다

우리의 삶은 매일 새로운 것을 배우고, 자기 자신을 계발하는 과정의 연속이다. 자투리 시간이라도 아껴 무엇이든지 공부하고 배우려 하는 사람이 있는가 하면 시간을 흥청망청 낭비하는 사람도 있다. 성공한 삶을 사느냐, 실패한 삶을 사느냐는 시간을 어떻게 관리하고, 무엇을 배워나가느냐에 달려 있다.

시간은 모든 사람들에게 똑같이 주어진다. 아무리 돈이 많은 부자라고 하더라도, 아무리 권력과 명예가 높다고 하더라도 시간을 돈으로 살수는 없는 법이다. 시간은 모든 사람 앞에 평등하다. 하지만 시간을 어떻게 관리하고 자신을 어떻게 계발해 나가느냐에 따라 우리의 삶과 미래는 확연히 달라진다. 일분일초를 아끼며 시간 관리를 잘한 사람은 성공한 삶을 살게 되지만, 반대로 시간을 낭비하며 산 사람은 죽음을 앞두고 자신의 인생을 후회하게 된다. 어릴 때부터 잘 짜인 계획표와 시간표대로 시간을 관리하고 항상 공부하는 습관을 들여야 하는 이유가 여기에 있다.

근혜가 성심여중, 성심여고에 다녔을 때의 성적표를 보면 반에서 1등을 놓치는 일이 거의 없었다. 남들에게 지기 싫어하는 경쟁심이 강했다기보다는 자신에게 주어진 일과 의무를 다해야 한다는 생각에 공부를 열심히 했다. 서강대학교 전자공학과를 1등으로 졸업한 것도 이 같은 정신이 뒷받침되었기 때문이다. 대통령의 딸이라서 좋은 성적을 받는 것 아니냐는 주위의 잘못된 시선을 없애기 위해서 더더욱 공부를 하고 자신을 계발했다.

열정을 갖고 보낸 학창시절이 끝나자마자 근혜는 청와대에서 영부인 역할을 해야 했다. 해외 정상이나 외교관들이 청와대를 방문하면 한 치의 소홀함이 없도록 정성을 쏟아야 했다. 어머니의 빈자리를 메우기 위해 수면시간이 부족할 정도로 바쁘게 생활했다.

1979년 아버지의 죽음으로 청와대를 떠나 1998년 정치에 입문하기까지 18년 동안 야인생활을 하면서도 자기 계발과 공부를 게을리하지 않았다. 청와대를 떠난 초창기에는 부모님을 잃은 슬픔과 권력에 대한 허무함, 그리고 사람들의 배신 등으로 방황하기도 했지만 곧바로 마음을 잡고 자기 계발에 몰두했다.

박근혜는 당시의 심정을 1981년 3월 2일자 일기장에서 이렇게 표현하고 있다.

"무뚝뚝하고 깊은 인상을 남기지 못했던 사람이 나중에 보니 의리가 있고 인정이 많은 사람이었음을, 학식이 많고 똑똑하여 많은 기대를 걸었던 사람이 나중에 보니 자기 중심조차 제대로 잡을 수 없고 아부를 일삼는 사람이었음을 알게 되는 것이 인간사의 한 단면이다."

이 같은 고통과 번민, 시련을 하루라도 빨리 극복하기 위해 박근혜가 집중하고 몰두한 것은 종교였다. 근혜의 공식 종교는 천주교이다. '율리아나' 라는 세례명도 가지고 있고, 대학교도 천주교 계열인 서강대를 선택했다.

하지만 그는 특정 종교에 매몰되지 않고 불교, 유교, 기독교 등과 같이 다양한 종교를 두루 공부하며 자기 자신의 내면을 다듬는데 많을 시간을 투자했다. 고통스럽고 어려웠던 시절, 자신의 신세를 한탄하거나 자신을 괴롭히는 사람들을 원망하기보다는 폭넓게 종교 서적과 고전을 읽으면서 자기 자신을 추스르고 삶의 방향을 설정하는 계기로 삼았다. 박근혜가 쓴 글이나 일기, 연설문 등을 찬찬히 읽어보면 도덕이나 정의, 원칙 등을 특히 강조하고 있다는 느낌을 받게 되는 것은 이 때문이다.

그의 서재에는 『금강경』과 같은 불교서적, 성경을 포함한 기독교 서적, 『논어』와 『명심보감』 같은 유교경전이나 고전이 많이 꽂혀 있다. 그는 중대한 결정을 내려야 하거나 삶이 자신을 지치게 할 때에는 종교 서적이나 고전을 읽으면서 자신의 어지러운 마음을 다스린다.

박근혜는 잡지에 기고할 원고를 쓰거나 책을 저술하는 활동도 활발하게 하고 있다. 『평범한 가정에 태어났더라면(1993년)』을 비롯해 『내 마음의 여정(1995년)』 『고난을 벗삼아 진실을 등대삼아(1998년)』 『결국 한 줌 결국 한 점(1998년)』『나의 어머니 육영수(2000년)』『절망은 나를 단련시키고 희망은 나를 움직인다(2007년)』 등을 잇달아 출간하며 왕성하게 책을 쓰고 있다.

야인생활을 할 당시 저술했던 『고난을 벗 삼아 진실을 등대삼아』는 일기 형식으로 저술된 것으로 삶을 어떻게 살아가야 할지 고민하고 고뇌하는 모습이 잘 표현돼 있다. 『결국 한 줌 결국 한 점』은 인생을 살아가는 바른 원칙과 도덕에 대해 서술하면서 자신도 이 같은 원칙을 지키면서 살아가야겠다고 다짐하는 내용을 다루고 있다.

정치에 입문하고 나서 저술한 『나의 어머니 육영수』에서는 어머니를 그리워하는 마음을 잘 표현했고, 『절망은 나를 단련시키고 희망은 나를 움직인다』는 용기와 희망, 도전정신을 가지고 세상의 어려움을 극복해 나가자는 메시지를 담고 있다.

정치인이나 유명인 중에는 바쁘다는 핑계로 한 권의 책도 저술하지 않는 사람들이 많지만 박근혜는 자신이 보고 배운 경험과 철학을 다른 사람들, 특히 젊은이들에게 전달하기 위해 꾸준히 책을 쓰고 있다. 늦은 밤까지 원고를 정리하기도 하고, 다른 사람들은 자고 있는 새벽시간에 일어나 책을 저술하기도 한다. 책을 쓰면서 자기 자신의 생각과 아이디어를 더욱 구체화할 수 있고, 자신의 철학과 논리를 더욱 정교하게 다듬을 수 있기 때문이다.

"시간이 없어서."

"너무 바빠서."

"나중에 해야지."

박근혜는 이러한 말을 싫어한다. 시간이 없다는 것은 자신이 게을러서 그런 것이며, 나중에 하자는 것은 하지 않겠다는 말의 다른 표현으로 받아들인다.

그는 시간을 허투루 보내지 않고, 자투리 시간을 내서라도 책을 읽고 저술활동을 한다. 시간 관리에 철저하지 않으면 이루기 힘든 일들이다.

미국의 낭만파 시인 롱펠로도 이렇게 노래하지 않았는가.

"미래를 신뢰하지 마세요. 죽은 과거는 묻어버리세요. 그리고 살아 있는 현재에 집중하고 행동하세요."

시간을 잘 관리하고 자기 자신을 계발하는 사람만이 멋진 미래를 설계할 수 있는 법이다. 박근혜도 롱펠로가 지적한 것처럼 이미 지나간 일에 미련을 두지 않고, 오늘 현재에 집중하고 충실하려고 노력했다.

박근혜는 영어를 비롯해 불어, 중국어, 스페인어 등 4개 외국어를 구사한다. 옛날 동영상을 보면 근혜가 통역을 거치지 않고 외국인과 인사를 나누고 유창하게 대화를 나누는 것을 알 수 있다. 근혜는 대학교를 졸업한 직후 프랑스에서 수개월간 유학을 한 것을 제외하고는 해외 대학에서 공부를 한 경험이 없다. 모두 혼자 힘으로 외국어를 공부한 것이다. 잘 짜여진 스케줄에 맞춰 교육방송(EBS)을 듣고, 회화 테이프를 반복적으로 들으면서 외국어를 공부했던 것이다. 외국어 하나 정복하기도 쉽지 않은데 4개 외국어를 구사하고, 이 같은 실력을 지금까지 유지하고 있다는 것은 놀라운 일이다. 남들은 알지 못하는 숨은 노력의 결과이다. 시간을 낭비하지 않고 자기 계발을 한 성과이다.

박근혜는 1981년 3월 3일 일기장에 이렇게 쓰고 있다.

"우리는 인생을 대하고 바라보는데 있어 오류를 흔히 범하는 것 같다. 우선 인생은 고해(苦海)이며, 즐거운 일보다는 괴로운 일이 가득한 것이라는 생각에 사로잡혀 있다. 그리고 현실만 생각하기도 바쁜데 가장 중요한 오늘, 바로 이 순간순간을 생각하기보다 과거의 분노, 과거의 영화, 또는 미래에 대한 허망한 망상, 불안……. 이런 것들이 인간의 머리를 채우고 있는 것은 아닐까. 언어도 배우는 방법에 따라 쉽게 터득할 수 있고 항상 구름 속을 헤맬 수도 있다. '배움에는 왕도(王道)가 없다'는 말과 같이 노력 없는 대가는 없다."

박근혜는 이미 지나간 과거에 집착하지 말고, 배움과 자기 계발을 통해 오늘을 충실히 보내면 멋진 미래를 맞이할 수 있다고 강조한다.

박근혜는 이화여대에서 여대생들을 대상으로 한 강연에서 이렇게 말했다.

"여러분, '산의 정상에 누가 먼저 오르는가가 중요한 것이 아니라 누구나 오를 수 있는 기회를 갖는 것이 중요하다'라는 말이 있습니다. 앞으로 여러분 가운데 각 분야의 지도자들이 나올 것입니다. 하지만 정상에 오르기 위해서는 여러분 스스로도 정말 가야할 길이 많습니다. 저는 앞으로 여러분이 그 어떤 분야에서든지 이 나라에 필요한 훌륭한 지도자가 되기 위해서는 경제문제에 대한 식견과 소외계층에 대한 관심, 정보화 마인드, 국제문제에 대한 식견 등이 반드시 필요하다고 생각합니다. 현재 상아탑에 있는 여러분이 앞으로 이 4가지를 유념하면서 스스로를 연마해 나간다면 정말 바람직한 지도자가 되어서 우리나라를 멋진 나라로 만들 수 있을 것이라고 생각합니다. 세상은 선구자들에 의해 변화되는 것입니다."

박근혜는 배움의 과정에 있는 젊은이들이 시간을 낭비하지 말고 미래를 위해 자기 계발에 매진해야 한다는 점을 특히 강조한다.

그가 가장 신경을 쓰는 것은 건강관리이다. 이를 위해 10여 년 전에 국선도를 정식으로 배웠다. 근혜가 젊은 시절부터 건강을 위해 배운 운동은 테니스, 탁구 등이다. 공부와 독서도 중요하고, 저술활동도 필요하지만 무엇보다 건강에 신경을 쓴다. 근혜는 건강을 잘 관리하는 것도 자기 계발이라고 생각한다. 한때 마루 한가운데에서 하얀 도복을 입고 물구나무를 선 모습이 인터넷에 공개돼 화제가 되기도 했다. 1952년 출생인 근혜는 올해로 60세이다. 60대지만 그에게서는 젊음과 열정이 넘쳐난다. 그만큼 건강관리를 잘하고 있다는 얘기가 된다.

다양한 재능을 가진 팔방미인이 되라

젊은 시절, 야인생활을 할 때에는 자수도 배웠다. 무엇이든지 배우려고 무던히도 애를 썼다. 자택에는 육영수 여사가 수놓은 자수와 박근혜 자신이 만든 십자수 작품들이 여기저기에 걸려 있다. 피아노뿐 아니라 기타도 웬만큼 연주한다. 손님이 자택을 방문할 때에는 기타 실력을 뽐내며 연주를 들려주기도 한다. 그는 시간을 허투루 낭비하지 않고, 젊은 시절부터 참으로 많은 것을 배우고 터득했다. 박근혜가 오늘날 다방면에 걸쳐 재주와 능력을 발휘하고 있는 것은 이 같은 자기 계발의 노력이 쌓이고 쌓인 결과이다.

시간을 잘 관리하지 못하는 사람은 인생도 제대로 관리할 수 없는 법이다. 시간을 잘 관리하는 자는 앞서 나가지만, 시간에 끌려 사는 자는 퇴보하게 마련이다.

미국 건국의 아버지인 벤저민 프랭클린도 이렇게 얘기하지 않았는가.

"그대는 인생을 사랑하십니까? 그렇다면 시간을 낭비하지 마세요. 시간은 인생을 구성하는 재료이니까요. 똑같이 출발했는데, 세월이 지난 뒤에 되돌아보면 어떤 사람은 성공하고, 어떤 사람은 낙오자가 되어 있습니다. 이 두 사람의 거리는 좀처럼 접근할 수 없는 것이 되어 버립니다. 이것은 하루하루 주어진 시간을 잘 이용했느냐, 이용하지 않고 허송세월을 보냈느냐에 달려 있는 것입니다."

프랭클린의 가르침은 박근혜의 생활태도와 맥을 같이한다.

모든 사람은 시간 앞에 평등하다. 1시간은 3,600초, 하루는 8만 6,400초, 1년이면 3,153만 6,000초, 인간의 일생을 70세로 잡으면 22억 752만 초가 모든 사람들에게 똑같이 주어져 있다. 활시위를 떠난 화살이 돌아오지 않듯이 시간은 한번 흘러가면 영원히 다시 우리를 찾아오지 않는다. 그렇기 때문에 한정된 시간을 어떻게 관리하고 사용하는가에 따라 인생은 달라진다.

2006년 세계적인 석학이자 미래학자인 앨빈 토플러가 한국을 방문했을 때 만나기를 희망하며 면담을 요청한 인물이 바로 박근혜이다. 토플러 박사가 먼저 만남을 요청해 화제가 되기도 했다. 근혜는 "소중한 고견을 들을 기회가 돼서 기쁘다"며 흔쾌히 응했다.

이날 두 사람의 대화에서는 교육, 북한문제, 정부조직 등을 둘러싸고 흥미진진한 내용이 이어졌다. 근혜는 시의적절한 날카로운 질문을 던졌고, 토플러 박사는 세계적인 석학답게 다양한 아이디어와 해결책을 제시했다. 불꽃 튀는 대담이었다. 당초 1시간으로 예정된 대담시간은 2시간을 훌쩍 넘어서고 있었다. 근혜는 토플러 박사와 작별인사를 하면서 "오늘 대화를 통해 제가 한 단계 업그레이드된 것 같습니다"라며 좋은 공부를 했다는 말을 건넸다.

젊은 시절 성현들의 글과 책을 통해 배움을 얻었던 박근혜는 오늘날 세계적인 석학이나 교수들과 대화를 나누면서 지식을 얻고 있다. 그에게는 삶을 살아가는 모든 과정이 배움의 여정인 것이다.

근혜는 그의 저서 『결국 한 줌, 결국 한 점』에서 시간에 대해 이렇게 적고 있다.

"순리대로 나타나는 사계절에 자연이 순응하듯 순리대로 펼쳐지는 생의 여정에 순응하며 산다. 오늘 하루, 아니 바로 이 순간은 더없이 소중한 것. 해 뜨면 먹이 찾아 나르고 집 짓고 새끼 키우며, 해 지면 또 보금자리에 드는 저 무심한 새처럼 오늘을 맞이하고 오늘을 보낸다. 하루하루 다가오는 일들. 순간순간 해나가는 일들. 그 안에 생의 의미와 즐거움이 있고 정성을 다할 가치가 있다. 다른 어디에서 이 모든 것을 찾을 것인가."

순간순간을 중요시하고, 공부와 자기 계발에 집착하는 박근혜의 이 같은 성공원칙은 유대인들의 생활태도와 비슷하다. 유대인은 현명한 사람과 어리석은 사람을 구분할 때 많이 배웠느냐, 못 배웠느냐를 기준으로 하지 않는다. 현명한 사람과 어리석은 사람의 차이는 지금 무언가를 배우고 있는가, 그렇지 않은가로 결정한다. 대학을 졸업했다고 해서 배움을 중단하는 것이 아니라 사회생활, 직장생활을 하면서 배움의 끈을 놓지 않고 자기 자신을 계발하는 사람이 결국은 승리하게 되어 있다. 학창시절에 두각을 나타낸 사람이 사회에서는 평가를 받지 못하는 것은 배움을 중단했기 때문이다. 반대로 학창시절에는 별다른 주목을 받지 못했지만 사회생활을 하면서 빛을 발하는 사람은 꾸준히 공부를 하고 자기 자신을 계발했기 때문이다. 배움을 게을리하거나 중단하는 것은 스스로 성공을 포기하는 것과 마찬가지다.

성공을 결정짓는 많은 가치와 원칙 중에서 가장 중요한 것은 '항상 배우는 것' 이 아닐까. 자신의 처지가 좋아졌다고 해서 배움을 게을리해서도 안 되며, 자신의 처지가 어렵다고 해서 배움을 포기해서도 안 된다. 박근혜처럼, 유대인처럼 항상 배워야 현명한 사람이 될 수 있는 법이다.

6. 롤모델을 정하라

정치인은 인기에 영합하려는 경향이 있다. 하지만 대처는 인기에 영합하지 않고 나라를 위해 자기를 희생하면서 소신대로 행동했다. 내가 대처를 존경하는 것은 이 때문이다.

대처 영국 수상을 롤모델로 삼다

망망대해를 항해하는 배가 목적지를 정해 놓고 돛을 올리듯 우리에게도 스승(멘토)이나 롤모델(역할모델)이 있어야 표류하거나 좌초하지 않는다.

롤모델은 내가 본받고 싶은 사람, 또는 스승으로 삼아 본받아야 할 사람을 뜻한다. 롤모델은 삶을 살아가는데 자극제가 되기도 하고, 실패와 좌절에 빠져있을 때는 새로운 에너지를 불어 넣어 주기도 한다. 롤모델이 있는 삶과 없는 삶 사이에는 큰 차이가 있을 수밖에 없다.

박근혜는 마거릿 대처(1925년~현재) 영국 수상과 엘리자베스 1세(1533~1603년) 영국 여왕을 롤모델로 삼고 있다. 근혜는 특히 마거릿 대처와 닮은 점이 꽤 많은데, 그는 공개적으로 마거릿 대처와 같은 정치인이 되고 싶다는 포부를 밝히기도 했다.

근혜는 대처에 대해 이렇게 말했다.

"정치인은 인기에 영합하려는 경향이 있다. 하지만 대처는 인기에 영합하지 않고 나라를 위해 자기를 희생하면서 소신대로 행동했다. 내가 대처를 존경하는 것은 이 때문이다."

대처는 1925년 출생으로 올해 86세이다. 근혜는 1952년 출생으로 올해 60세이다.

대처는 화학을 전공했고, 근혜는 전자공학을 공부했다. 둘 다 당시 시대상황으로서는 드물게 여성으로서 문과보다는 이과를 선택했다. 대처는 보수당, 근혜는 한나라당에 입당했는데 모두 보수성향이 강한 정당을 선택했다. 대처는 34세 때 보수당 소속으로 하원의원이 되었고, 근혜는 45세 때 한나라당에 입당했다. 대처는 50세 때 보수당의 당수로 선출됐고, 박근혜는 52세 때 한나라당의 대표가 됐다. 둘 다 50대 초반에 제1야당의 당수가 된 공통점이 있다. 대처는 영국의 수상을 지냈으며, 근혜는 대통령이 되기 위해 선거에 나선 경험이 있고 지금도 그 목표를 위해 뛰고 있다. 대처와 근혜는 정치 성향뿐만 아니라 원칙과 소신, 도덕, 그리고 약속을 중시하는 생활신조도 무척 닮았다.

그럼 박근혜가 역할모델로 삼고 있는 마거릿 대처는 어떠한 성장과정을 거쳤고, 어떤 성공원칙을 가지고 있는지 살펴보도록 하자.

마거릿 대처는 1925년 10월 13일 영국의 중산층 가정에서 태어났다. 박근혜가 1952년 출생이니까 27살 차이가 난다. 아버지 알프레드 로버츠와 어머니 베아트리스 사이에서 둘째 딸로 태어났다. 시집을 가기 전까지 마거릿 대처의 이름은 마거릿 로버츠였다. 마거릿이 태어나 어린 시절을 보냈던 곳은 영국 중부지방의 랭커셔주에 위치한 '그랜덤'이다. 그랜덤은 목가적인 분위기가 물씬 풍기는 한적한 촌락이었다.

아버지는 작은 식료품 가게를 운영했고, 마거릿은 마을 여기저기를 돌아다니며 야채와 식료품을 배달했다. 학교공부와 식료품 배달일을 같이 하면서 마거릿은 노동의 땀방울이 얼마나 고귀한 것인지 깨달을 수 있었다. 마거릿 가족들은 감리교 교회에 다녔는데 아버지는 기회가 있을 때마다 마거릿에게 이 같이 말했다.

"검소하게 생활하고, 뜨거운 열정으로 삶을 개척하고, 항상 노력해야 한다. 이것이 하나님이 우리를 세상에 보낸 이유이다."

마거릿이 훗날 보수당의 당수로서, 영국의 수상으로서 보여주는 원칙과 소신, 용기, 집념, 정직, 근면 등과 같은 덕목은 아버지를 통해 배운 것이었다. 박근혜에게 어머니가 롤모델이었다면 마거릿에게는 아버지가 바로 그와 같은 존재였던 것이다.

정규교육을 제대로 받지 못했던 아버지는 하루 일과가 끝나면 마거릿을 데리고 도서관에 가서 책을 한 아름씩 가지고 와서 같이 읽었다. 마거릿은 부모님과 같이 책을 읽었다. 책을 풍족하게 살 수 있을 만큼 경제적으로 부유하지는 않았지만 항상 도서관에서 책을 빌려 가까이하는 습관이 있었다. 아버지와 마거릿은 역사책을 즐겨 읽었는데 다 읽고 나면 같이 대화를 하고 토론도 했다. 마거릿이 훗날 정치가로서 국민들을 논리적으로 설득하고 이끌 수 있었던 어린 시절부터 책을 읽고 토론하는 습관을 몸에 익혔기 때문이었다. 박근혜도 마거릿처럼 어린 시절 역사책을 즐겨 읽었다.

마거릿이 10대를 보냈던 1930년대는 독일의 나치즘과 파시즘이 맹위를 떨치고 있었다. 정권을 잡은 독일의 히틀러는 친위군대를 앞세워 자유와 인격 말살, 집단생활 강요, 유태인 학살, 인접 국가 침략 등의 만행을 저질렀다.

마거릿이 어른이 되었을 때 민주주의 가치를 중시하는 보수당에 가입한 것은 이 같은 어린 시절의 기억 때문이었다. 이는 마치 박근혜가 정계에 입문할 당시 보수성향이 강했던 한나라당을 선택한 것과 매우 흡사하다.

마거릿 아버지의 식료품 가게는 번창했다. 남들보다 일찍 가게 문을 열었고 항상 손님들에게 친절했기 때문에 손님들이 몰려들었다. 땀 흘리면 재물도 따라온다고 하지 않던가. 아버지는 마거릿이 다니는 학교의 이사가 되었고, 시의회 의원이 되었고, 나중에는 그랜덤 지역의 시장이 되었다. 출발은 초라했지만 열정적으로 삶을 개척한 결과는 창대했다.

아버지는 마을에 유명한 정치가나 연설가가 찾아오면 아무리 바쁜 일이 있더라도 꼭 마거릿을 데리고 참석했다. 정치가 무엇인지에 대해 가르쳐 주었던 것이다.

마거릿은 10살 때 아버지와 함께 선거인 명단을 작성하거나 플랜카드를 붙이는 등 선거운동을 했다. 또 아버지가 시의회 의원과 시장에 출마하는 과정을 지켜보면서 아버지를 위해 지원연설을 하고 선거운동도 했다. 어린 시절 자연스럽게 정치와 가까워질 수 있었던 것이다. 박근혜가 아버지 박정희 대통령을 통해 간접적으로 정치에 대해 알게 되었던 것처럼 마거릿도 아버지를 통해 정치를 배워나갔던 것이다.

여학교 시절 마거릿은 '바른생활 소녀' 였다. 맹목적으로 친구들을 따라하기보다는 자신의 원칙과 소신대로 일을 처리했고, 한번 시작한 일은 끝까지 해냈다. 파티보다는 책을 좋아했고, 음주가무보다는 토론과 대화를 즐겼다. 마거릿의 가방은 교과서와 노트, 참고서, 즐겨 읽는 책 등으로 가득 차서 가방지퍼도 잘 잠기지 않을 정도였다. 학교 공부뿐만 아니라 합창대회에도 참여하고, 여자 하키팀 선수로도 활약하고, 시낭송 대회에도 나가는 등 다방면에 걸쳐 골고루 자신을 계발했다.

시낭송 대회에서 우승을 차지했을 때 마거릿은 이렇게 말했다.

"저는 운이 좋았던 것이 아니에요. 당연히 받을 자격이 있어서 받았어요."

마거릿은 항상 자신감에 차 있었는데, 그만큼 최선을 다했다고 생각했기 때문이다.

고등학교 졸업을 앞두고 마거릿은 영국의 명문대학인 옥스퍼드 대학교에 진학하기로 결심했다. 열심히 공부했고, 자기 계발에 게을리하지 않았던 것만큼 자신이 있었다. 하지만 자격요건이 되지 않았다. 옥스퍼드 대학교에 입학하기 위해서는 라틴어 시험을 필수적으로 봐야 했는데 마거릿은 라틴어를 공부한 적이 없었던 것이다. 마거릿은 이를 악물고 남은 기간 동안 라틴어 공부를 했다. 남들은 4년 동안에 배워야 했던 과정을 1년 만에 모두 끝냈다. 학교 선생님들은 마거릿의 열정과 고집에 혀를 내둘렀다. 결국 마거릿은 옥스퍼드 대학교 화학과에 입학하게 된다.

마거릿의 리더십 기질은 대학교에서 빛을 발한다. 마거릿은 옥스퍼드

대학교의 보수협회(OUCA)에 가입해 탁월한 업무수행과 조직을 이끄는 능력을 인정받아 서기와 회계담당자를 거쳐 회장으로 선출된다. 그녀는 대학생활을 하면서 정치가로서의 꿈을 점점 키워가고 있었던 것이다.

대학교 친구들은 대부분 가정이 유복했다. 아버지가 정치인이거나 기업의 최고경영자(CEO)이거나 정부 관료의 자제들이 많았다. 반면 마거릿은 고향집에서 보내주는 돈을 학비로 내기도 빠듯했다. 그래서 식당에서 아르바이트를 하거나 과외공부를 하면서 생활비를 벌어야 했다. 어떻게 해서든 부모님께 더 이상 손을 빌리려고 하지 않았다. 홀로서기를 해야 한다고 마음먹었다.

아버지는 마거릿이 봉급이 많은 대학교수가 되기를 바랐지만 마거릿의 관심은 온통 정치에 있었다. 마거릿의 확고한 의지를 확인한 아버지도 마거릿의 뜻을 꺾지 않고 옆에서 응원해 주었다. 딸이 교수나 연구원이 되기를 바랐던 육영수 여사가 전자공학도가 되고자 했던 근혜를 이해해 주었던 것처럼.

'철의 여인'으로 불리는 이유

마거릿은 선거유세 활동을 하고 있던 1952년, 27세에 선거 유세장에서 데니스 대처를 만난다. 그리고 결혼식을 올린다. 이름도 마거릿 로버츠에서 마거릿 대처로 바뀌게 된다. 남편 데니스는 도료화학 회사의 임원으로 일하고 있었기 때문에 이들 부부는 중산층 생활을 할 수 있었다.

마거릿 대처는 유능한 정치인이 되기 위해서는 법과 법률을 알아야 된다고 생각하고 곧바로 변호사 시험공부를 시작했다. 결혼한 지 1년 뒤인 1953년에는 쌍둥이를 출산해 아내로서, 어머니로서 바쁜 가정생활을 했지만 시간이 날 때마다 변호사 공부를 했다. 꿈과 목표를 달성하기 위해 주경야독(晝耕夜讀) 생활을 계속 이어나갔다. 그리고 1954년 29세의 나이에 변호사 시험에 합격하게 된다.

마거릿 대처는 결혼생활 2년 동안 별다른 정치활동을 하지 않았지만 변호사 시험에 합격한 것을 계기로 다시 정치가로서의 꿈을 다져나간다. 보수당과 긴밀하게 연락을 유지하고, 선거지원 연설요청이 오면 수고를 아끼지 않고 도와주었다. 마거릿은 1959년 34세에 런던의 핀츨리 선거구에서 보수당 후보로 출마를 하게 된다. 투표결과 마거릿은 53.2%의 득표율을 기록해 노동당과 자유당 후보를 누르고 오랫동안 꿈꿔왔던 국회의원이 되었다. 대학시절부터 간직했던 꿈이 이루어진 것이다.

대처는 선배나 동료 국회의원들이 여유를 부릴 때 국민들을 만나 그들의 고충과 고민을 들었고, 정치가로서 더욱 열정적으로 일했다. 대처가 하원(국회)에서 하는 연설은 논리적이었고 설득력이 있었다. 준비한 원고를 단순히 읽는 것이 아니라 사전에 철저하게 준비하고 공부해서 원고 없이도 감탄을 자아낼 정도로 명연설을 했다.

타고난 부지런함과 성실성을 인정받아 마거릿은 정부에서 주요 요직을 두루 거치게 된다. 주택공사장관, 재무장관, 연료전력장관, 교육장관, 교통장관 등을 역임하며 국정운영에 대한 풍부한 경험을 쌓아나간다. 당연히 보수당 내부에서 마거릿의 입지는 더욱 굳건해졌다. 여성이라는 한계를 극복하고 실력과 능력으로 승부하는 대처에게 보수당 당원들도 칭찬과 박수를 보내고, 존경하는 마음을 가지게 되었다.

그리고 1975년, 마거릿이 50세가 되었을 때 보수당의 당수가 된다. 식료품 가게의 딸이 오직 실력과 열정으로 보수당을 이끄는 1인자가 된 것이다. 대처가 보수당 당수가 된 데에는 '스스로 믿는 바대로 결정을 내리고, 다른 사람들을 설득시켜라'라는 아버지의 말씀이 크게 작용했다.

대처는 자신에게 찾아온 기회를 놓치지도 않았고, 두려워하지도 않았다. 도전의 결과는 달콤했다. 영국에서 여성 당수가 탄생한 것은 당시 역사적인 사건이었다. 박근혜가 정치에 입문해 한국 정치에서는 드물게 여성 당대표가 된 것과 매우 흡사하다. 박근혜가 정치를 시작하면서 대처를 롤모델로 삼은 것은 정치성향과 생각이 비슷하기도 하지만, 정치인으로서의 인생역정과 과정도 매우 닮았기 때문이다.

1945년 제2차 세계대전 종결 이후 1970년대 초반까지 25년간 공산주의와 민주주의 진영은 어느 체제가 우월한가를 놓고 대립과 반목, 갈등을 되풀이해왔다. 공산주의의 선봉장은 소련과 중국이었고, 민주주의의 대표주자는 미국과 영국이었다. 하지만 대처가 보수당의 당수가 된 1975년부터 공산주의와 민주주의는 점점 화해와 협력의 시대로 접어들고 있었다. 사람들은 이를 '긴장완화'를 의미하는 '데탕트' 시대라고 불렀다.

하지만 대처는 공산주의의 본질을 파악하고 긴장의 고삐를 늦추지 않고, 소련이 실제로는 변화하지 않는다고 강력하게 비난하고 비판했다. 자신의 원칙과 소신대로 연설하고 행동했던 것이다. 사람들은 이처럼 굳건한 원칙대로 행동하는 대처를 가리켜 '철(鐵)의 여인'이라고 불렀다. 박근혜가 원칙과 소신대로 일을 처리한다고 해서 사람들이 '얼음 공주'

라고 불렀던 것과 비슷하다.

대처는 새로운 또 하나의 목표를 세웠다. 보수당의 당수에서 한발 더 나아가 영국의 수상이 되는 목표를 세우고 다양한 정책을 만들어 나갔다. 세금을 줄이고, 노동조합의 불법적인 파업에 강력하게 맞서고, 터무니없는 복지혜택을 줄이는 것이 주요 내용이었다. 대처는 국민들에게 이렇게 말했다.

"1페니의 돈도 하늘에서 그냥 떨어지지 않습니다. 스스로 벌지 않으면 얻을 수 없습니다."

인생은 자신이 개척해 나가야 한다는 메시지였다.

드디어 1979년 5월 3일 영국 수상 자리를 놓고 투표가 실시됐고 대처는 노동당과 자유당 후보를 물리치고 영국의 새로운 수상이 되었다. 한국과 비교하면 대통령이 된 것이다. 한국의 정치시스템은 대통령제이고, 영국은 내각책임제이기 때문에 영국의 수상은 한국의 대통령에 해당된다. 영국에는 여왕이 있지만 여왕은 상징적인 존재에 불과하며 실질적인 국정운영은 수상이 담당한다. 열정과 노력과 땀방울로 여성이라는 한계를 극복하고 영국의 최고 권력자가 되는 순간이었다. 당시 대처의 나이는 54세였다. 박근혜가 한나라당 대통령 후보 경선에 출마했을 때가 55세였다. 대처와 박근혜는 50대 중반의 나이에 한 국가의 최고 권력자가 되기 위해 승부수를 던졌던 것이다.

대처는 버킹엄 궁전을 방문해 엘리자베스 여왕으로부터 수상 임명장을 받았다. 그리고 정치의 중심지인 다우닝가 10번지로 돌아와 국민들에게 이렇게 외쳤다.

“불화가 있는 곳에 조화를 주시고, 거짓이 있는 곳에 진실을 베푸시고, 의혹이 있는 곳에 신념을 주시고, 절망이 있는 곳에 희망을 주옵소서.”

대처는 국민들에게 화합과 신념, 희망의 메시지를 전달했다.

대처가 지도자로서 보여준 리더십은 포클랜드 전쟁에서 확연히 나타났다. 1982년 4월 포클랜드 전쟁이 터졌다. 남대서양에 위치한 포클랜드 제도(諸島)는 아르헨티나 해상에서 500km 떨어진 곳에 있는 섬들이었다. 원래 무인도였는데 스페인이 남아메리카를 정복하면서 스페인 영토로 간주되었다. 1816년 스페인으로부터 아르헨티나가 독립하자 아르헨티나는 포클랜드 영유권을 주장하며 이주민을 보냈다. 이후 영국은 함대를 이 지역에 파견해 아르헨티나 이주민들을 몰아내고 포클랜드를 자신들의 영토로 삼았다. 그로부터 150년간 포클랜드 제도를 둘러싸고 영국과 아르헨티나의 갈등과 반목은 계속되었다. 결국 아르헨티나는 1982년 3월 포클랜드를 공격하게 된 것이었다. 대처는 중대한 결정을 해야 했다. 아르헨티나와 전쟁을 하느냐, 아니면 아르헨티나의 영유권을 인정하느냐 중대한 갈림길이었다.

대처는 장관들을 소집해 국무회의를 열고 이렇게 말했다.

“우리는 싸울 수밖에 없습니다. 우리는 패배의 가능성에 대해서는 관심이 없습니다. 그런 것은 존재하지 않습니다.”

그녀의 태도는 단호했고 목소리에는 힘이 있었다. 주사위는 던져졌다. 세계의 이목이 집중되는 가운데 영국은 함대를 포클랜드에 파견해 아르헨티나 수비대를 공격했다. 치열한 공방전 끝에 승리는 영국에게 돌아갔다. 국민들은 냉정하게 사태를 파악하고 치밀하게 전쟁준비를 한 대처를 보고 과연 '철의 여인' 이라고 환호했다. 하지만 전쟁에 이긴 영국도 전사자가 250명이나 되었다. 대처는 나라와 국민을 위해 생명을 바친 250명의 병사들 가족에게 일일이 편지를 썼다. 대처의 편지를 받은 군인들의 부모와 형제, 동생들은 편지를 읽으면서 눈물을 흘렸다. 대처는 감동의 리더십을 보여주었던 것이다.

대외적으로 포클랜드 전쟁을 승리로 이끈 대처는 국내적으로는 강력한 노동조합과 한판 승부를 벌이게 된다. 노동조합의 본산지는 석탄노조였다. 대처는 방만한 경영으로 적자가 지속되고 있는 탄광들을 폐쇄시켰고, 노동자를 감원했다. 이에 반발해 석탄노조는 1년 동안 파업을 강행했다. 한 치의 양보도 없는 싸움이었다. 부실은 과감하게 없애야 한다는 것이 대처의 생각이었기 때문에 노동조합의 반발에도 대처는 조금도 흔들림이 없었다. 결국 1년 동안의 대립 끝에 탄광 노동조합 조합원들은 직장에 복귀하기로 결정했다. 대처의 끈기와 집념, 그리고 고집이 만들어낸 승리였다. 이후 영국은 경제성장의 발목을 잡았던 불법파업 건수가 급격히 감소하면서 사업하기 좋은 나라로 변화해 나갔다.

또한 대처는 국가가 운영하는 국영기업을 민간에 매각하는 방식으로 경쟁력을 높여나갔다. 국영기업의 민영화에 나선 것이다. 국영기업은 경영을 잘못해서 대규모 적자가 나더라도 정부가 이를 보호해 주었기 때문에 변화와 혁신을 거부하고 현실에 안주했다. 매년 적자규모는 늘어만 갔고 이를 충당하기 위해 정부는 국민의 세금을 써야 했다. 대처는 국영기업도 경쟁력을 높이기 위해서는 민영화를 해야 된다고 판단하고 과감하게 구조조정에 나섰다. '어려울 때는 정부에 호소하면 된다' 는 잘못된 사고방식에 빠져 있었던 국영기업들의 행태를 완전히 바꾸어 버린 것이다.

대처와 박근혜의 공통점

대처가 영국 수상이 된 1979년 당시 영란은행, BBC방송 등을 포함해 국영기업이거나 정부가 주식지분을 가지고 있는 공공기업체가 80여 개에 달했다. 국영기업들의 국내총생산(GDP)은 영국 전체 국내총생산(GDP)의 10%를 차지할 정도였다. 영국 경제의 10%를 국영기업들이 차지했던 것이다. 국가 경제의 뿌리가 되는 수송, 에너지, 통신, 철강, 조선, 전력 산업이 대부분 국영기업이었다.

국영기업들의 경쟁력이 떨어진다는 것은 다시 말해 영국 경제의 경쟁력이 후퇴한다는 얘기가 된다. 대처는 날로 떨어지는 영국 경제의 경쟁력을 회복하기 위해 주위의 반대를 무릅쓰고 강력하게 국영기업을 민영화해 나갔다. 결과는 대성공이었다. 영국 국민들은 프랑스, 독일 등 다른 유럽국가에 비해 경쟁력이 떨어지고 있었던 영국 경제를 과감하게 수술한 대처에게 찬사를 쏟아냈다. 고집과 끈기가 없었다면 불가능한 일이었다.

이와 함께 대처는 정부의 재정지출을 줄여 정부재정을 튼튼하게 했다. 재정은 국민들에게서 거두어들이는 세금인데 불필요한 사업에 마구 돈을 쓰다 보면 정부재정이 적자가 나게 된다. 국민들에게 거두어들이는 세금보다 더 많은 돈을 사용하면 국가가 빚을 지게 된다. 대처는 이 같은 관행에 쐐기를 박은 것이다.

또 국민들에게서 거두어들이는 소득세를 줄이거나 감면했다. 대처가 속한 보수당과 라이벌관계에 있었던 노동당은 부자들을 겨냥해 소득세를 높게 책정했다. 세금이 높으면 국민들은 열심히 일하면 일할수록 세금도 많이 내야 하는 문제점이 있었다. 대처는 세금이 높으면 국민들이 일할 의욕을 잃게 된다고 판단해 소득세를 이전보다 크게 낮추었다. 박근혜가 기회 있을 때마다 세금을 줄여 국민들의 일할 의욕을 높여야 한다고 주장하는 것도 대처의 정책과 비슷하다.

대처는 '영국병(病)'을 치료해 유니언잭(영국의 국기)을 다시 재건시킨 인물로 평가받고 있다. 영국병은 국가 재정을 방만하게 지출하고, 국영기업 부실을 키우고, 세금을 많이 거두어들이고, 불법파업이 횡행하면서 영국 경제가 벼랑 끝으로 떨어졌던 현상을 가리키는 말이다. 세상 사람들은 대처의 이 같은 원칙과 소신, 고집, 그리고 열정으로 영국이 다시 경쟁력을 회복하게 된 것을 가리켜 '대처 혁명'이라고까지 표현한다. 영국은 물론 국제 사회에서 대처 수상의 파워와 위력을 알 수 있는 대목이다.

대처는 1979년 수상이 된 이후 11년 동안 국가와 영국 국민을 위해 헌신하다 1990년 정치에서 사실상 은퇴하게 된다. 그는 '대처리즘' '대처혁명' 등과 같은 상징적인 용어들을 만들어내고 자리에서 물러났으며, 후임 수상 자리는 보수당의 후배 정치인 존 메이저에게 넘겨준다.

대처는 자신의 원칙과 소신에 따라 인생을 살았고, 열정적으로 정치 생활을 한 인물이다. 대처는 이렇게 말했다.

"따돌림을 받을까 두려워서 집단의 의견을 맹목적으로 따라가서는 안 된다. 할 일은 반드시 스스로 결정해야 한다."

원칙과 소신을 중시하는 박근혜의 생각과 매우 닮았다. 그럼 박근혜와 대처에게서 발견할 수 있는 공통된 성공원칙은 무엇일까?

첫째, 여성의 능력을 옥죄는 유리천장을 깨트려라.

둘째, 원칙과 소신을 생명처럼 소중히 지켜라.

셋째, 큰 꿈과 목표를 세우고 실행플랜을 마련하라.

넷째, 평생 동안 독하게 공부하고 자신을 계발하라.

많은 공통점이 있겠지만 짧게 요약하면 네 가지로 정리할 수 있다.

누구나 성공을 꿈꾼다. 하지만 꿈만 꾸어서는 절대 성공을 쟁취할 수 없다. 성공을 거머쥐기 위해서는 치밀한 계획이 있어야 하고, 자신만의 원칙이 있어야 하고, 반드시 실천해야 한다. 박근혜는 이 같은 성공비결을 갖추고 있는 사람이다.

성공을 꿈꾸는 여러분은 어떠한 롤모델을 가지고 있는가. 어떠한 인물의 가르침을 실천하려고 하는가. 여러분의 롤모델 리스트에 박근혜를 포함시키길 바란다. 그리고 '근혜처럼' 열정적이고 치열하게 살라고 권하고 싶다.

4장

부드러운
'핑크 리더십'을
배워라

1. 나를 버리면 사람들은 감동한다

피아노이건 바이올린이건 모든 악기는 마음에 기쁨과 감동을 주는 아름다운 소리를 낼 수 있다. 단, 이것은 그 악기를 연주하는 사람이 많은 노력과 연습을 통해 한음 한음을 제대로 잘 낼 때의 일이다. 하나라도 잘못 짚으면 귀에 아주 거슬리는 소리가 난다. 그것은 피아노의 문제가 아니라 치는 사람의 마음의 문제이다.

낮은 사람들에게 고개를 숙여라

세상살이는 참으로 팍팍하다. 남을 이겨야 내가 생존할 수 있고, 남을 앞질러야 인정받는 세상이 되었다. '경쟁' 이라는 단어를 빼고는 현대사회를 설명할 수 없다. 다른 사람의 사정은 봐주지 않고 냉정하게 몰아치는 것이 강력한 리더십으로 인정받기도 하고, 직장에서 직원을 가차 없이 해고하는 최고경영자(CEO)가 유능한 경영자로 인정받기도 한다.

하지만 박근혜는 부드러운 리더십, 배려하는 리더십, 다른 사람들의 입장에서 생각하는 역지사지(易地思之)의 리더십, 결국 남들에게 '감동'을 주는 리더십으로 사람들을 친구로 만들고 우군으로 만든다.

남을 감동시키기 위해서는 자기 자신을 낮추어야 하고, 남을 배려해야 한다. 다른 사람들 위에서 지배하고 군림하려고 하는 사람에게서는 감동의 미학을 발견할 수 없다. 박근혜에게는 믿고 따르는 국회의원과 한나라당 당원들이 참 많다. 애써 인위적으로 조직을 만들거나 계파를 만들려고 하지 않아도 자연스럽게 사람들이 박근혜 주변으로 모인다. 시장에서 좌판을 깔고 장사를 하는 아저씨와 아주머니들도 다른 국회의원에게서는 느끼지 못하는 친근감을 박근혜에게서는 느낀다. 왜 그럴까. 박근혜는 사람들에게 감동을 주는 기술과 노하우가 있기 때문이다. 아름다운 꽃에서는 달콤한 향기가 나는 것처럼 박근혜에게서는 남을 감동시키는 힘이 뿜어져 나온다.

박근혜가 보여주는 감동의 리더십을 잘 살펴보면 몇 가지 원칙을 발견할 수 있다. 가장 큰 원칙은 철저하게 자신을 낮추는 것이다. 자신보다 신분이나 지위가 높은 사람에게 자신을 낮추는 것이 아니라 사회의 약자들에게 고개를 숙여야 한다는 것이다. 보통 강자에게는 한없이 약해지면서도, 약자 앞에서는 강해지려고 하는 경향이 있다. 이는 전형적인 '동물세계의 생존법칙'이다. 박근혜는 우리들에게 이 같은 동물세계의 생존법칙을 깨고 나와 사람들에게 아름다운 감동을 주어야 한다고 강조한다.

2005년 1월의 일이다. 박근혜는 탄광생활을 하는 광부들의 작업환경과 건강상태를 조사하기 위해 강원도 도계에 있는 탄광촌을 방문했다. 지하 탄광에서 석탄을 캐내는 광부들은 진폐증이라는 병에 걸릴 위험이 높았다. 진폐증은 폐에 먼지와 석탄가루가 쌓여 생기는 병으로 호흡 곤란을 일으키고 합병증도 생길 수 있는 무서운 질병이다. 박근혜는 광부들의 열악한 근무환경과 건강상태를 체크하기 위해 탄광촌 방문에 나섰던 것이다.

하지만 광부들은 '여자는 들어갈 수 없습니다' 라는 답변을 보냈다. 옛날부터 탄광에는 여자가 들어가서는 안 된다는 금기(禁忌)가 있었다. 또 위험한 탄광에 여자가 들어가서 사고라도 당한다면 큰일이었다. 칠흑같이 어두운 탄광 안에서는 작은 잘못이나 실수가 큰 사고로 이어질 수 있었던 것이다.

박근혜는 광부들의 마음 씀씀이가 고마웠다. 하지만 탄광촌의 실태를 면밀하게 조사해서 광부들의 건강상태를 확인하고 열악한 작업환경을 파악하는 것이 무엇보다 중요하다고 생각했다. 근혜는 수차례 광부들의 이해와 양해를 구하고 나서야 탄광 안으로 들어갈 수 있었다.

"제가 일러드린 안전사항을 꼭 지키세요."

"예, 잘 알겠습니다. 탄광 출입을 허락해 주셔서 고맙습니다."

작업복과 안전모, 장화, 장갑을 착용하고 근혜는 탄광 안으로 서서히 들어갔다.

광부들은 지하 3,300m에서 드릴과 삽을 들고 일하고 있었다. 100m를 달리는 것도 쉽지 않은 일인데, 100m의 30배 거리를 땅속으로 내려갔던 것이다. 돌을 깨고 땅을 파는 굉음이 진동했다. 얼굴은 금방 까맣게 되었고, 암흑 속의 고양이 눈처럼 광부들과 근혜의 눈빛만 반짝일 뿐이었다. 숨을 쉬는 것도 힘들었고, 어둠 속에서 다리를 움직이는 것조차 힘들었다. 광부들은 석탄을 깰 때 흩날리는 석탄가루를 들이마시는 위험을 감수하면서까지 부모님과 아내, 자녀들을 위해서 자신들을 희생하고 있었다.

박근혜는 지하 탄광 안에서 1시간 40분가량 광부들과 이야기를 나누면서 그들의 고충과 애환을 들었다.

"뭐 하러 이 깊은 곳까지 들어왔어요? 그냥 밖에서 광부들과 얘기하면 알 수 있을 텐데요."

"밖에서 보는 것과 직접 경험하고 체험하는 것은 많이 다르죠. 이렇게 들어오니까 좋네요. 진짜 사나이들하고 얘기도 나눌 수 있고요."

광부들은 한바탕 크게 웃었다. 광부들은 여성 국회의원이 방문한다는 통보를 받고서는 '대충 구경만 하고 그냥 가겠지' 라고 생각했었다. 이전에도 눈도장을 찍기 위해 형식적으로 방문하는 사람들이 많았다. 하지만 박근혜는 달랐다. 광부들이 탄광 속 출입을 허락하지 않아도 박근혜가 먼저 탄광 안으로 들어가겠다고 협조를 구했다.

스킨십을 활용하라

처음에는 근혜를 경계하고, 시큰둥한 표정을 지었던 광부들의 얼굴에 어느새 웃음이 가득했다. 그들은 박근혜의 말과 행동에서 '감동' 을 받았다. 말과 행동이 일치하고, 다른 사람들에게 먼저 고개를 숙이고 인사를 건네는 근혜에게서 작은 감동을 느꼈던 것이다. 사람들은 광부들을 '막장 인생' 을 사는 사람들이라 했지만, 근혜는 그들 앞에서 겸손하게 고개를 숙였다. 이것이 바로 박근혜가 보여주는 감동의 리더십이다.

박근혜는 1992년 2월 24일 일기장에서 이렇게 쓰고 있다.

"우리나라 명창 한 분의 인터뷰를 들었다. 창을 할 때 사람들이 한 구석에서 잡담하면서 잘 듣지 않으면 그들을 원망하거나 욕하지 않고 자신을 더 돌아본다고. 내가 더 기가 막히게 창을 잘해서 그들을 매혹할 수 있었다면 저리하지 않았을 것 아닌가. 아직도 내가 많이 부족한 탓이라고. 그래서 더 열심히 닦는다고."

이는 근혜가 자기 자신에게 하는 말이었다. 나를 알아주지 않는 사람을 탓하기보다는 자신의 능력 부족을 탓해야 한다는 가르침이었다. 근혜는 이러한 가르침을 행동으로 옮기고 있고, 사람들은 근혜의 이 같은 모습을 보고 감동을 받는다.

박근혜가 감동을 전하는 방법으로 자주 활용하는 것이 바로 '스킨십'이다. 나는 미국 뉴욕에서 3년 동안 생활하면서 스킨십의 힘이 얼마나 위대한 것인지 경험한 적이 있다. 당시 6살이었던 아들이 다니던 유치원에 종종 갔었는데 그곳은 한국 아이들은 물론 중국 아이들, 멕시코 아이들, 흑인 아이들, 백인 아이들 할 것 없이 마치 인종박물관을 보는 듯 했다. 다양한 국적의 아이들 중에서 지능발달에 장애가 있는 아이가 한 명 있었다. 다른 아이들에 비해 말하는 것도 어눌했고, 행동도 이상했다.

하지만 유치원 아이들은 장애아와 함께 어울리며 힘들어 하는 것이나 불편해 하는 것이 있으면 옆에서 도와주었다. 가슴으로 힘껏 껴안기도 하고, 그 아이의 손을 잡고 술래잡기를 하기도 하고, 헤어질 때는 손으로 얼굴을 만지기도 했다. 유치원 선생님이 그렇게 교육을 시키고 가르쳤던 것이다. 이를 통해 아이들은 약자를 배려하고 상대방을 이해하는 마음을 갖게 된다.

사회에서 소외된 사람들을 찾아가 현장의 목소리를 듣고 격려하는 것은 박근혜에게서 쉽게 찾아볼 수 있는 모습이다. 2006년 11월 박근혜가 전북 익산에 있는 한센병 환자들이 모여사는 '익산 농장'을 찾았다. 한센병은 '나병'이라고도 한다. 손가락이 갈퀴처럼 변하는가 하면 손가락과 발가락의 끝부분이 몸에서 떨어져나가기도 하는 무서운 질병이다. 사람들은 나병을 하늘이 내린 벌이라는 뜻에서 '천형(天刑)'이라고 불렀다. 박근혜를 보기 위해 한센병 환자 500여 명이 몰려들었다. 이곳은 근혜의 어머니인 육영수 여사가 40여 년 전에 세 차례나 방문한 곳이기도 했다.

"여러분을 뵈니까 어머니께서 여러분의 자립을 위해 전국 한센병 정착촌을 다니며 돼지와 가축을 나눠드리고 격려하시던 모습이 생생히 기억나는군요."

한센병 환자들은 마치 육영수 여사가 방문한 듯이 기뻐하며 눈물을 흘렸다.

그리고 근혜는 일일이 한센병 환자들과 악수를 했다.

80대로 보이는 연세가 지긋한 한센병 환자 할머니가 눈물을 흘리며 이렇게 말했다.

"육영수 여사도 이렇게 두 손을 꼬옥 잡아주셨는데, 그 따님이 또 잡아 주시니……."

할머니는 말을 잇지 못하고 손수건으로 눈물을 훔쳤다. 주위에 있던 다른 한센병 환자들도 눈물을 참지 못하고 울음을 터뜨렸다. 한센병 환자들은 물론 박근혜를 수행한 비서진들도 진한 감동을 느꼈다. 근혜는 그들의 아픔과 슬픔을 가슴으로 어루만졌던 것이다.

어머니가 보여준 감동을 배우다

사람들이 근혜에게서 무한 감동을 느끼는 것은 당연한 일이었다. 한 번의 포옹이 수천 마디의 말보다 더 많은 것을 말해주는 법이다. 나보다 가진 것이 적고, 사회에서 소외되고, 건강이 좋지 않고, 많이 배우지 못한 사람들을 진심으로 포옹하고 배려한다면 그들은 우리의 친구가 된다. 든든한 동무가 된다. 그들에게 감동의 향기가 전파되기 때문이다.

박근혜는 해외출장을 갈 일이 많다. 하버드대학교, 스탠포드대학교 등과 같이 해외 굴지의 대학교에서 강연을 할 때도 있고, 외국 대통령이나 총리를 만나 국제문제를 놓고 협상을 할 때도 있다. 근혜가 외국에 나갈 때 가장 먼저 하는 일은 예정된 스케줄대로 업무를 보는 것이 아니라 바로 한국교포들을 만나는 일이다. 한국교포들을 만나 대화를 나누고, 이국땅에 사는 그들의 외로운 생활이야기를 직접 들어주고, 슬픔을 달래준다. 교포들에게는 자신들의 이야기를 누군가가 들어준다는 자체가 큰 힘이 되는 일이다.

조국이 어려울 때 사탕수수를 경작하기 위해 하와이로 간 하와이 교포들, 집이 가난해 돈을 벌기 위해 독일에 온 광부와 간호사들, 일제 강점기 때 일본에서 막노동을 해야 했던 재일교포들, 그리고 조국을 떠나 중국으로 건너간 중국교포들. 근혜는 해외에 나갈 때마다 국가를 위해 자신들을 희생한 동포들을 가장 먼저 찾아 감사의 마음을 전한다. 그들의 아픔과 눈물이 있었기에 오늘날의 대한민국이 가능했다고 믿기 때문이다. 박근혜가 해외에서 교포들과 만나 만찬을 같이 하고, 대화를 나눌 때에는 눈물을 흘리는 교포들이 참 많은데 근혜의 이 같은 마음 씀씀이에 감동을 받기 때문이다.

　해외 교포를 방문하는 국회의원이나 정부 관료 중 박근혜만큼 뜨거운 환영을 받는 사람도 드물다. 근혜는 사람들을 형식적으로 만나지 않고 진심으로 다가서려 한다.

　"저 사람은 나의 말을 잘 들어주는구나."

　"저 사람은 입으로 말하는 것이 아니라 가슴으로 얘기하는구나."

　"저 사람은 먼 산을 보면서 악수하는 것이 아니라 나의 눈을 보는구나."

　"저 사람은 나보다 더 고개를 숙이고 허리를 굽히는구나."

　박근혜가 보여주는 감동의 리더십은 사실 어머니에게서 배운 것이었다. 사람들은 육영수 여사를 떠올릴 때 가장 먼저 '한국의 국모(國母)' 라는 이미지를 연상한다. 한 나라의 영부인이었지만 항상 소외된 사람과 불우한 이웃을 위해 자신을 희생하고 봉사했던 분이다. '역대 한국 최고의 영부인은 누구였는가?' 라는 설문조사에 국민들이 주저하지 않고 '육영수 여사' 라고 대답하는 것은 이 같은 이유에서다. '그 어머니에 그 딸'이라고 했던가. 박근혜는 어머니를 통해 감동의 리더십이 무엇이고, 그것이 얼마나 큰 힘을 가지고 있는 것인지 알게 되었다. 근혜는 어머니를 통해 세상을 살아가는 바른 지혜와 철학을 배웠던 것이다.

　근혜 가족이 청와대로 이사를 갈 때의 일이다. 함부로 물건을 버리는 일이 없었던 어머니는 가전제품은 물론 밥그릇, 숟가락, 신발 등 작은 것까지 챙기느라 정신이 없었다. 청와대에 들어가면 새것으로 다 장만할 법한데 어머니는 이전에 쓰던 것을 모두 챙겼다. 가족의 추억이 묻어있는 소중한 물건들이라고 생각했다.

　이삿짐 정리가 모두 끝난 뒤 어머니가 마지막으로 쌀독과 연탄광을 둘러보는 것이었다. 그리고는 쌀과 연탄을 배달시켜 쌀독을 채우고 연탄광에 연탄을 들여놓는 것이 아닌가.

　“여사님, 이사를 가는데 왜 쌀과 연탄을 배달시키셨습니까?”

　배달부가 몹시 의아하다는 듯이 물었다.

　“새로 이사 들어와 살 사람들을 위해서지요.”

　어머니가 미소를 지으며 말했다. 배달부는 지금까지 배달일을 하면서 이사를 가는 사람이 쌀이나 연탄을 배달시켜 놓는 경우를 보지 못했다. 있는 것, 없는 것 모두 챙겨서 이사를 가는 것이 일반적인데 육영수 여사는 이사 오는 사람들을 위해 쌀과 연탄을 남겨 놓았던 것이다. 이 같은 작은 배려가 생활 속에서 쌓이다 보면 주위 사람들은 감동을 받게 된다. 육영수 여사가 국민들로부터 사랑과 존경을 받을 수 있었던 것은 주위 사람들에게 감동을 주었기 때문이다. 그리고 어릴 때부터 이 같은 모습을 지켜본 근혜도 어머니처럼 남을 배려하고 감동을 주는 사람으로 성장하게 된 것이다.

2. 입으로는 친구를 잃고
귀로는 친구를 얻는다

사람들을 앞에서 이끄는 지도자나 리더는 말도 잘해야 하고 화술에도 능숙해야 하지만, 무엇보다 귀를 활짝 열고 다른 사람의 말을 잘 들어야 한다. 아랫사람들은 이 같은 사람들에게 형식적으로 복종하거나 순종할 뿐 진심으로 섬기지는 않는다. 지도자가 반드시 가져야 하는 '경청'의 마음가짐을 가지고 있지 않기 때문이다.

3. 2. 1 법칙

수컷 사자와 암컷 기린이 하객들의 축하를 받으며 결혼식을 올렸다. 신혼첫날밤 서로 약속했다. 앞으로 태어날 아이들에게 맛있는 먹을거리와 좋은 교육환경을 제공하자고 손가락을 걸며 다짐까지 했다. 사자는 아프리카 초원을 질주하면서 육식동물을 잡아 기린에게 매일 내놓았다. 기린은 높은 나뭇가지에 있는 싱싱한 나뭇잎을 한 입씩 따다가 사자에게 매일 제공했다.

기린은 선천적으로 고기를 먹지 못했지만 사자의 정성이 너무나 고마워 고기를 먹는 시늉을 했다. 사자도 기린이 애써 따온 나뭇잎을 먹는 흉내만 내고 기린이 보지 않는 사이에 쓰레기통에 버렸다. 사자와 기린은 행복한 가정생활을 꾸리기 위해 자신들이 할 수 있는 최선의 노력을 서로에게 기울였다고 생각했다.

하지만 시간이 지나면서 자신이 애써 장만한 음식을 상대방이 먹지 않는다는 것을 알게 되었다. 상대방이 자신의 노력과 호의(好意)를 인정하지 않는다는 오해를 하게 됐고 결국에는 헤어지기로 하고 이혼서류에 도장을 찍고 만다. "나는 최선을 다했지만 상대방이 이를 받아들이지 않았다"라고 변명을 하면서.

우리 주위에는 상대방의 입장에서 생각하지 않는 사람들이 많다. 또 자기 자신의 의견과 주장만 내세우면서 남의 말은 들으려고 하지 않는다. 수컷 사자와 암컷 기린은 상대방의 속마음을 이해하려고 노력하지 않았기 때문에 결국은 이혼이라는 파국을 맞이하고 말았다. 비록 상대방의 주장이 나의 생각과 다르다고 하더라도 이야기를 끝까지 경청하고 이해하려고 하는 마음을 가져야 한다. 사람들을 감동시키는 박근혜의 기술은 바로 '경청의 자세'에 있다.

박근혜는 말을 많이 하지 않는다. 결정적인 순간이나 원칙에 어긋나는 일이 벌어질 때에는 목소리를 높이지만 평소에는 말을 극히 아낀다.

반면 다른 사람들이 하는 말을 듣는 것을 좋아한다. 박근혜는 사람들과 대화를 하거나 이야기할 때에는 '3·2·1의 법칙'을 잘 활용한다. 3분간 들어주고, 2분간 맞장구를 치고, 1분간 말을 하는 것이다. 다른 사람의 말을 되도록 많이 들어주고 자신이 꼭 해야 하는 말은 짧고 간단하게 한다. 그리고 상대방이 말하는 중간 중간에 고개를 끄덕이거나 맞장구를 쳐줘 상대방이 신나게 말을 할 수 있도록 한다. 근혜가 대화를 하고 소통을 하는 방식의 핵심은 바로 남의 말을 신중하게 잘 듣는 것, 바로 '경청'

이다. 박근혜가 국회의사당에서 동료 의원들과 이야기를 나누는 것을 유심히 살펴보면 대부분의 시간을 듣는데 보낸다. 먼저 충분히 듣고 나중에 자신의 의견을 말한다.

근혜는 부모님으로부터 경청의 기술을 배웠다. 아버지와 어머니는 피치 못할 외부행사가 아니면 자녀들과 같이 아침식사와 저녁식사를 했다. 온가족이 모여 저녁밥상을 같이 하면서 자연스럽게 많은 주제에 대해 이야기를 하고 의견을 나누었다.

아버지는 과묵했다. 질문을 던지고 자녀들의 대답을 기다리는 편이었다.

"어떻게 하면 대한민국이 잘살 수 있을까?"

"어떻게 하면 수출을 늘리고 경제를 살릴 수 있을까?"

"어떻게 하면 전자산업을 부흥시킬 수 있을까?"

아버지가 질문을 던지면 근혜와 여동생 근영이, 남동생 지만이는 서로 자신의 의견을 내놓았다. 실현 불가능한 대답도 있었고, 현실에 적응해볼 만한 대답도 있었다. 가지각색이었다.

아버지는 자신의 의견을 먼저 내놓기보다는 우선 자녀들의 이야기를 모두 듣고 난 다음에 자신의 생각을 얘기했다. 좋은 생각은 '기특하다'며 칭찬했고, 다소 엉뚱한 대답에는 엷은 미소를 지을 뿐이었다. 근혜와 동생들은 이 대화가 신나고 재미있었다. 아버지가 귀를 활짝 열고 자신들의 이야기를 들어주었기 때문에 신이 나서 이야기를 했다. 인내심을 가지고 자신들의 말을 끝까지 들어주는 아버지가 고마웠다. 근혜는 아버지를 통해 남의 말을 잘 들어주는 것이 왜 중요한지 알게 되었다. 내가 말

을 많이 하면 상대방은 마음의 문을 닫아버리지만, 내가 말을 삼가면 상
대방은 마음의 문을 활짝 연다는 것을 일찌감치 깨달았던 것이다.

경청의 기술

청와대에는 유명 교수나 석학, 해외 정상들의 방문이 잦았다. 아버지
와 손님들이 몇 시간동안 대화를 나누면 근혜는 옆에서 유심히 듣기만
했다. 아버지와 손님이 열띤 토론을 벌이면 근혜는 옆에서 지켜볼 뿐이
었다. 손님들이 돌아가고 나면 근혜는 자신의 생각이나 견해를 아버지에
게 간단하게 설명했다. 몇 시간 동안 경청했지만 자신의 의견은 몇 분 안
에 정리해서 아버지에게 전달했다. 그는 인내하면서 다른 사람의 이야기
를 듣는 경청의 기술을 젊은 시절부터 몸에 익혔고, 이 같은 습관은 지금
도 이어지고 있다.

청와대에서 근혜가 진로에 대해 어머니와 대화를 나눌 때의 일이다.

"근혜야, 대학교에 들어가면 어떤 전공을 선택할 거니?"

"저는 전자공학을 공부하고 싶어요."

순간 어머니가 몹시 놀란 표정을 지었다.

"전자공학은 남학생들도 하기 힘든 분야인데, 너무 힘들지 않을까?"

"아니에요. 저는 충분히 할 수 있어요. 젊으니까 새로운 분야에 도전
을 해야지요."

어머니는 근혜가 역사학과에 가기를 희망했다. 근혜가 어릴 때부터
역사책 읽는 것을 좋아했고, 열심히 공부하면 학자나 교수가 될 수 있을

것이라고 생각했다.

근혜는 어머니에게 왜 전자공학과를 선택하고 싶은지 조리 있게 설명했다. 어머니를 설득시켜야 했던 것이다.

"어머니, 며칠 전에 전자공학 분야에서 일하는 교수님을 만났어요. 작은 트랜지스터 하나가 30달러나 하고, 007가방에 가득 채우면 몇 만 달러나 한다고 해요. 건설이나 조선 산업도 중요하지만 앞으로 전자산업이 전성기를 맞을 때가 올 거예요. 그때를 대비해 먼저 공부를 하고, 연구를 하고 싶어요."

어머니는 근혜의 설명을 끝까지 경청했다. 근혜의 이야기를 다 들은 어머니는 이렇게 말했다.

"너의 뜻이 그렇다면 할 수 없구나. 네가 많이 준비를 하고 있는 느낌을 받았다. 새로운 분야에서 열심히 공부하도록 해라. 엄마는 항상 너의 뜻을 존중한단다."

근혜는 자신의 이야기를 끝까지 들어주고, 자신의 의견을 존중해 준 어머니가 고마웠고 존경스러웠다. 근혜는 어머니를 통해 인내를 가지고 남의 이야기를 들어주는 것이 상대방에게 얼마나 큰 감동을 주는지 다시 한번 깨닫게 되었다.

친구로부터 또는 자연으로부터 선물을 받으려면 먼저 우리가 마음을 열어야 한다. 병에 뚜껑이 닫혀 있으면 물을 넣을 수 없는 것과 같은 이치다. 뚜껑이 닫힌 병에 물을 부으면 옆으로 다 흘러버리고 병은 채워지지 않는다. 선물을 받으려면 선물을 받는 마음부터 바꾸어야 한다. 그래야 선물이 갖고 있는 깊은 의미를 깨우칠 수 있는 것이 아닌가.

다른 사람의 말속에는 어려운 문제를 해결할 수 있는 해법이 있을 수 있고, 지혜가 있을 수 있다. 마음의 문을 열고, 또 인내를 가지고 사람들의 말을 끝까지 경청하면 의외로 많은 것을 얻을 수 있다. 박근혜는 경청하는 것이야말로 마음의 문을 여는 것이라고 생각한다.

아시아 최고의 부자 리자청도 이렇게 말하지 않았는가.

"중대사를 결정할 때는 내 생각이 100% 확고하더라도 아랫사람들에게 다양한 정보를 수집하고 분석하게 한다. 여러 사람의 생각을 모으면 만에 하나 발생할 수 있는 실수를 막을 수 있기 때문이다. 그들의 의견을 듣고 나면 실수할 가능성이 거의 없다. 특히 의견이 거의 일치하면 실수할 확률이 절대적으로 줄어든다."

정치가는 다른 사람의 말을 주의 깊게 경청해야 하는 직업이다. 수많은 의사결정을 내려야 하고, 많은 정책을 수립해야 한다. 혼자서 모든 것을 결정해서는 안 되며 다른 사람들의 의견과 견해를 잘 듣고 이를 반영할 수 있어야 한다. 박근혜의 경청하는 마음자세는 리자청의 생각과 닮아 있다.

원만한 인간관계를 만들거나 훌륭한 리더가 되기 위해서는 자신뿐만 아니라 여러 사람의 지혜를 모아야 한다. 겸허한 마음으로 조언을 받아들이고 다른 사람의 생각을 폭 넓게 소화할 수 있는 마음의 여유를 가져야 한다. 다른 사람들과 소통하는 가장 좋은 방법은 자신이 말을 많이 하는 것이 아니라 우선 다른 사람의 말을 잘 들어주는 것이다.

박근혜는 중요한 의사결정을 내려야 하거나, 다른 사람의 의견을 들어야 할 때에는 어머니를 떠올린다. '어머니라면 어떻게 행동을 하셨을까?'를 항상 염두에 두면서 사람들의 의견을 듣는다.

육영수 여사는 청와대에서 '신문고'라는 별명을 가지고 있었다. 조선 시대 백성들이 억울함을 호소하기 위해 신문고라는 북을 쳤던 것처럼, 어머니는 국민들의 의견을 모아서 대통령에게 전달하고 그들의 어려움을 함께 나누었다. 청와대에 온 국민들의 편지를 밤늦게까지 읽으면서 안타까운 사연에 눈물을 흘렸고, 비서진에게 지시를 내려 몰래 도와주기도 했다. 박 대통령이 잘못된 정책을 펴거나 국민들의 의견을 소홀히 다룰 때에는 국민들의 목소리를 경청하면서 민의를 전달해 주었다. 박 대통령이 정부 관료나 비서진들만의 의견을 듣지 않도록 하고, 국민들의 목소리를 직접 들을 수 있도록 중재역할을 했던 것이다.

근혜는 어머니의 이 같은 모습을 옆에서 지켜보면서 다른 사람들의 의견을 경청하는 것이 얼마나 중요한 일인지 알게 되었다. 오늘날 한국을 대표하는 정치가인 박근혜는 어머니의 가르침을 마음속에 새기며 '현대판 신문고' 역할을 하기 위해 노력하고 있다.

또렷한 기억보다는 흐린 펜이 낫다

박근혜는 다른 사람들의 의견을 경청하기 위해 반드시 지키는 원칙이 있다. 바로 '메모를 열심히 하는 습관'이다. 기자나 비서진, 그리고 국민들과 대화를 나눌 때에는 항상 메모지를 갖고 다닌다. 핸드백에 메모지를 넣어두었다가 해결해야 할 문제가 있거나, 민원이 있으면 꼼꼼히 적어둔다. 그리고 개선해야 할 내용이 있으면 동료 의원들에게 문제해결을 요구하고, 간단한 문제이면 비서진에게 조사해 볼 것을 당부한다. 경청한 이야기를 단지 형식적으로 메모만 해두는 것이 아니라 결과물을 내놓는 것이다. 사람들의 의견을 듣는 시늉만 내는 것이 아니라 문제해결을 위해 노력하고 반드시 성과를 낸다.

박근혜는 그의 저서에서 이렇게 적고 있다.

"아버지는 시작한 일을 흐지부지 끝내는 법이 없다. 경부고속도로를 건설하기로 결심한 후에는 자나 깨나 고속도로 생각을 하면서 길을 어느 쪽으로 내는 것이 좋을까 결정하기 위해 헬리콥터를 타고 몇 번이나 현장을 순시했다. 고속도로 인터체인지 모습을 직접 종이에다 여러 가지 방향으로 그려 보시기도 했다. 그렇게 일을 하시는 아버지 모습을 옆에서 지켜보면서 나 역시 어떤 일을 할 때는 끝까지 점검하고 확인하는 습관을 갖게 되었다."

어시장, 청과물시장, 새벽시장, 인력시장 등과 같이 전국 곳곳의 민생현장에 나갈 때에는 국민들의 이야기를 듣고 이를 수첩에 꼼꼼하게 적어놓는다. 틈만 나면 들여다보면서 메모해둔 내용이 제대로 지켜지고 있는지 챙긴다. 이 같은 근혜의 메모습관을 빗대어 상대편 정당인 여당은 '수첩공주' 라는 닉네임을 붙여주었다.

박근혜는 국민들과의 대화에서 이렇게 설명했다.

"저보고 '수첩공주' 라고 놀리는 분들도 있는데, 여러분, 이런 수첩공주는 괜찮지 않습니까? 사실 저는 여당이 저보고 '수첩공주' 라고 하는 것을 보고 안타깝기도 했지만 반갑기도 했습니다. 왜 그런지 아십니까? 그렇게 수첩에 하나하나 기록하면서 확인하는 것이 정석이고 옳은 것인데, 여당에서 그걸 모르니 참 안타까웠습니다. 반면에 여당이 그걸 모르니까 '내가 저 사람들은 이길 수 있겠구나' 하고 생각되서 반갑기도 했습니다.

지금도 제 수첩에는 민생탐방에서 들었던 아픈 사연들이 많이 적혀 있습니다. 그 약속들을 실천하기 위해서 하루에도 몇 번씩 그 수첩을 들여다봅니다. 아마 오늘도 여러분께서 저한테 많은 것들을 말씀하시리라고 생각합니다. 제 수첩에 그만큼 또 약속들이 늘어날 것입니다. 하지만 그 약속들은 반드시 지켜질 것입니다."

박근혜의 경청기술은 두 가지 원칙을 지키는 것에서 시작된다. 메모를 하는 것이 첫 번째 원칙이라면 이를 반드시 실천하고 나중에 달성여부를 체크하는 것이 두 번째 원칙이다.

건성 건성으로 남의 말을 듣거나 형식적으로 대화하는 것이 아니라 귀를 열고 진심으로 사람들의 이야기를 듣는다. 박근혜는 '또렷한 기억보다는 흐린 펜(pen)이 낫다' 는 격언처럼 메모와 경청을 통해서 사람들과 격의없는 소통을 한다. 남의 의견을 듣지 않는 사람이 어찌 다른 사람의 마음을 움직일 수 있고, 감동을 줄 수 있겠는가.

3. 슬픔은 누구에게나 찾아온다

인생 가는 길, 굽이굽이에 힘든 고비도 많다. 그 모든 상황 속에서 오로지 등대를 향해 한 길로 나아가는 배와 같이, 생의 참된 등대를 찾아내고, 그곳을 향해 흔들림 없이 나아가는 사람만이 생을 값어치 있게 살다 간다고 할 것이다.

누구에게나 역경과 시련은 찾아온다

산을 오르다 보면 오르막길이 있고 내리막길이 있는 것처럼, 우리의 인생에도 굴곡이 있다. 입학시험에 합격하거나 승진을 하거나 배우자를 만나게 되는 일들은 우리에게 기쁨을 안겨주지만, 시험에 떨어지거나 사업에 실패하거나 소중한 사람을 저 세상으로 떠나보낼 때에는 끝없는 슬픔에 빠져들게 된다.

이 같은 일은 누구에게나 일어날 수 있고 지금도 일어나고 있다. 중요한 것은 큰 시련을 당했을 때 어떠한 마음자세로 시련을 극복해 나가느냐이다.

대학입학시험에 떨어졌다고 해서 청춘 같은 목숨을 끊는 젊은이도 있고, 사업에 실패했다고 해서 폐인이 되는 사람들도 있고, 사랑하는 사람을 저 세상으로 떠나보내고 마음의 문을 굳게 닫아버리는 사람들도 있다. 슬픔과 시련이 닥쳐왔을 때 이를 어떻게 받아들이고 어떻게 극복해 나가느냐에 따라 우리의 운명이 좌우되는 것이다. 인간은 성공뿐 아니라 슬픔과 시련도 이겨내야 하는 운명을 타고 났다. 세상에 성공만 하는 사람은 한 명도 없다. 때로는 성공을 하고, 때로는 시련을 겪어나가면서 인생을 지혜롭게 살아나가는 방법을 배우게 되는 것이다.

박근혜는 인생을 살아가면서 세 번의 큰 시련을 겪었다. 어머니가 총탄에 쓰러진 것이 첫 번째 시련이고, 아버지가 총탄에 피격된 것이 두 번째 시련이고, 청와대에서 나온 이후 사람들의 배반과 배신에 마음 아파했던 것이 세 번째 시련이었다. 그때마다 근혜는 슬픔에 빠져들기는 했지만, 이내 눈물을 닦고 먼지를 훌훌 털고 다시 일어나 자신에게 주어진 길을 묵묵히 걸어갔다. 쓰러질 때마다 오뚝이처럼 일어섰다. 인간에 대한 최종평가는 안락하고 평온한 순간에 이루어지는 것이 아니라 역경과 시련의 순간에 이루어진다고 하지 않는가.

그럼 박근혜가 첫 번째 큰 시련을 어떻게 극복해 나갔는지 들여다 보자.

박근혜는 1974년 2월 서강대학교 이공학부를 수석으로 졸업하고 몇 달 뒤 프랑스로 유학을 떠났다.

"선진국인 프랑스에 가서 불어도 배우고 프랑스의 선진기술과 문명에 대해서도 공부를 해야겠어. 젊어서 고생은 사서도 한다고 하잖아. 세계를 보는 시각이나 관점이 더욱 풍부해질 거야."

박근혜는 더 넓은 세상을 보고 싶었던 것이다. 우선 단기 어학코스에 등록을 했다. 그곳에는 미국, 영국, 독일, 일본 등 전 세계에서 모인 젊은

이들이 젊음을 불태우며 학문에 열중하고 있었다. 근혜는 대학시절부터 영어와 불어를 꾸준히 공부해 왔기 때문에 친구들과 대화하고 얘기하는 데에는 별다른 어려움이 없었다. 불어가 능숙하지 않은 친구들과는 영어로 대화를 하며 교우관계를 넓혀 나갔다.

박근혜는 프랑스 대학교의 수업방식에 신선한 충격을 받았다.

"교수님이 학생들에게 일방적으로 지식을 전달하는 한국과는 차이가 많구나. 여기에서는 학생들이 대화와 토론을 통해 문제점을 발견하고 해결책을 찾아나가는구나. 외국 친구들이 남들 앞에서 수줍어하거나 부끄러워하지 않고 발표를 잘하는 것은 이 때문일 거야. 한국과는 교육방식이 달라. 나도 대화와 토론, 협상에 익숙해지도록 노력해야겠어."

박근혜는 프랑스 유학을 떠나온 것이 탁월한 선택이었다고 생각했다. 박근혜는 어학코스가 끝나면 자신의 꿈과 목표대로 전자공학 분야를 본격적으로 공부할 계획이었다. 혼자 프랑스로 유학을 온 것도 선진 학문을 익혀 학자나 연구원이 되기 위해서가 아닌가. 근혜의 꿈은 점점 현실로 다가오는 듯이 보였다.

"근혜 학생, 빨리 하숙집으로 돌아오세요."

근혜가 친구들과 프랑스 여행을 하고 있는데 하숙집 아주머니로부터 급한 전화가 걸려왔다. 아주머니의 목소리는 몹시 다급해 보였다.

"아주머니, 무슨 일이세요?"

"한국에서 연락이 왔는데, 어머니에게 무슨 변고가 일어났나봐. 빨리 돌아와요."

근혜는 어머니에게 무슨 일이 일어났다는 말을 듣고 정신이 아찔했다. 왠지 불길한 예감이 들었다. 하숙집에 도착한 근혜는 짐도 챙기는 둥 마는 둥 가방을 들고 공항으로 향했다. 마음이 급했다.

'어머니에게 대체 무슨 일이 일어난 것일까?'

근혜의 마음은 불안하기만 했다. 길가에 늘어서 있는 신문 스탠드를 지나가다 근혜는 자신의 눈을 의심하지 않을 수 없었다.

'암살'

신문 1면에 어머니의 사진이 실려 있었고, '암살'이라는 제목이 달려 있었다. 근혜는 벼락을 맞은 듯 그 자리에 멈추어 섰다. 하염없이 눈물만 쏟아져 나왔다.

"어머니가 돌아가시다니. 나의 가장 친한 친구이자 스승이였던 어머니가 암살을 당했다니."

근혜는 몸을 떨었다. 한국으로 향하는 비행기 안에서 하염없이 눈물만 흘렸다. 세상 모든 것을 잃은 느낌이었다.

한국에 도착한 근혜는 아버지 품에 안겨 울었다. 여동생 근영이와 남동생 지만이를 부둥켜안고 울고 또 울었다. 아무리 울어도 눈물은 멈추지 않았다. TV와 라디오는 연일 어머니가 암살당할 당시의 장면을 반복해서 보여주고 있었다. 근혜는 TV를 통해 어머니가 돌아가시는 장면을 확인할 수 있었다.

두드릴수록 강해지는 강철처럼 살아라

1974년 8월 15일, 국립극장에서 광복절 행사가 열렸다. 아버지인 박정희 대통령이 연설을 하기로 되어 있었다. 어머니는 연단에 마련된 의자에 앉아 있었고, 박 대통령은 단상 위에서 연설을 하고 있었다. 엄숙하고 경건한 분위기였다.

박 대통령이 "나는 오늘 이 뜻 깊은 자리를 빌어서 조국통일은 반드시 평화적인 방법으로 이루어져야 한다는 것을……" 하는 순간 청중 속에서 '퍽' 하는 소리가 났다. 박 대통령을 저격할 기회를 노리고 있었던 문세광이 실수로 권총 한발을 자신의 왼쪽 허벅지에 발사하고 만 것이었다. 오발탄을 쏜 문세광은 복도로 뛰어나오며 박 대통령을 향해 권총을 쏘았다. '탕' 하고 두 번째 총성이 울렸다. 두 번째 총탄은 박 대통령이 연설하던 단상을 맞추었다. 일촉즉발의 아슬아슬한 순간이 계속됐다. 문세광은 세 번째 총탄을 쏘았지만 불발되었다. 광복절 행사장은 아수라장이 되었다. 청중들은 공포에 휩싸여 소리를 질러댔고, 문세광은 연이어 박 대통령을 향해 권총을 쏘아댔고, 경호원들도 박 대통령을 엄호하기 위해 정신이 없었다. 아비규환이 따로 없었다. 문세광이 네 번째 총탄을 쏘려고 하는 순간 박 대통령은 연단 뒤로 몸을 숨겼다.

그때까지도 어머니인 육영수 여사는 한 치의 흐트러짐도 없이 자리에 의연하게 앉아 있었다. 그러한 혼란과 아수라장 속에서도 육영수 여사는 흔들림 없이 의자에 정좌하고 있었던 것이다. 문세광은 오른쪽으로 시선을 돌려 18m 가량 떨어진 곳에 조용히 앉아 있던 육영수 여사를 향해 방아쇠를 당겼다. 총탄은 육영수 여사의 머리를 그대로 관통하고 말았다. 육영수 여사의 고개가 힘없이 뒤로 젖혀졌고, 서서히 왼쪽으로 머리를 떨구었다. 경호원들은 육영수 여사를 서울대학병원으로 긴급히 후송했다. 육영수 여사의 슬픈 소식을 접한 시민들과 기자들이 서울대학병원으로 몰려들었고, 살 수 있기를 간절하게 기도했다. 하지만 육영수 여사는 8월 15일 저녁 7시 운명을 달리했다. 육영수 여사는 북한의 지령을 받은 공산주의자 문세광의 총탄에 결국 쓰러지고 말았다.

근혜는 모든 것을 잃어버린 심정이었다. 자신이 살아가는 존재이유였던 어머니가 더 이상 곁에 없다는 사실을 인정할 수 없었다. 언제나 '어머니' 라고 부르면 '그래, 근혜야' 라고 대답을 하셨던 어머니가 더 이상 대답을 해주시지 않는다는 현실이 원망스러웠다.

'청와대를 떠나면 시골에 작은 집을 짓고 온가족이 오붓하게 살자' 며 환하게 웃으셨던 어머니의 소망을 들어줄 수 없는 현실이 안타까웠다.

사람들은 인생에 첫 번째 큰 시련이 닥치면 한동안 방황하거나 심지어 자포자기 상태에 빠지기도 한다. 박근혜도 처음에는 현실을 수용할 수 없을 정도로 힘든 나날을 보냈다. 근혜의 성공 비밀 중의 하나가 바로 힘든 현실을 그대로 받아들인다는 점이다. 현실을 억지로 부정하면 해답이 나오지 않는 법이다.

암(癌)에 걸린 사람들을 유심히 지켜보라. 암에 걸린 사람들은 4단계 과정을 거쳐 자신이 병에 걸렸다는 사실을 인정하게 된다고 한다. 1단계는 무조건적인 거부반응이다. 암에 걸렸다는 사실을 수용하지 않으려고 한다. 2단계는 '왜 나에게 이런 일이……' 라며 세상을 원망한다. 세상 사람들과의 소통을 끊고 외부와의 접촉도 끊어버린다. 3단계는 시간이 지나면서 점점 체념하게 되고, 4단계는 살기 위해 필사적으로 노력하는 과정을 밟는다.

1단계에서 4단계까지 기간이 길면 길수록 치료는 더욱 힘들어지고 자기 자신은 황폐해진다. 1단계에서 4단계까지의 시간을 줄이면 줄일수록 치료는 더욱 빨라지고, 마음의 안정도 찾을 수 있다.

위대한 인물들의 공통점은 시련이 닥치거나 실패했을 때 절망의 늪에서 허우적거리지 않고 현실을 있는 그대로 빨리 받아들여 새로운 열정으로 헤쳐 나갔다는 점이다. 근혜도 마찬가지였다.

어머니를 대신해 아버지를 보필했고, 동생들을 돌보았다. 어머니를 대신해 해외 사절단을 맞이했고, 공식적인 국가행사에도 적극적으로 참석했다.

어머니 장례식 날 어머니를 마지막으로 떠나보내며 근혜는 자신에게 다짐했다.

"어머니, 아무 걱정하지 마시고 하늘나라에서 편안하게 쉬세요. 어머니를 대신해 아버지를 돕고 동생들을 돌볼게요. 저도 더 강해질 겁니다. 어머니의 이름에 누가 되지 않도록 장녀로서의 의무와 책임을 다할게요. 어머니에게 약속드립니다."

박근혜는 인생의 큰 시련을 겪었지만 슬기롭게 헤쳐나갔다. 1979년 아버지가 세상을 떠날 때까지 6년 동안 청와대에서 퍼스트레이디로서의 역할과 임무를 성공적으로 수행했다.

세상살이에는 높고 낮음이 있고, 굴곡이 있는 법이다. 바닥에 떨어졌다고 해서 좌절하거나 낙담하면 더욱 비참해질 뿐이다. 박근혜는 두드리면 두드릴수록 더욱 강해지는 강철처럼 자신을 담금질해왔고, 우리들에게도 그렇게 살라고 가르친다.

4. 절망 뒤에 성공이 있다

우리의 삶도 반드시 끝이 있는 것이기에, 그리고 그 종점은 하루가 지나면 그만큼 가까이, 그러다가 문득 다가오는 것이기에 낭비할 여유가 없다.

시련에 절대 굴복하지 마라

인생에서 20대가 가장 젊고 생기가 넘치고 화려하다. 10대 때에는 공부를 하느라 정신이 없고, 30대부터는 사회생활을 하면서 돈을 벌어야 한다. 40대에 접어들면 우리는 인생의 정점을 지나 하락국면으로 접어들게 된다. 그만큼 20대를 어떻게 보내느냐에 따라 우리의 인생과 미래가 결정된다.

20대에 부모를 모두 잃는 아픔과 슬픔을 겪는다면 여러분은 어떻게 하겠는가. 자신을 이해하고 보호해 주었던 버팀목이 사라진다면 어떻게 세상을 살아나가겠는가. 박근혜는 20대에 어머니와 아버지를 모두 여의었다. 그리고 이후 철저하게 세상 사람들의 관심에서 벗어나 야인생활을 하게 되는데 이 힘든 과정을 거치면서도 냉정함을 잃지 않았다. 어떠한 역경과 곤경 속에서도 냉정함을 유지하는 것, 이것이야말로 박근혜의 또 다른 성공 비결이라고 할 수 있다. 결국 박근혜는 시련과 맞닥뜨렸을 때 현실을 그대로 받아들이고, 그리고 냉정하게 대처해야 한다는 2가지 원칙을 우리에게 보여주고 있다. 슬픔 속에 빠져 있는 것이 아니라 크게 심호흡을 하고 앞으로 어떻게 문제를 해결해 나가야 할지 냉정하게 설계해야 한다.

풍랑을 만났을 때 무능한 선장은 허둥지둥 하다가 배를 침몰시키는 우(愚)를 범하지만, 유능한 선장은 냉정하게 풍랑의 속도와 방향을 살피면서 배를 안전한 곳으로 피신시킨다.

박근혜에게 두 번째 시련도 예고 없이 갑자기 찾아왔다. 22살의 나이에 어머니를 저 세상으로 떠나보낸 박근혜는 퍼스트레이디로서 열정과 집념을 가지고 청와대 생활을 했다. 사람들은 어머니 육영수 여사를 대신해 영부인 역할을 수행하고, 아버지를 보좌하는 근혜의 모습 속에서 육영수 여사를 보았다. 하지만 운명은 근혜를 그대로 두지 않았다. 또 다른 시련을 근혜에게 안겨다 주었다. 근혜에게는 또 다른 비극이 찾아온 것이다.

1979년 10월 26일 이른 아침이었다.

"근혜야, 오늘 삽교천 준공식 행사가 있어 먼저 나간다. 저녁에 보자."

"예, 아버지. 행사 잘 마무리하고 오세요."

근혜는 아버지를 배웅했다. 그리고 청와대를 찾아오는 손님들을 맞으며 바쁘게 시간을 보내고 있었다. 매일 건설현장과 산업시설을 시찰하며 경제발전에 전념하는 아버지의 모습을 보는 것은 근혜에게 큰 기쁨이었다. 아버지에게서 뿜어져 나오는 에너지와 열정이 너무나 좋았다.

"아버지가 대통령직에서 물러나면 서울 신당동 옛날 집으로 이사를 가는 거야. 아버지, 여동생 근영이, 남동생 지만이 온 가족이 모여서 오붓하게 행복하게 살 수 있을 거야. 돌아가신 어머니도 신당동 집에서 온 가족이 모여 사는 것을 희망하셨지. 아버지가 청와대에 계신 동안에는 열심히 옆에서 보좌해 드리도록 하자."

근혜는 행복한 상상을 하며 그날 저녁 TV화면에서 방송되는 삽교천 준공식 행사를 지켜보았다. TV화면에 나오는 아버지의 모습은 근엄하고 위엄이 있었다.

근혜는 일찍 잠자리에 들었다. 다음날 일정이 빠듯하게 잡혀 있었기 때문이었다. 아버지는 회의나 저녁만찬이 길어지면 새벽시간을 넘는 날이 많았기 때문에 그날도 귀가가 늦어질 거라 생각했다.

새벽 1시를 훌쩍 넘긴 시간, 아버지를 수행했던 대통령 비서실장이 다급하게 찾아왔다.

"각하께서 돌아가셨습니다."

근혜는 귀를 의심하지 않을 수 없었다. 아버지가 돌아가셨다는 것인가. 믿을 수 없었다.

"휴전선 전방에는 이상이 없습니까?"

근혜는 본능적으로 북한의 도발징후가 있는 것이 아닌지 물어보았다. 그리고 아버지가 운명했다는 현실로 돌아왔다.

"이 무슨 운명의 장난이란 말인가. 5년 전에 어머니를 떠나보내고, 다시 아버지를 잃게 되다니. 나를 지탱해 주셨던 두 분이 더 이상 내 곁에 없다니. 하늘도 무심하시지.”

근혜는 말문이 막혔다. 아니 뭐라고 말할 수가 없었다. 눈앞이 한동안 깜깜했다. 암흑 속에 혼자 남겨진 기분이었다.

새벽 동이 트자 아버지의 시신이 청와대로 옮겨졌다. 여동생 근영이, 남동생 지만이와 부둥켜안고 얼마나 울었는지 모른다. 아버지와 함께 했던 행복했던 기억들이 주마등처럼 스쳐 지나갔다.

초등학교 운동회 때 아버지와 같이 달리기를 했던 일, 어머니를 떠나보내고 아버지와 함께 울었던 일, 아버지를 따라 해외순방에 나섰던 일, 온 가족이 섬으로 여름휴가를 갔던 일.

‘가지 마세요’ ‘저희들을 남겨두고 혼자 떠나가지 마세요’ 라고 외치며 아버지를 붙잡고 싶었지만 아무 소용이 없었다. 아버지의 시신은 아무 대답이 없었다. 근혜는 차가워진 아버지의 손을 잡았다.

“아버지, 어머니 곁에 가시면 우리들은 잘 지내고 있다고 얘기해 주세요. 걱정하지 말라고 전해 주세요. 그리고 제가 아버지께도 약속할게요. 동생들 잘 돌보며 꿋꿋하게 살게요. 아버지와 어머니 이름에 누가 되지 않도록 열심히, 그리고 남을 도우면서 살게요. 아버지, 불쌍한 아버지, 안녕히 가세요.”

근혜는 애써 눈물을 참았다. 살아남은 사람은 어떻게든 다시 살아야 했다.

우리는 갑자기 정신적인 충격을 받으면 삶에 대한 의욕을 상실하고 만다. 의학용어로 ‘트라우마’ 라고 한다. 세상을 떠난 배우자를 따라서 목숨을 끊기도 하고, 회사가 부도나 자살하기도 하고, 심한 충격을 이기지 못하고 속세를 떠나 종교에 귀의하기도 한다. 새로운 희망과 탈출구를 찾아보기보다는 모든 것이 귀찮다는 듯이 마음의 문을 닫아버린다.

하지만 박근혜는 두 번의 시련과 절망 속에서도 냉정함을 잃지 않았다. 자신을 추스르면서 다시 세상을 향해 앞으로 나아갔다. 절망 속에서도 삶의 의지를 불태우는 강인한 정신력이 있었기에 오늘날의 박근혜가 존재할 수 있었던 것이 아닐까.

남의 잘못을 거울로 삼아라

아버지는 1979년 10월 26일 저녁 회식자리에서 김재규 중앙정보부장의 총탄을 맞고 운명을 달리했다. 아버지가 아꼈던 부하 직원이 아버지를 저격한 것이었다. 사람들은 이를 '10.26사태' 라고 부른다. 어머니도 총탄에 쓰러졌고, 아버지도 총탄을 맞고 돌아가셨다.

야속한 현실을 뒤로 하고, 근혜는 두 동생을 데리고 청와대를 떠나 옛날 신당동 집으로 이사를 했다. 부모님이 안 계신 청와대는 더 이상 근혜가 머물 수 있는 공간이 아니었다. 근혜는 '가장' 이 되고 말았다. 22살의 나이에 어머니를 저 세상으로 떠나보냈고, 27살에는 아버지마저 하늘나라로 떠나보낸 비운의 처녀가장이었다.

박근혜는 돌아가신 아버지에게 보내는 국민들의 사랑과 애도의 물결에 고마움을 느꼈다. 벼랑 끝으로 내몰리고 있었던 근혜에게 힘과 용기를 준 것은 국민들의 응원과 격려였다. 자꾸만 쓰러져가는 근혜를 지탱하고 일으켜 세우는 힘이었다. 하루에도 수백 통의 위로와 안부편지가 신당동 집으로 배달되었다.

"박정희 대통령이 그립습니다."

"박정희 대통령에게 너무나 많은 신세를 졌던 학생입니다. 어떻게 은혜를 갚을 수 있을까요?"

"힘내세요. 우리가 곁에 있을 겁니다."

직접 신당동 집을 찾아와 위로의 말을 건네는 이들도 있었다.

하지만 근혜를 더욱 괴롭히는 일들이 벌어지기 시작했다. 상상도 못했던 일이었다.

새로운 정권은 자신들의 정통성을 인정받기 위해 박정희 대통령이 이루었던 업적과 성과는 애써 감추었고, 대신 박정희 대통령의 실정(失政)과 잘못했던 일들만 과장해 부각시켰다. 박정희 대통령을 매도해야 자신들이 화려하게 등장할 수 있었던 것이다.

어머니와 아버지의 기일(忌日)이나 추모행사를 열 수도 없었다. 공식적으로 행사를 하는 것은 꿈도 꿀 수 없었다. 부모님 기일이 오면 동생들과 조촐하게 집안에서 제사를 지냈다.

무엇보다 박근혜가 마음 아파했던 것은 사람들의 '배신'이었다. 충성을 다짐했거나 큰 은혜를 입었던 관료들이 아버지가 세상을 떠나자 아버지를 비판하고 욕했다. 새로운 정권에 들어가 권력과 명예를 위해서는 자신의 원칙과 소신을 헌신짝 버리듯 내팽개치고 아부하는 그들을 보는 것은 근혜에게 너무나 큰 고통이었다.

"아, 사람들이 이렇게 변하는구나. 손바닥을 뒤집듯 쉽게 아버지를 버리고 새로운 권력에 아부하는구나. 청와대에 살았던 시절, 어머니가 왜 그렇게 겸손하라고 가르쳤는지 알 수 있을 것 같아.”

근혜는 어머니의 가르침을 다시 한 번 확인할 수 있었다. 권력 앞에서 무너져 내리는 사람들의 마음을 보고 근혜는 서글픈 마음이 들었다. 새마을운동과 경제육성정책을 통해 아버지가 이룩해 놓은 경제성장의 결과는 외면하고 ‘독재자’라고 손가락질할 때는 분한 마음마저 들었다. 환경이 변하고 상황이 변화하면 자기 색을 바꾸는 카멜레온처럼, 배신을 밥 먹듯이 하면서 국민을 우롱하는 사람들을 보면서 마음이 괴로웠다.

우리는 세상을 살아가면서 크고 작은 배신을 당하기도 하고, 배신을 하기도 한다. 아무리 친한 친구사이라고 하더라도 돈 문제 때문에 등을 돌리고, 철석같이 믿었던 비즈니스 파트너가 사기를 치고, 백년가약을 맹세했던 부부가 불륜 때문에 갈라서기도 한다. 생판 얼굴도 모르는 사람에게서 배신을 당하는 것보다, 믿고 의지했던 사람들로부터 당하는 배신은 강도가 훨씬 강하다.

배신당했을 때 치밀어 오르는 분노와 원망, 그리고 절망을 냉정하게 견디어 낼 수 있는 능력을 박근혜는 가지고 있다.

박근혜는 1981년 3월 1일 일기장에 이렇게 적어놓았다.

“남의 잘못을 보면 그것을 자기 생의 귀중한 교훈으로 생각해야 한다. 행여나 자신도 모르는 사이에 저러한 유혹에 빠지지 않을까, 자신을 또 한 번 경계하는 기회로 삼는다.”

박근혜는 배신하고 원칙을 지키지 않는 사람들을 지켜보면서 자신은 ‘저렇게 되어서는 안 되겠다’는 교훈을 얻었고 지금도 생활 속에서 실천하고 있다. 젊은 시절 읽었던 중국 고전에서 '남의 잘못을 보고 자신을 더욱 가다듬어야 한다'고 했던 가르침을 잊지 않고 있다. 여러분은 절망과 시련, 배신 속에서 얼마나 냉정함을 유지할 수 있는가.

5. 인내 없이는 왕관도 없다

인간의 의지로 할 수 있는 한 나의 의지대로 살 것이다. 주위 여건이 어떻든 그것이 나의 마음을 비뚤어지게 할 수도 없고, 허송세월을 보내며 우울과 고통 속에 빠지게 할 수도 없다.

자신이 약할 때는 기회를 기다려라

중국의 대나무는 독특하게 성장한다. 대나무 싹을 땅에 심으면 4~5년, 때로는 이보다 더 오랜 시간이 흘러도 아무런 변화도 생기지 않는다. 농부가 물을 주고, 거름을 주고, 다음날 또 물을 주고 거름을 주고, 또 다음날 물을 주고 거름을 주지만 아주 오랜 시간동안 어떤 변화도 일어나지 않는다.

농부가 이 같은 행동을 중단한다면 대나무 싹은 땅속에서 죽어버리고 만다. 하지만 5년 가까이 꾸준히 물을 주면 지금까지 전혀 나타나지 않았던 변화들이 보이기 시작한다. 땅밖으로 대나무순이 나오기만 하면 6주 만에 20~30m나 자란다. 하루에 9cm가량 자라기도 한다. 수년 동안 땅속에서 아무런 변화도 보이지 않았던 대나무싹이 땅밖으로 나오는 순간 폭발적으로 성장을 하는 것이다. 사람들은 땅밖으로 나온 대나무를 보고 '대나무는 짧은 시간에 빨리도 자라는구나'라고 감탄할지 모르지만, 실제 대나무는 땅속에서 수년 동안 성장을 위한 준비를 한다. 대나무는 5년 동안 땅속에서 인고의 세월을 보낸 이후에야 비로소 가파르게 성장하는 것이다.

중국 대나무처럼 인고(忍苦)의 세월을 거치며 성공을 일구어낸 인물들의 이야기 속에는 진한 감동이 있다. 박근혜의 삶은 인내와 끈기로 점철된 삶이었다. 아버지의 죽음으로 27세에 청와대를 떠난 박근혜는 이후 18년 동안 철저하게 야인으로 생활했다. 때로는 새로운 정권의 탄압에 몸을 피해야 했고, 때로는 가까운 사람들의 배신에 치를 떨면서 세상과 담을 쌓아야 했다. 그는 18년간 인내의 삶을 살면서 목표를 다시 설정하게 되었고, 자신을 정신적으로 더욱 단련시킬 수 있었다. 아무런 열매를 맺지 못하는 인내의 삶이 아니라 중국 대나무처럼 가파른 성장을 약속하는 인내의 삶을 살았던 것이다.

박근혜가 보여주는 인내에는 2가지 원칙이 있다. 하나는 자신이 약할 때는 기회를 기다려야 한다는 것이고, 또 다른 하나는 인내하는 동안 자신을 단련시켜야 한다는 것이다.

그럼 근혜의 삶을 다시 한 번 되돌아보면서 그 인내원칙을 확인해 보도록 하자.

1979년 아버지의 죽음으로 청와대를 나온 박근혜는 1998년 국회의원에 당선돼 정계에 입문하기까지 거의 18년 동안 인내의 삶을 살았다. 언론이나 매스컴으로부터 화려한 스포트라이트를 받는 생활에서 벗어나 평범한 시민으로 돌아가 일상생활에 전념했다.

그러나 새로운 정권이 들어설 때마다 아버지에 대한 비판과 비방은 그치지 않았다. 1970년대 아버지와 국민들이 일구어낸 경제성장의 과실을 축소하고 왜곡하는 정권을 바라보면서 끓어오르는 분노를 느꼈지만 어쩔 수 없었다. 무엇보다 마음이 아팠던 것은 왜곡되고 잘못된 정보들이 아무런 여과장치 없이 그대로 전달되면서 국민들이 아버지의 업적에 대해 오해를 한다는 사실이었다. 18년 동안 야인생활을 하고 인내의 삶을 살면서 박근혜는 아버지의 명예를 회복시키는데 열과 성을 다했다.

"참아야 한다. 어떤 어려움과 시련이 닥치더라도 참아내자. 잘못 알려진 사실들을 바로잡고, 아버지의 명예를 회복하는데 온 힘을 기울이자. 자랑스러운 아버지의 맏딸로서 당연히 내가 해야 할 일이 아닌가."

박근혜의 심장이 다시 뛰기 시작했고, 발걸음도 분주해졌다.

지금 당장은 힘들더라도 자기가 맡은 분야에서 최선을 다해 노력한다면 반드시 좋은 날이 올 것이라고 근혜는 생각했다. 그는 5년 동안 땅속에서 에너지를 응축시키는 대나무처럼 철저하게 자신을 숨기면서 인내의 삶을 살았다. 청와대라는 울타리를 벗어난 그는 찬바람이 몰아치는 황야로 밀려났지만 결코 무너지지 않았다. 자신이 약할 때에는 무리하게 상대방을 공격하기보다는 철저하게 기회를 기다렸다. 탄탄하게 '내공'을 쌓았던 것이다.

오랜 인내의 시간을 보낸 박근혜의 삶을 되짚어 보면서 나는 박근혜가 보여준 인내의 원칙이 일본 전국시대의 최종 승자인 도쿠가와 이에야스의 인내와 무척 닮았다는 생각을 했다. 박근혜와 도쿠가와 이에야스의 인내에는 '자신이 약할 때는 기회를 기다려라'라는 가르침이 숨어 있다.

도쿠가와 이에야스는 피로 피를 씻는 난세(亂世)가 절정기에 달한 전국시대인 1542년 일본 오카자카성에서 성주의 아들로 태어났다. 수십 개의 작은 나라가 패권을 차지하기 위해 전쟁을 벌이던 상황에서 도쿠가와 이에야스는 전국시대의 3대 주역이었던 오다 노부나가, 도요토미 히데요시 등과 같은 뛰어난 경쟁자들의 견제와 억압을 견뎌내며 마침내 일본 천하를 움켜쥔 인물이다.

도쿠가와 이에야스는 전국시대의 혼란 와중에 6살 때 볼모로 넘겨져 13년 동안 엄격한 감시 속에서 성장했다. 그에게 자유는 희망사항일 뿐이었다. 그리고 볼모의 신분에서 풀려나자마자 전국시대 주역인 오다 노부나가에게 복속당하고 만다. 오다 노부나가의 지시로 처를 죽이고 자식까지 자결하게 만드는 비극을 겪는다. 오다 노부나가가 암살되고 도요토미 히데요시가 주도권을 잡자, 도쿠가와 이에야스는 이번에는 도요토미 히데요시에게 굴종을 강요당한다. 그는 히데요시의 지시로 본거지를 오카자카에서 동쪽의 에도(지금의 도쿄)로 옮기고, 히데요시의 아들과 그의 손녀딸을 정략결혼시켜야 했다. 그는 히데요시 밑에서 철저하게 인내하며 기회를 기다렸다. 그리고 에도를 중심으로 힘을 비축하고 세력을 규합했다. 그는 몸을 납작 엎드리며 2인자에 머물렀던 것이다. 그리고 히데요시가 병으로 죽자, 1,600년 자신의 세력인 동군(에도를 중심으로 한 도쿠가와 이에야스 세력)을 이끌고 서군(사카이를 근거지로 한 도요토미 히데요시 세력)을 그 유명한 '세키카하라' 전투에서 격파하고 통일 일본을 장악하게 된다. 도쿠가와 이에야스는 전국시대 3대 주역 중 결국 최후의 승자가 되어 에도막부(幕府)시대를 열었고, 근세 일본의 기초를 닦게 된다. 도쿠가와 이에야스는 "인생은 무거운 짐을 지고 먼 길을 가는 것과 같다"라고 말하며 위기의 상황에서도 끝까지 인내하며 기회를 엿보았고, 결국 승리를 거머쥐었다.

도쿠가와 이에야스의 인내는 '자신의 힘이 약할 때에는 기다려야 한다'는 메시지를 담고 있다. 박근혜의 인내 원칙도 이와 비슷하다. 근혜는 18년 동안의 야인생활을 묵묵히 참아냈고, 도쿠가와 이에야스는 13년간의 볼모생활과 굴종했던 시기를 견디어냈다. 이들은 어떻게 인내해야 하고, 왜 인내해야 하는지 모범 답안을 제시하고 있다.

인내의 과정은 힘들지만 열매는 달콤하다

박근혜는 야인생활을 하는 동안 아버지 추모 사업에 매진했다. 하지만 아버지 추모사업에 선뜻 나서려는 관료나 사람들은 많지 않았다. 새로운 정권이 박정희 대통령을 비판하고 깎아내리는 작업을 하고 있었기 때문이다. 하지만 근혜의 열정과 고집에 동참하려는 사람들이 하나둘씩 늘어났다. 근혜는 용기를 얻었다.

새로운 정권에 의해 왜곡된 아버지 평가 작업을 다시 하는가 하면 국민들에게 박정희 대통령을 제대로 알리기 위해 『겨레의 지도자』라는 책을 발간했고, 「근화보」라는 잡지도 만들었다. 또 '조국의 등불'이라는 영화도 만들었다. 어머니가 남기신 '육영재단' 이사장직을 맡아 어머니가 생전에 하시다가 끝내 마치지 못했던 일을 이어나갔다. 서울 어린이회관에는 근화원, 목련정, 영해루 등과 같은 한국 전통양식의 건물을 지어 청소년들이 예절과 품성교육을 받을 수 있도록 했다. 건물 이름은 대한민국 국화인 무궁화, 어머니가 좋아했던 목련 등으로 정했다. 몸은 지칠 대로 지치고 피곤했지만 아버지의 명예를 회복시켜야 한다는 사명감이 근혜를 다시 일으켜 세웠다. 주위에서는 이제 그만 하라는 설득과 회유도 있었지만 근혜는 조금도 굽히지 않고 자신의 길을 개척해 나갔다. 어둠이 있으면 반드시 빛이 있을 것이라는 희망을 품고 모진 세월을 버텨냈다.

1988년에는 박정희 기념사업회를 발족했다. 1989년에는 근화봉사단을 조직해 아버지의 업적과 공적을 세상 사람들에게 알리고, 박정희 대통령 10주년 기념식도 성대하게 치러냈다.

박근혜의 보이지 않는 노력으로 세상 사람들이 박정희 대통령을 바라보는 눈도 조금씩 변해갔다. 맹목적으로 비판했던 사람들도 객관적인 시각에서 박정희 대통령을 평가하게 되었고, 왜곡된 정보들도 점차 올바르게 수정되어갔다. 근혜는 큰 보람을 느꼈다.

아버지가 돌아가시고 10년이 지난 1989년 12월 30일 박근혜는 일기장에 이렇게 기록했다.

"1989년은 감사하고도 잊을 수 없는 해다. 수년 간 맺혔던 한(恨)을 풀었다고 표현해도 좋을 한 해이다. 아버지에 대한, 그 시절 역사에 대한 왜곡이 85% 정도 벗겨졌다고들 말한다. 그동안 인터뷰한 횟수도 많았고, 손님도 많이 만났고, 노력도 많이 했다. 방해받은 일, 속상했던 일도 많았다. 오로지 감사하고 기뻐해야 할 내 마음은 사실은 몹시 울적하다. 그리고 왜 태어났을까. 태어나지 않았더라면 이와 같은 마음의 고통도 없었을 것이 아닌가 등등 꼬리에 꼬리를 무는 침울한 생각들뿐이다. 80년대는 마음의 고통과 아픔이 얼마나 크고 깊은지 두 번 다시 돌아보기도 싫은 소름끼치는 시간들이었다.”

박근혜는 ‘태어나지 않았더라면……’ 이라고 생각했을 정도로 10년간을 어렵고 힘들게 버티어냈다. 여전히 해야 할 일은 많이 남아있었지만 아버지에 대한 명예회복도 어느 정도 마무리되고 있는 듯했다.

10년이면 강산도 변한다고 하지 않았는가. 얼마나 긴 시간과 세월을 아버지와 가족의 명예를 회복시키기 위해 일했던가. 그리고 이제 작은 성과가 나오고 있지 않은가. 결코 헛된 시간이 아니었다. 인내의 과정은 힘들고 쓰라렸지만 그 결과는 달콤했다.

박근혜는 자신이 경험했던 어려웠던 처지와 환경을 조선시대 다산 정약용 선생과 비교하면서 이렇게 말했다.

“정약용 선생은 18년 가까이 귀양살이를 했다고 한다. 그러나 귀양살이를 하지 않았던 사람들보다 더 많은 훌륭한 책을 저술했고, 우리 역사가 계속되는 한 영원히 잊히지 않을 인물이 되어 있다. 살다 보면 사람은 뜻하지 않은 운명에 휩쓸려 이러저러한 상황에 처하기도 하고 죽을 뻔하기도 한다. 그것은 인간의 힘으로는 도저히 어찌 해볼 수 없는 일들이기 때문에 반항하며 거부해 봤자 자신만 더 비참해질 뿐 그 길을 벗어날 수는 없다. 그러나 귀양살이를 그렇게 오래 하면서도 흐르는 시간을 낭비하지 않고, 자기 운명을 슬퍼하지 않고, 이 세상에 태어나 자신이 할 일을 꾸준히 행하였다. 그런 사람은 결코 인생을 헛되이 살다가는 것이 아니다."

정약용 선생이 18년간 강진에서 유배생활을 했던 것처럼, 박근혜는 청
와대를 떠나 정치에 입문하기까지 18년간 야인생활을 했다. 정약용 선생이
신세를 한탄하거나 자포자기하지 않았던 것처럼, 근혜도 절망에 굴하지 않
고 현실에 맞서 싸웠다. 정약용 선생이 저술에 힘쓰며 조선시대 기념비적
인 작품을 썼던 것처럼, 근혜는 실추된 아버지의 명예를 회복하는데 심혈
을 기울였다. 정약용 선생이 한국 역사를 대표하는 학자이자 선각자로 평
가받고 있는 것처럼, 근혜는 대한민국 최초 여성 대통령이 되었다.

인생을 살다보면 누구에게나 시련이 찾아온다. 어떤 사람은 굴복해 실
패자의 삶을 사는가 하면 어떤 사람은 인내와 끈기로 극복해 승리자의 삶
을 산다. 결국 우리들의 마음먹기에 달려있는 것이 아닐까. 박근혜는 현실
이 아무리 어렵더라도, 세상의 짐이 너무나 무겁더라도, 남이 나를 알아주
지 않는다고 하더라도 참아내고 노력한다면 반드시 좋은 날이 온다는 사
실을 보여주고 있다. 그리고 지금도 그렇게 살고 있다.

5장

남들이 가지 않았던 길을 가라

1. 남보다 먼저 내가 바뀌어야 한다

뉴턴은 사과가 나무에서 떨어지는 것을 보고 다른 사람들은 생각할 수 없었던 것을 생각했다. 물질문명의 발달을 주도해온 과학의 발전도 알고 보면 그 분야에서 앞서간 사람들이 남들은 무심히 지나치고 보지 못한 것을 보고 듣고 느꼈기 때문에 성취할 수 있었다.

변화를 이끄는 자가 살아남는다

"강한 자가 살아남는 것이 아니라 변화에 적응하는 자가 살아남는다."

진화론을 제창한 찰스 다윈의 말이다. 백악기 공룡은 지구상에서 가장 강한 동물이었지만 변화에 적응하지 못해 지구상에서 사라지고 말았다. 하지만 작은 개미는 약한 존재이지만 변화에 적응했기 때문에 오늘날까지 종족을 번식시키고 있다. 이는 인간 개개인에게도 그대로 적용된다.

시대흐름과 패턴을 감지하고 자신을 변화시키는 사람은 성공하고, 반대로 시대흐름을 역행하거나 감지하지 못하면 도태되고 만다. 환경에 변화하는 사람만이 살아남는다는 '적자생존의 법칙'이 우리들에게도 그대로 적용된다.

변화에 대응하는 부류는 크게 3가지로 나뉜다.

시대의 흐름을 거부하는 부류가 있다. 세상은 변하고 있는데 현실에 안주하는 사람들이 이에 속한다. 시간이 지나고 나면 한참 뒤처진 자신들을 발견하고 땅을 치며 후회를 한다. 뒤늦게 한숨을 쉬어도 아무 소용이 없다.

다음으로 변화를 따라가는 부류가 있다. 다른 사람이 변하니까 마지못해 시도하는 것이다. 결코 남들보다 앞설 수 없는 유형이다. 남들만큼만 하면 그럭저럭 살 수 있다고 자신을 위로하면서 사는 사람들이다. 이런 부류의 사람들은 새로운 역사를 쓸 수 없다.

마지막으로 변화를 주도하는 사람들이 있다. 시대의 흐름을 먼저 읽고 남들보다 먼저 자신을 변화시키고 새로운 목표에 도전한다. 남들이 이전에 가지 않았던 길을 걷는 사람들이 이에 해당된다. 성공은 바로 이같은 사람들이 만들고 창조해 내는 것이다.

네덜란드 라이든 대학의 생물학과 연구팀이 유럽 도시지역의 수컷박새를 조사한 일이 있었다. 수컷박새들은 도시의 요란한 소음을 뚫고 상대방에게 신호를 전달하기 위해 주파수 변조를 통해 울음소리의 음조를 높이는 것으로 조사됐다. 연구팀이 같은 시기에 조용한 시골 마을에서 조사한 박새들은 상대적으로 낮은 소리로 우는 것으로 나타났다. 도시지역 박새들은 소음을 뚫고 자신들의 메시지가 상대방에게 전달되도록 하기 위해 울음소리를 지속적으로 높여왔던 것이다. 도시 지역 박새들이 환경변화에 적응해왔다는 얘기가 된다.

여러분은 어떠한가. 우리에게 새로운 변화의 물결이 다가오고 있다는 것을 느끼는가. 그렇다면 어떻게 준비하고 있는가. 혹시 변화의 바람을 느끼지도 못하는 것은 아닌가.

박근혜는 현실에 안주하지 않고 변화와 혁신을 추구한다. 지나간 과거에 집착하기보다는 현실에 충실하려고 하고, 오늘보다는 더 나은 내일을 꿈꾼다. 국회의원을 거쳐 한나라당 부총재와 한나라당 대표를 거쳤고, 대통령 후보로 나서기도 했다. 근혜의 변화와 혁신은 지금도 진행 중이다.

2002년으로 돌아가 보자. 박근혜는 한나라당 총재와 당원들에게 변화와 혁신을 요구했다. 옛날부터 지속되어온 구태의연한 방식으로는 한나라당이 국민들로부터 지지를 받을 수 없고, 대통령 선거에서도 승리할 수 없다고 목청을 높였다. 과감하게 변화하지 않으면 한나라당은 도태되고 말 것이라고 주장했다.

근혜는 총재직을 폐지해야 한다며 당원들을 설득했다. 당시 한나라당 총재에게는 엄청난 도전이었다. 총재를 보좌하고 있는 당원들로부터 빗발치는 비난과 저항에 시달렸지만 근혜는 굽히지 않았다. 총재는 국회의원 선거에 나서는 사람을 선택할 수 있는 권리(공천권)를 가지고 있었고, 당을 운영하는 경비도 독점하고 있었다. 총재가 당을 운영하는 모든 권리를 가지고 있었던 것이다. 사람들은 총재에게 잘 보이기 위해 바른 소리도 제대로 하지 못했고, 총재의 눈 밖에 나지 않기 위해 총재의 실수나 잘못에 대해 비판하지도 않았다. 따라서 모든 권력이 한 사람에게 집중되는 문제점이 있었다. 근혜는 총재직 대신 여러 사람이 공동으로 의사결정기구를 만들어 당을 이끌어가는 민주적인 시스템을 도입해야 한다고 주장했다.

"왜 총재직을 없애자는 겁니까. 지금까지 별 문제가 없었는데."

"새로운 시스템은 검증이 안 됐어요. 그냥 이대로 갑시다."

"문제가 생기면 당신이 책임질 거요?"

주위 사람들은 근혜를 비판하고 매도했지만 근혜는 흔들리지 않았다. 잘못된 관습이나 관행은 과감하게 뜯어고치고 새로운 변화를 시도해야 한다는 신념을 굽히지 않았다.

또 박근혜는 대통령 후보를 결정하는 과정에 국민들이 참여해야 한다고 주장했다. 당원과 대의원들만 참여해서는 국민들의 뜻을 제대로 반영하지 못하는 만큼 국민들도 대통령 후보를 선정하는데 적극적으로 참여해야 한다는 것이었다. 국민들이 선거과정에 참여해서 대통령 후보를 뽑게 되면 그 후보는 국민을 대표하는 상징성을 가지기 때문이다. 이전까지는 한나라당 내부에서 대통령 후보를 뽑았는데 이는 국민들의 뜻을 제대로 반영하지 못하는 문제점을 가지고 있었다.

"대통령 후보를 뽑는데 왜 국민들이 참여합니까?"

"복잡하게 만들지 말고 하던 대로 합시다."

아니나 다를까 반대하는 목소리가 터져 나왔다.

박근혜는 국회의원 후보를 총재가 일방적으로 선택해서는 안 되며, 별도의 기구를 만들어 객관적인 심사과정을 거쳐 공정하게 뽑아야 한다고 주장했다. 근혜는 한나라당의 체질개선을 요구했던 것이다. 하지만 당시 한나라당 총재를 비롯해 당원들은 변화와 혁신을 요구하는 근혜의 목소리에 귀를 기울이지 않았다. 새로운 제도를 도입하게 되면 자신들이 이전에 가졌던 권리를 빼앗길지도 몰라 두려웠던 것이다.

한나라당은 정당개혁을 요구하는 박근혜와 일부 의원들의 주장에 대해 논의했지만 결국 개혁안을 받아들이지 않았다. 근혜는 크게 실망했다. 시대는 변화와 개혁을 요구하고 있는데 이를 읽지 못하고 구태의연한 과거 관행에 머물려고 하는 한나라당의 모습이 한심했다. 당은 변화하려고 노력하지 않으면서 어떻게 국민들로부터 사랑과 지지를 얻어낼 수 있단 말인가. 이는 국민을 속이고 기만하는 행동이 아닌가. 결국 박근혜는 2002년 2월 28일 한나라당을 떠나기로 하고 탈당을 선언했다. 자신의 소신과 원칙에 어긋나는 정치를 할 수는 없었다. 그것은 자신을 속이고, 국민을 속이는 일이었다.

훗날 박근혜는 한나라당 대표가 되었을 때 이 같은 내용을 중심으로 정당개혁에 나섰고, 과감하게 한나라당의 체질을 변화시켰다. 오늘날 한나라당의 발전된 정당문화는 박근혜의 변화와 개혁에 대한 신념이 만들어낸 결과물이다.

"좀 더 일찍 정당을 개혁했었더라면 좋았을 텐데……."

"그 때 변화와 혁신에 나섰더라면……."

"박근혜의 말이 옳았어."

한나라당 사람들이 정당개혁을 하고 난 뒤에 이구동성으로 했던 말이다. 박근혜는 도시의 박새처럼 자신을 변화시켰고, 시대흐름에 둔감한 다른 사람들도 변화시켰다. 환경은 급속도로 변화하고 있는데 자신은 변하지 않고 현실에 안주한다면 이는 자살행위와 마찬가지다. 변화에 적응하지 못한 공룡은 화석으로만 옛날의 위풍당당했던 모습을 전할 뿐이다.

학교생활을 하고, 직장생활을 하고, 사회생활을 하는 우리들도 환경이 변화하는 것에 맞추어 자신을 변화시켜 나가지 않으면 죽은 화석이 되고 만다.

혁신을 즐겨라

에스키모인들이 어떻게 늑대사냥을 하는지 아는가. 에스키모인들에게는 조상대대로 내려오는 늑대사냥 방법이 있다. 얼음바닥 위에 가축의 피가 묻은 칼을 꽂아 놓으면 후각이 뛰어난 늑대가 어슬렁어슬렁 몰려든다. 그리고 주위를 이리저리 둘러보다가 칼에 묻은 피를 핥기 시작한다. 피 맛을 알고 먹는 속도도 점점 빨라진다. 피를 다 먹은 늑대는 혀로 날카로운 칼을 더욱 핥게 된다. 늑대는 추위로 혀에 감각이 없어져 이것이 자신의 혀에서 나오는 피인지도 모르고 계속 먹어댄다. 감각이 무디어지고 늑대는 결국 자기 피를 흘리며 죽어간다. 에스키모인들의 먹잇감이 되는 것이다.

변화된 상황을 인식하지 못하고 현실에 안주한다면 우리들도 늑대와 같은 신세가 되지 않을까. 우리가 매일 변화하고 혁신해야 하는 이유가 바로 여기에 있다. 대부분의 사람들이 현실에 안주하는 것을 좋아한다. 하지만 우리가 현실에 머무르고 있을 때 앞서가는 사람들은 자신을 계발하고, 새로운 것에 도전하면서 변화를 시도한다. 먼 훗날 두 사람을 비교해 보면 엄청난 차이가 있다는 것을 알게 된다.

박근혜가 당대표로 있을 때 한나라당 당사 내부에 어린이집을 지을 것을 제안한 적이 있다. 당사에 어린이집이 없어 직원들이 동네 어린이집에 아이들을 맡기고 출근을 했기 때문에 야근이 있거나 퇴근이 좀 늦는 날에는 걱정이 이만저만이 아니었다. 남편에게 전화를 해서 빨리 퇴근을 종용하기도 하고, 어린이집 선생님에게 양해를 구하고 아이들을 몇 시간 더 맡기는 경우도 있었다. 퇴근시간이 가까워지면 직원들은 동네 어린이집에 맡겨 놓은 아이들 걱정 때문에 안절부절못했다. 이러한 광경을 자주 목격한 박근혜는 자신에게 이렇게 물었다.

"여성 복지를 위해 앞장서겠다고 약속하고 공약한 사람이 누구인가. 바로 한나라당 우리들 아닌가. 말로는 여성들을 위한 정책을 수립하겠다고 떠들어대면서도 정작 우리 자신들부터 실천하지 않는다면 무슨 소용이 있는가. 국민들에게 거짓말쟁이로 비춰질 것이 아닌가. 그래, 우리부터 시작하자. 한나라당 내부에 어린이집을 지어 여성 직원들이 마음 놓고 일을 할 수 있도록 하자."

박근혜는 변화와 혁신은 자신부터 시작해야 한다고 생각했다. 근혜가 예상한 대로 반발이 만만치 않았다.

"어린이집을 만들 공간이 없어요."

"아이들 떠드는 소리 때문에 소란스러울 겁니다."

"돈도 없습니다."

시간이 지날수록 반대 목소리는 커져갔다. 근혜는 오기가 발동했다. 많은 사람들이 '해보지도 않고 안 된다'고 말하는 것에 화가 치밀었다. 자신들은 변화하려고 하지 않으면서 기업들에게는 어린이집을 만들어야 한다고 떠들어대는 사람들을 보고 한심하다는 생각이 들었다. 여기에서 물러설 근혜가 아니었다.

"어린이집은 꼭 필요합니다. 이것은 국민들과의 약속을 지키는 일입니다. 어린이집을 짓도록 하세요."

한나라당 사람들은 근혜의 의지가 확고하다는 것을 확인하고서는 어린이집을 짓는데 동참하기로 했다. 결국 2004년 7월 한나라당 당사에 직원들이 아이들을 맡길 수 있는 어린이집이 만들어졌다.

어린이집이 개원하고 한 달 뒤 직원들의 평가는 남달랐다.

"아이들을 맡기고 일하니까 일이 더 잘 된다."

"쉬는 시간에 아이들을 볼 수 있어서 좋다."

"좀 더 일찍 어린이집을 만들었더라면 좋았을 텐데……."

"박근혜의 선택이 옳았어."

근혜의 원칙과 소신, 그리고 변화를 추구하는 마음가짐이 만들어낸 결과였다.

고치에서 나오려고 애쓰는 나비의 힘들어하는 모습을 본 적이 있는가. 한 소년이 고치에서 나오려고 안간힘을 쓰고 있는 나비를 지켜보고 있었다. 소년은 안타까운 나머지 고치를 꺼내주려고 했다. 그러자 소년의 아버지가 이를 말렸다.

"너는 좋은 뜻에서 도와주려고 하지만 나비가 손 압력을 못 이겨 죽을 수도 있단다. 그대로 내버려 두어라."

애벌레에서 나비로 변화를 꿈꾸는 나비는 이 같은 변화과정을 통해서만 날개를 강하게 만들 수 있고 하늘 위로 비상할 수 있다. 이 같은 변화를 거부한다면 나비는 날 수 없다.

병아리도 세상 빛을 보기 위해서는 알을 깨고 나와야 한다. 어미 닭도 도와주지 않는다. 압력차로 새끼 병아리가 죽을 수도 있기 때문이다. 성공과 패배의 두 갈래 길에서 살아남기 위해서는 나비와 병아리처럼 변화해야 한다.

남들과 똑같이 생각하고 행동해서는 살아남을 수 없다는 위기의식을 가져야 한다. 디지털 시대에 아날로그 기계가 무용지물이 되는 것처럼 세상은 급변하고 있는데 언제까지 옛날 방식을 고수하고 있을 것인가. 박근혜는 옛날의 관습이나 습관을 과감히 버리고 새로운 변화를 추구하는 것을 즐긴다. 새로운 변화가 자기 자신을 발전시키는 것은 물론 상대방에게도 새로운 동기를 부여하기 때문이다. 근혜의 변화와 혁신정신을 통해 우리는 다음과 같은 내용을 배울 수 있다.

첫째, 뱀이 주기적으로 허물을 벗듯이 우리도 과거의 관행을 벗어던져야 한다.

둘째, 덧없이 늙지 않기 위해서는 자신을 변화하고 계발해 나가야 한다.

셋째, 안락했던 과거의 습관에서 벗어나 미래를 계획하고 현재에 집중해야 한다.

넷째, 살아남기 위해서는 성격까지 바꿀 각오가 되어 있어야 한다.

2. 겸손한 사람만큼 강한 자는 없다

인간이란 존재는 사실 우쭐할 것도, 분노할 것도 없는 존재이다. 그 두 가지 모두 근본적으로 말하자면 오만에서 비롯된다.

아랫사람에게 더욱 고개를 숙여라

우리 주위에는 자신의 지위와 능력, 권력, 재산을 다른 사람에게 자랑하거나, 내세우기를 좋아하는 사람들이 있다. 자신이 다른 사람들보다 훌륭하거나 뛰어나다는 것을 과시하고 싶어 하는 사람들이다.

하지만 진정한 위엄과 명예는 자기 자신이 스스로를 높이는 데서 오는 것이 아니라 오히려 자신을 낮추고 겸손한 마음을 갖는 데서 시작된다. 역사적인 위인들의 공통점은 철저하게 자신을 낮추고, 자신의 실력과 능력을 개발했다는 것이다. 박근혜도 마찬가지다.

권력과 명예를 가진 사람들 옆에 서면 거리감이 느껴지지만, 박근혜에게서는 친밀감을 느낄 수 있다. 원칙을 무시하거나 약속을 지키지 않는 사람들에게는 더욱 강하게 맞서고, 소외된 사람들에게는 자신을 낮추고 고개를 숙이는 것이 박근혜가 보여주는 '겸손'의 미학이다. 요란하게 불빛을 발하다가 금방 사라져버리는 섬광이 아니라, 언제 분출될지 모르지만 저 밑에서 끊임없이 끓고 있는 화산과 같은 존재감을 보여주고 있다.

박근혜는 서울 여의도 국회의사당이나 의원회관에서 일하는 보좌진이나 직원들을 만날 때에는 항상 존댓말을 쓴다. 말을 통해 그 사람의 인격이 그대로 드러난다고 생각하기 때문이다.

그리고 복도에서 직원들을 만나거나 기자들을 볼 때에는 먼저 다가가 "안녕하세요"라며 인사를 건넨다. 인사를 받기보다는 먼저 다른 사람들에게 다가가 인사를 한다. 경비실 직원이나 안내 직원들이 오히려 미안한 마음이 들 정도로 근혜는 다른 사람들에게 고개를 숙인다.

"항상 미소를 지으며 인사를 건네는 모습이 너무나 아름답습니다. 국회의원이라는 신분에도 아랑곳하지 않고 주위 사람들을 배려하고 살피는 모습에서 '참 겸손한 분이구나' 라는 느낌을 받습니다. 그와 만나는 일이 즐겁습니다."

의원회관에서 일하는 여직원이 들려준 이야기이다. 근혜의 성공비밀 중의 하나는 단연 아래를 향하는 마음가짐, 즉 겸손이다.

우리 주위에는 돈과 권력을 앞세워 다른 사람들 위에 군림하려는 사람들이 많다. 이 같은 유혹을 물리칠 수 있는 사람이야말로 대단한 내공의 소유자이다. 가지면 가질수록, 지위가 높아지면 높아질수록, 돈이 많으면 많을수록 교만해지는 것이 인간이다. 이 같은 유혹을 물리칠 수 있을 때 우리는 성공에 한 발짝 더 다가설 수 있다.

박근혜가 보여주고 있는 겸손한 마음은 미국의 흑인 민권운동가였던 마틴 루터 킹 목사가 실천했던 겸손과 매우 닮았다. 킹 목사의 말씀을 음미해 보자.

"저에게는 여러분께 드릴 특별한 능력은 없습니다. 저는 위대한 목사인 체, 학식 깊은 학자인 체, 어떠한 실수도 하지 않는 사람인 체 하지 않겠습니다. 어떤 오류도 없는 완벽성은 하늘에 계신 주의 몫이지, 땅에 선 인간의 몫이 아닙니다. 저는 전지(全知)의 햇살에 몸을 담근 적도 없고, 전능(全能)의 물에 몸을 씻은 적도 없는 사람입니다. 저는 자신이 유한한 존재라는 것을 어느 한 순간도 잊지 않고 지내고 있습니다."

얼마나 아름다운 말인가. 자신을 내세우지 않고 낮추는 모습에서 잔잔한 감동을 느낄 수 있다. 킹 목사는 자신의 말대로 겸손한 삶을 살았고, 미국 역사의 전설이 되었다.

박근혜는 그의 자서전에서 겸손에 대해 이렇게 얘기하고 있다.

"아무리 머리끝부터 발끝까지 휘황찬란하게 보석으로 꾸몄다 해도 얼굴에 가득 담은 소박한 미소와 친절한 마음, 타인에 대한 따뜻한 이해와 배려만큼 아름답고 인상적인 여인의 장식품은 없다. 그것은 아무리 많은 돈을 들이더라도 살 수 없는 것이며, 하루아침에 만들어지는 것도 아니다. 오랜 세월 한결같이 마음을 갈고 닦으며 곱게 간직해 온 여성만이 지닐 수 있는 보석인 것이다."

근혜가 상대방에 대한 배려와 이해, 그리고 자신을 낮추는 겸손을 얼마나 중요하게 생각하고 있는지 알 수 있는 대목이다.

박근혜는 삼성동 집에 손님을 초대할 때면 주로 한정식을 대접하고 술은 백세주, 복분자주 등과 같은 전통주를 내놓는 경우가 많다. 손님들에게 술을 권할 때에는 계영배에 술을 따라 대접한다. 계영배를 좋아하게 된 이유와 계영배에 담긴 깊은 뜻도 같이 전해준다.

계영은 '과하거나 지나친 것을 경계하고 삼간다' 는 뜻이다. 술을 너무 많이 마시는 것을 경계하기 위해 만든 잔이다. 잔 밑에 구멍이 뚫려 있어 적당히 술을 부으면 괜찮지만 술을 잔의 70% 이상 따르면 모두 밑으로 흘러내려간다. 계영배에 술을 따를 때에는 조심스럽게 잔의 70%가 채 안 되도록 해야 한다. 욕심을 부려 술을 많이 따르면 술을 마실 수 없게 되어 있다. 결국 계영배는 인간의 끝없는 욕심을 경계해야 한다는 상징적인 의미를 가지고 있는 것이다.

성인으로 추앙받는 공자도 항상 계영배를 옆에 두고 스스로를 가다듬으며 과욕과 지나침을 경계했다. 또 조선시대 거상(巨商)인 임상옥도 계영배를 늘 곁에 두고 끝없는 욕심을 다스리면서 비즈니스를 했다. 근혜 자신도 계영배를 통해 욕심과 사심을 버리고 겸손하게 사람들을 대하고, 겸허하게 세상을 살아가는 지혜를 배우고 있는 것이다.

겸손할수록 승리는 돋보인다

박근혜는 자신이 운영하는 미니홈피에 이런 글을 올린 적이 있다.

"바르게 사는 것이 나약함의 표시가 아니며, 목소리를 내지 않는 많은 사람들을 나약하다고 오판을 해서도 안 됩니다. 과욕을 부리지 않고 상식적으로 옳고 그름을 정확히 판단해 나간다면 우리 사회에 기여하게 될 것입니다."

박근혜가 겸손을 얼마나 중요한 덕목으로 삼고 있는지 알 수 있는 대목이다. 박근혜가 겸손을 강조하고 생활 속에서 이를 지키기 위해 노력하는 것은 그의 개인적인 경험과 체험에서 비롯된 것이다. 어린 시절부터 청와대 생활을 하고 영부인 역할을 수행하면서 수많은 정치인과 정부 관료들이 욕심을 제어하지 못해 패가망신하는 경우를 많이 봤다. 권력과 명예를 등에 업고 사람들을 업신여기다가 세상 사람들의 비웃음거리가 되는 경우를 많이 목격했다. 박근혜가 계영배를 항상 머리맡에 두는 이유가 여기에 있다.

1990년 9월 2일자 일기에서 그는 이렇게 적고 있다.

"권력은 칼이다. 권력이 크면 클수록 그 칼은 더욱 예리하다. 조금의 움직임으로도 사람을 크게 해칠 수 있다. 그러므로 큰 권력은 사람들을 두렵게 만들지만, 정작 그 큰 권세를 가장 두려워해야 할 사람은 그것을 소유한 당사자이다. 깊은 철학을 지니고 수양을 많이 한 사람, 하늘의 가호를 받는 사람이 아니면 누구도 자기의 큰 권세를 제대로 다룰 수 없다. 그 칼을 마구 휘두르며 쌓이는 원망, 분노, 복수심 등은 되돌아와 그의 목을 조른다."

권력을 가지고 있고, 재산이 많고, 지위가 높은 사람들, 이른바 사회에서 성공했다고 평가받는 사람들이 왜 더욱 겸손해야 하는지, 자신을 낮추어야 하는지 박근혜는 명쾌하게 설명하고 있다.

박근혜의 몸에 배인 겸손한 태도는 어릴 때부터 어머니로부터 교육받은 것이었다. 대한민국의 영부인이었지만 겸손하고 소박했던 육영수 여사의 생활태도를 가까이서 지켜보면서 근혜는 겸손을 배웠다.

근혜가 서울 신당동 집에서 장충초등학교에 다니고 있을 무렵이었다. 아버지가 대통령에 당선되면서 청와대로 이사를 가게 되었다. 근혜와 여동생 근영이, 남동생 지만이는 넓은 뜰이 있는 청와대가 너무나 좋았다. 넓고 푸른 잔디 위에서 공도 찰 수 있었고, 숨바꼭질도 할 수 있었다. 심심하지 않게 하루를 보낼 수 있었다. 하지만 어머니는 근혜를 청와대로 데리고 가지 않고 신당동 집의 외할머니에게 맡겨 놓기로 했다.

"어머니, 저는 왜 청와대에 데리고 가지 않나요?"

근혜가 서운하다는 듯이 물었다.

"근혜야, 청와대로 들어가면 너는 청와대에서 장충초등학교까지 자가용을 타고 다녀야 해. 거리가 너무 멀기 때문이지. 근혜 너는 나에게 너무나 소중한 딸이지만 네가 자가용을 타고 학교에 다니는 것에는 찬성할 수 없단다. 돈이 없어 학교에도 다니지 못하는 학생들이 많은데 네가 자가용을 타고 학교에 다닌다면 사람들이 어떻게 생각하겠니?"

어머니는 근혜를 타이르며 말을 이어갔다.

"아버지가 대통령이라고 해서, 그리고 우리가 청와대에서 산다고 해서 특권의식을 가지면 안 된단다. 아무것도 달라지는 것은 없어. 다른 아이들처럼 생활하고 행동해야 돼. 항상 겸손하게 생활하도록 해라."

근혜는 어머니의 깊은 뜻을 깨달았다. 울면서 떼를 쓰거나 심통을 부리지 않았다. 어머니의 말씀이 옳다고 생각했기 때문이었다. 근혜는 성심여중에 입학하고 나서야 신당동 집을 떠나 청와대 생활을 할 수 있었다.

성심여중에 다닐 때 근혜는 전차를 이용해 등하교를 했다. 운전사가 달린 자가용을 타고 통학하는 것은 애초에 꿈도 꾸지 않았다. 근혜는 친구들과 이야기도 할 수 있고, 장난도 칠 수 있어서 전차로 통학하는 것을 좋아했다. 하루는 전차를 타고 통학을 하고 있는데 전차 차장이 이렇게 물었다.

"교복 배지를 보니까 성심여중에 다니나 봐요?"

"예, 맞아요."

"학생이 다니는 학교에 대통령의 딸이 다닌다면서요. 정말이에요?"

"그렇다고 해요."

"전차를 타고 다닌다면서요?"

"그렇다고 하네요."

"그 학생 공부는 잘 해요?"

"그럭저럭 하나 봐요?"

"키는 커요?"

"저만할 거예요."

이 일화는 박근혜가 『나의 어머니 육영수』라는 저서에서 소개한 글이다. 근혜는 어머니가 강조한 겸손의 가르침을 잘 알고 있었기 때문에 "제가 대통령의 딸이에요"라고 대답하지 않았다. 자신을 드러내지 않고, 평범하게 생활하는 모습을 보였던 것이다.

박근혜는 어릴 때부터 자신을 드러내지 않고 겸손하게 자신을 낮추는 방법을 배워왔다. 오늘날 한국을 대표하는 정치가로 명성을 날리고 있지만 근혜는 언제나 고개를 숙이고 허리를 낮춘다. 위세를 부리거나 거들먹거리는 모습을 그에게서는 찾아볼 수 없다.

근혜는 1981년 9월 2일 일기장에 겸손에 대해 이렇게 적고 있다.

"빳빳하던 벼가 결국 이삭이 패면서 조용히 고개를 숙이듯 인생이 무엇인지 많이 느끼고 깊이를 알면 알수록 인간은 겸허해지지 않을 수가 없게 된다. 일의 결과에 대해서도 최선의 노력은 하되 뜻과 같이 될 것은 장담하지 말 일이다. 오히려 최소한의 성과를 기대하면서 최대한의 노력을 기울이는 겸허함에 자연이나 신은 더 호감을 갖고 도와주고 싶어 할지도 모른다. 잘못되었다고 한탄하는 그 길에서 성공을 발견하고, 잘 되었다고 춤추고 노래하는 즐거움에 빠져 있을 때 깊은 수렁이, 또는 막다른 길목이 나타나기도 하는 것이다."

매일 매일 최선을 다하는 삶을 살아가면서 다른 사람들에게는 겸손해야 하고, 자신이 이룬 성과나 업적에 대해서도 겸허해져야 한다는 것이다. 이 글귀는 박근혜가 다른 사람들에게 말하는 것이 아니라 자기 자신에게 말하는 것이다. 자신도 이렇게 살아야 한다는 굳은 의지를 글로 표현한 것에 다름 아니다.

근혜는 1981년 5월 31일 일기에서 이렇게 기록하고 있다.

"'젊은 사람은 자기가 언젠가는 죽을 것이라는 것을 믿지 않는다' 라는 격언이 있다. 여기서 '젊은 사람' 과 '죽으리라는 것' 을 바꾸어 쓰면 또 다른 많은 진실이 나온다. 즉, 권력에 탐닉하여 그것을 남용하는 자는 자기가 언젠가는 그 권세를 잃게 되리라는 것을, 행복에 겨운 자는 자기가 언젠가는 불행해질 수 있다는 것을, 건강에 자만한 자는 자기가 언젠가는 그 건강을 잃게 될 수 있다는 것을, 부자는 자기가 언젠가는 가난해질 수 있다는 것을 믿지 않는다."

겸손과 겸허에 대해 근혜가 어떻게 생각하고 있는지 그대로 표현하고 있다.

고대 철학자 아르키메데스도 말하지 않았는가. "신은 인간의 교만에 대해 눈물로 보상하게 만들었다"라고.

그리고 박근혜가 자주 읽었던 『맹자』라는 고전에서 맹자는 겸손에 대해 이러한 가르침을 주고 있다. 근혜의 겸손은 사실 맹자의 가르침에서 배운 것이라고 할 수 있다.

"사람을 사랑하되, 그가 나를 사랑하지 않거든 나의 사랑에 부족함이 없는가를 살펴보라. 사람을 다스리되, 그가 다스림을 받지 않거든 나의 지도에 잘못이 없는가를 살펴보라. 행하여 얻음이 없으면 나 자신을 반성하라. 내가 올바르면 천하는 모두 나에게 돌아온다."

진정으로 용기 있는 사람만이 겸손할 수 있는 법이다. 겸손은 자기를 낮추는 것이 아니라 결국 자신을 세우는 것이다. 박근혜는 이 같은 진실을 우리에게 몸소 보여주고 있다.

3. 소통하면 적도 친구가 된다

"제가 한나라당 대표가 된 후에 제일 많이 갔던 곳이 바로 시장입니다. 가서 서민들 사시는 것을 보고 듣고 손잡고 얘기도 많이 했습니다. 많은 분들이 제 손을 잡고 하시는 말씀이 아버지는 실직하고, 자식들은 취직이 안 되고, 엄마라도 벌어 보겠다고 시장에 나왔는데 장사가 너무나 안 되니 어떻게 사냐고 울먹였습니다. 눈물이 났습니다."

귀가 아닌 마음으로 들어라

우리는 소통이 절실한 시대에 살고 있다. 부부 간에도, 부모와 자녀 간에도, 친구 간에도, 직장동료 간에도, 여당과 야당 간에도, 심지어 대통령과 국민 간에도 소통이 되지 않는 '불통' 이 계속 이어지면 미움과 원망만 쌓이게 된다. 서로 마음을 터놓고 이야기를 하고, 상대방의 입장을 이해하려는 노력을 기울이면 절대 풀릴 것 같지 않게 보였던 문제들도 술술 풀리는 경우가 있다.

마음의 문을 닫고 자신만이 절대 선(善)이고, 자신의 말만 옳다고 생각하는 사람에게는 주위에 친구가 없다. 있던 친구들도 시간이 지나면 하나둘씩 그의 곁을 떠나고 만다.

기업도 마찬가지다. 직원들과 소통하며 경영 문제를 고민하는 최고경영자의 회사는 대부분 실적이 좋다. 회사는 직원들에게 믿음을 주게 되고, 직원들은 회사를 진정으로 아끼게 된다. 반면 직원들과 소통하지 않고 모든 문제를 몇몇의 경영진들이 결정해 버리는 회사는 대부분 문제를 안고 있다. 회사는 직원들에게 제대로 된 비전을 제시하지 못하고, 직원들은 회사를 위해 헌신하지 않으려고 한다. 혈액순환이 잘 되어야 신체가 건강한 것처럼 소통이 잘 되어야 개인이나 조직이 성공할 수 있다.

박근혜의 성공 처세술 가운데 눈에 띄는 것 중의 하나가 '소통의 기술'이다. 근혜가 보여주는 소통에서 나타나는 특징은 다음과 같이 요약할 수 있다.

첫째, 다른 사람의 말을 귀로 듣는 것이 아니라 마음으로 듣는다. 형식적으로 남의 말을 듣는 흉내를 내는 것이 아니라 그들이 말하는 진심을 알아듣기 위해 노력해야 한다.

둘째, 소통을 잘하기 위해서는 자신을 낮추어야 한다. 가진 자의 입장에서, 배운 자의 입장에서, 그리고 권력을 가지고 있는 자의 입장에서 상대방을 바라보아서는 안 된다. 상대방의 눈높이에 맞춰 머리를 낮출 때 소통의 위력은 더욱 큰 힘을 발휘한다.

셋째, 소통은 말을 하는 것이 아니라 말은 듣는 것이다. 꼭 필요한 경우가 아니라면 자신이 해야 할 말은 절제하고, 대신 상대방의 말을 많이 들어주어야 한다.

박근혜는 위에서 제시한 3가지 특징과 원칙을 바탕으로 사람들과 소통한다.

근혜는 사람들과 이야기하고, 그들의 고충과 어려움을 듣는 것을 좋

아한다. 여의도 국회의사당에서만 생활하지 않고, 청과물시장이나 먹자
골목을 자주 찾아 서민들의 애환을 듣는 것을 즐긴다. 서민들의 목소리
와 의견을 듣고 이를 국가정책에 반영하기 위해서다. 이른바 '소통'을
통해 국민들과 좀 더 가까워지고 친해지기 위해 노력하는 것이다.

박근혜가 속해 있는 한나라당은 전통적으로 보수층의 목소리를 대변
하는 정당이다. 젊은층보다는 중년층과 노인층으로부터 지지를 많이 받
고 있다. 북한과는 일정거리를 두면서 경계를 해야 하고, 우방국인 미국
과의 연대와 공조는 강화해야 하고, 지나친 근로자들의 노동조합운동이
나 전국교직원노동조합(전교조) 활동은 제한해야 한다는 입장을 보이고
있다. 국회의원 선거를 하거나 대통령 선거를 하면 한나라당은 보수층으
로부터는 높은 지지를 받지만, 대학생과 젊은층으로부터는 상대적으로
낮은 지지를 받았다. 젊은층의 지지를 받지 못해 선거에서 패배하는 경
우도 많았다. 한나라당에 대한 젊은이들의 평가는 냉혹했고, 어떤 의미
에서는 객관적이었다.

"융통성이 없다."

"너무 보수적이다."

"시대는 변하고 있는데 한나라당은 변화하지 않는다."

"젊은 사람들의 의견을 듣지 않는다."

한나라당에 대한 젊은이들의 불만은 계속 이어졌지만 한나라당은 별
다른 조치를 취하지 않았다. 젊은이들과 소통하려고 하는 노력이나 모습
을 보이지 않았다.

당시 한나라당 대표로 일하고 있었던 근혜는 젊은이들과의 소통을 활

성화하기로 마음을 먹었다. 특별한 조치가 필요하다고 생각했던 것이다. 한나라당 홈페이지를 잘 만들고 다양하게 꾸미면 젊은이들에게 한나라 당의 정책이나 이념을 보다 잘 전달할 수 있을 것이라고 확신했다. 모든 젊은이들을 직접 만나는 것은 불가능하지만 홈페이지를 잘 관리해 놓으 면 젊은이들이 한나라당 홈페이지에 접속해 한나라당을 더 잘 알 수 있 을 것이라고 판단했던 것이다. 홈페이지 개선작업은 아주 치밀하게 이루 어졌다. 홈페이지 업무를 총괄하는 특별팀을 바로 만들었고, 특별팀에서 일하는 멤버를 젊은이들로 구성했다. 운영자가 젊은 사람들이면 젊은이 들의 생각을 더 잘 알 수 있을 것이라고 생각했기 때문이다.

박근혜는 수시로 특별팀 멤버들을 만나 아이디어 회의를 하고, 좋은 조언도 주고받으며 홈페이지 작업에 함께 참여했다. 젊은이들과 소통하 려는 근혜의 열정과 특별팀의 노력으로 드디어 한나라당 홈페이지는 새 롭게 탄생했다. 반응은 가히 폭발적이었다.

"보수적인 이미지가 많이 사라졌다."

"젊은이들과 대화하려는 의지가 엿보인다."

"진정한 소통의 공간이다."

"한나라당이 국민들에게 귀를 활짝 열고 있다."

기존 한나라당을 지지하는 사람들은 물론 대학생, 직장인 등과 같이 젊은층이 한나라당 홈페이지를 방문하는 횟수가 시간이 갈수록 많아졌 다. 근혜는 소통을 귀로 하는 것이 아니라 마음으로 했던 것이다.

젊은 네티즌들은 한나라당 홈페이지를 방문해 자신들의 의견을 말하 는가 하면 칭찬할 것은 칭찬하고 비판할 것에 대해서는 날카롭게 비판했다. 한나라당 홈페이지가 토론을 하는 광장으로 변한 것이다. 한나라당 홈페이지는 대한민국 어느 정당보다도 더 많은 방문자수를 기록하고 있다. 소통의 중요성을 일찌감치 깨달은 근혜의 혜안이 빛을 발하는 대목이다.

박근혜는 한나라당 홈페이지뿐만 아니라 자신의 미니홈피와 블로그, 트위터 등을 통해서도 국민들과 대화하고 소통한다. 많은 정치인들이 미니홈피 관리를 전문가에게 맡기지만 근혜는 직접 글과 사진을 올리고, 미니홈피를 관리한다.

매일 매일 바쁜 일정에 쫓기지만 국민들과의 대화를 다른 사람의 손을 빌려서 한다는 것은 국민들에 대한 예의가 아니라고 생각한다. 한 줄의 글을 남기더라도 직접 글을 쓴다.

2010년 10월 31일 기준으로 박근혜가 운영하는 미니홈피의 누적 방문객 수는 991만여 명으로 1,000만명 돌파를 눈앞에 두고 있다. 매일 1,400~1,500명의 네티즌들이 미니홈피를 방문해 근혜와 소통을 하고 있다. 근혜는 미니홈피 사진첩 코너에 붓글씨를 쓰는 모습, 이병헌과 사진을 찍은 모습, 김장을 담그는 모습, 아이들과 문화재를 청소하는 모습 등 다양한 사진을 올려놓고 있다. 그리고 국민들에게 희망과 용기를 주는 메시지도 빠트리지 않고 올리고 있다.

박근혜가 미니홈피에 관심을 갖게 된 것은 2004년 2월이었다. 젊은이들과 대화를 나누다 싸이월드 미니홈피를 알게 되었고, 이후 자신의 소소한 일상생활이나 정치적인 신념을 미니홈피에 올렸다.

미니홈피를 만들 당시 근혜는 이 같은 다짐을 밝혔다.

"젊은이들과 호흡을 같이하고, 있는 그대로의 내 모습을 편견 없이 보여주고 싶다. 젊은이들, 특히 소녀들과 격의 없이 교류하고 있는 그대로 내 모습을 보여줄 통로를 찾고 싶었다. 정치에 무관심하던 네티즌과도 친밀한 유대관계를 형성하고, 정치의 부정적인 이미지를 씻어내고 싶다. 내 홈페이지를 통해 정치인도 결국 평범하고 같은 눈높이를 가진 사람이라는 것을 자연스럽게 이해하게 될 것이다. 여기에 정치적인 사안은 게재하지 않겠다. 철저하게 사적이고 부담 없는 내용으로 꾸며질 것이다."

박근혜는 젊은이들의 생각을 이해하고, 젊은이들의 고민을 들어주고, 젊은이들이 정치인들에게 무엇을 바라는지를 파악하기 위해서는 미니홈피 등과 같은 인터넷 매체를 통하는 것이 가장 효율적이라고 생각했다. 인터넷 매체를 통한 근혜의 소통이 성공적인 결과를 이끌어낼 수 있었던 것은 바로 '진심'이 담겨 있었기 때문이다.

상대방의 눈높이에 맞추어라

미니홈피를 만들고 얼마 되지 않아 박근혜는 이런 글을 올렸다.

"이렇게도 많은 사람이 관심을 두고 찾아와 주셔서 너무나 감사드립니다. 여러분의 말씀을 한 가지도 빼지 않고 읽고 있습니다. 언제나 여러분 곁에 있겠습니다. 모두에게 답장은 못해 드려도 답장 열심히 하도록 노력하겠습니다. 꽃샘추위 조심하시고, 건강하세요."

근혜는 전자공학과 출신답게 인터넷에 대해 거리감이 없었고, 인터넷을 다루는 데도 별다른 어려움이 없었다. 미니홈피를 개설한 초기에는 네티즌들의 글이 너무나 보고 싶어서 새벽까지 컴퓨터 앞에 앉아 미니홈 피 글을 읽기도 했다. 싸이월드를 통해 맺은 1촌은 그야말로 근혜를 사랑 하는 열성팬들이다. 정치인 가운데 근혜만큼 1촌을 많이 보유하고 있는 사람도 없다.

"저만큼 친척이 많은 사람도 없을 거예요."

박근혜가 기자들에게 자주 하는 말이다.

근혜는 2004년 3월 성공에 대한 자신의 생각을 올렸다.

"하루의 시작과 끝은 홈페이지와 미니홈피를 보는 일이다. 어떤 일을 성취시키는 일, 성공하는 일보다 더 어려운 일은 그 상태를 유지하는 일 이다. 일에서도 인간관계에서도 마찬가지다."

근혜는 미니홈피에 이어 2010년 7월부터는 트위터를 시작했다. 국민 들과 대화하고 소통할 수 있는 방법이 있다면 모두 활용하기로 했다. 2010년 한국 낭자들이 'U-17 여자월드컵'에서 우승했을 때에는 트위터 를 통해 "진심으로 축하한다. 무관심과 열악한 축구 환경 속에서 값진 승 리를 이뤄낸 태극 소녀들이 자랑스럽다"라고 축하했다.

또 2010년 추석을 앞두고서는 자신의 트위터에 '마음을 나누는 추석 이 되시길…'이라는 제목의 동영상을 올렸다. 이 영상은 근혜가 직접 만 든 것으로 국민들에게 전하는 메시지가 담겨 있다. 이 동영상은 일주일 만에 조회 수가 6,000회를 넘어설 정도로 큰 인기를 끌었다.

팔로어(네티즌)의 질문에는 시간이 나는 대로 성실하게 답변을 한다. 2010년 10월 미국에 거주하는 한 네티즌이 근혜의 트위터에 이렇게 물 었다.

"삶에서 가장 중요한 것이 무엇입니까?"

"꿈을 갖는 것, 그리고 그것을 이루기 위한 열정이라고 생각합니다."

박근혜는 젊은이들과 소통하는 도구로써 인터넷을 활용하고 있는 것이다. 근혜가 국민들과 좀 더 가까워지기 위해 소통하는 방법으로 한나라당 홈페이지를 꾸미고, 개인 미니홈피를 운영하고, 블로거를 하고, 트위터를 하는 것 이외에 자신의 집을 기자들에게 오픈하는 것도 있다. 서울 삼성동 자택에 기자들을 초대해 보통 사람들처럼 평범하고 소박하게 살아가는 모습을 있는 그대로 보여준다. 손님이 온다고 해서 과장하거나 꾸미지 않고 진솔하게 공개한다. 근혜의 이 같은 모습은 방송과 신문을 통해 국민들에게 전달되고, 국민들은 자연스럽게 그에게 친근감을 느끼게 된다.

정치인들이 자신의 집을 공개하는 것은 매우 이례적인 일이다. 많은 정치인들은 개인생활 보호를 위해 집을 오픈하는 것을 꺼린다. 하지만 박근혜는 국민들에게 있는 그대로의 모습을 보여주고, 소통하는 것이 더 중요하다고 생각해 기자들을 집으로 초대한다. 취미생활로 익힌 피아노를 연주하기도 하고, 서재에 꽂혀 있는 수많은 책들 중 감명 깊게 읽은 책을 소개하기도 하고, 계영배에 백세주를 따라 손님들에게 대접하기도 한다. 기자들은 소탈하게 생활하는 근혜의 일상을 소개하고, 이를 방송과 신문을 통해 간접 경험하는 사람들은 근혜에게 더욱 친근감을 느끼게 된다.

박근혜는 젊은이들의 생각이나 사고방식을 이해하기 위해 노력한다. 눈높이를 맞추는 것이다. 소통에서 눈높이를 맞추는 것만큼 중요한 것은 없다. 눈높이를 낮춘다는 것은 결국 자기 자신을 낮추는 것과 같다.

젊은이들과 같이 하는 행사에서는 '젊은 그대'를 즐겨 부르고, 솔리드의 '천생연분'과 캔의 '봄날은 간다'도 즐겨 부른다. 신세대 노래는 가사를 외우기도 힘들지만 박근혜는 메모지에 가사를 옮겨가며 열심히 외운다. 젊은층의 문화를 이해하고, 그들과 코드를 맞추기 위해서이다.

이처럼 젊은이들과 대화하고 소통하려는 노력에 힘입어 근혜의 팬들은 더욱 많아지고 있다. 정치에 입문한 1998년에만 하더라도 근혜는 중장년층이나 노인층으로부터 폭넓은 지지를 받았지만, 지금은 젊은층들이 그의 열렬한 팬이 되고 있다. 청소년들이 인기그룹 '소녀시대'를 보고 열광하는 것처럼 근혜를 만나면 함성을 지르고, 사인을 받고, 핸드폰 카메라로 사진을 찍는다. 근혜가 속한 한나라당을 싫어하는 젊은이들도 근혜가 나타나면 빙 둘러서서 애정표현을 한다. 젊은이들에게 근혜는 '인기스타' 뺨치는 인기를 누리고 있는 것이다. 정치인들이 특정 연령대에 국한해 인기를 얻고 있는 것과는 달리 근혜는 다양한 연령대에서 인기를 얻고 있다. 50대와 60대 이상은 맏며느릿감 인상을 풍기고 안정된 이미지를 보이는 근혜를 좋아하고, 30대와 40대는 거친 세상살이에도 불구하고 원칙과 소신을 지키는 모습에 감동을 받고, 10대와 20대 청소년들은 미래를 위해 항상 변화하고 혁신하는 근혜를 좋아한다. 정치적인 신념이나 이념을 떠나 박근혜는 이처럼 다양한 계층의 사람들로부터 '인간 박근혜'로서 사랑을 받고 지지를 얻고 있는 것이다. 이 같은 일이 가능한 것은 근혜가 다양한 방법과 수단을 통해 국민들과 대화를 하고, 소통을 하기 때문이다.

박근혜는 네티즌들로부터 받은 수많은 이메일 중에서 아직도 가슴속 깊이 간직해 두는 것이 있다.

"시작이 순수하고, 과정이 투명하고, 마지막에 향기가 날 수 있는 그런 정치인을 보고 싶습니다"라는 글귀다.

근혜의 소통방법은 세계적인 성인 '공자'와 많이 닮았다. 근혜는 젊은 시절 『논어』『명심보감』『정관정요』등과 같은 중국 고전을 즐겨 읽었기 때문에 공자의 소통방법에 대해서도 잘 알고 있었다.

공자는 제자들의 장단점을 잘 파악해 그에 맞춰 대답을 했다. 서로 다른 제자들이 똑같은 질문을 해도 각각 대답은 달랐다. 제자들의 눈높이에 맞는 대답을 하면서 그들과 소통을 한 것이다.

하루는 제자 '염구'가 공자에게 질문을 했다. 염구는 매사에 신중한 성격이었다.

"의로운 일을 들으면 바로 실천해야 합니까?"

공자는 이렇게 대답했다.

"바로 실천해야 한다."

이번에는 제자 '자로'가 같은 질문을 했다. 자로는 다소 성급하고 다혈질 성격이었다.

"의로운 일을 들으면 바로 실천해야 합니까?"

공자는 이번에는 이렇게 대답했다.

"아버지와 형이 있는데 들은 것을 어찌 바로 실천하겠느냐?"

똑같은 질문에 대답이 달랐던 것이다.

이 말을 옆에서 듣고 있던 다른 제자들이 공자에게 따져 물었다.

"어찌 똑같은 질문에 다른 대답을 하십니까?"

공자가 제자들을 한번 둘러보더니 이렇게 대답했다.

"염구는 머뭇거리는 성격이어서 앞으로 나아가게 해준 것이다. 반대로 자로는 지나치게 용감하기 때문에 제지시킨 것이다."

공자는 상대방의 눈높이에 맞는 대화를 했던 것이다. 소심한 성격의 염구에게는 염구에게 맞는 대답을 했고, 성미가 급한 자로에게는 자로에게 적합한 대답을 한 것이다.

박근혜가 국민들과 대화하고 소통하는 방법도 마찬가지다. 보수적인 중장년층과만 대화하는 것이 아니라 진보성향이 강한 젊은이들과는 젊은이에게 어울리는 소통방법을 개발해 이들의 고민과 고충을 들어주고 있는 것이다. 고대 그리스의 철학자 아리스토텔레스도 이렇게 말하지 않았는가.

"남을 따르는 법을 알지 못하는 사람은 좋은 지도자가 될 수 없다."

결국 근혜의 소통을 한마디로 요약하면 '남들이 말하지 않아도 상대방의 마음을 미리 헤아려라' 라고 정리할 수 있다. 상대방이 나의 생각을 이해해 주기를 바라기보다는 내가 먼저 상대방의 친구가 되기 위해 노력해야 한다는 것이다.

상대방의 목소리에 귀를 기울이면서 소통하는 것이 얼마나 중요한 가치인지 보여주는 이야기가 있다.

로마인은 많은 신(神)을 믿는다. 다신교 민족이다. 수도 로마를 수호하는 신은 최고의 신 유피테르이고, 전쟁에서는 마르스나 야누스가 있고, 농업은 케레스 여신이 담당한다. 또 술은 바쿠스 신이 맡고, 행복한 결혼은 유노 여신이 관할하고 있다. 그리고 재미있는 것은 부부싸움의 수호신인 비리프라카 여신이 있다는 점이다.

부부싸움으로 갈라서는 사람들을 흔하게 볼 수 있다. 남편은 아내를 무시하고, 아내는 남편의 말을 들으려고 하지 않는다. 서로 자기의 주장이나 입장이 옳다고 생각하면서 양보를 하지 않는다. 하루 이틀 이 같은 불만이 쌓이다 보면 언젠가는 폭발하게 된다. 그리고 이혼법정으로 가게 된다. 평생을 함께 살아온 노인 부부들 사이에서 '황혼이혼'이 늘어나는 것도 이 같은 이유에서다.

비리프라카 여신은 부부싸움으로 이혼하려는 사람들을 화해시키고 다시 화목하게 살도록 도와준다. 재미있는 것은 비리프라카 여신이 별다르게 하는 일 없이 부부들을 화해시킨다는 점이다.

비리프라카 여신을 모신 신전에서는 지켜야 할 규칙이 하나 있다. 한 번에 차례대로 한 사람씩 여신에게 자신의 처지를 이야기해야 한다. 두 사람이 동시에 말을 해서는 안 된다. 남편이 이야기를 끝내고 나면 아내가 말을 하는 식이다. 비리프라카 여신은 담담하게 두 사람의 이야기를 들을 뿐이다. 이렇게 되면 어느 한쪽이 자신의 처지를 호소하는 동안 다른 한쪽은 남의 이야기를 들을 수밖에 없다. 이야기를 잠자코 듣고 있는 시간이 길면 길수록 상대방의 입장과 처지를 이해하고 동정하는 마음이 생기게 된다. 처음에는 이해하지 못했던 상대방의 주장에도 일리가 있다는 것을 깨닫게 된다. 평소에는 대화를 하지 않아 몰랐던 부분들을 알게 되면서 상대방의 입장을 이해할 수 있게 된다. 닫혔던 마음의 문이 조금씩 열리는 것이다. 이처럼 서로 상대방의 말을 듣고, 소통하게 되면 자연스럽게 오해도 풀리고, 응어리졌던 섭섭했던 마음도 사라지게 된다. 비리프라카 신전에 들어섰던 예비 이혼부부들이 신전을 나올 때 상대방을 더욱 아끼는 부부가 되어 있는 것은 바로 소통을 했기 때문일 것이다.

소통의 힘은 이렇게 위대하다. 박근혜는 소통의 위력을 알고 있기 때문에 끊임없이 사람들과 대화하고 소통하려고 한다. 미니홈피를 직접 운영하고, 젊은이들의 행사에 참여하는 것은 소통하려는 의지가 없으면 불가능한 일이다. 근혜가 사람들과 대화하고 소통하는 방법을 유심히 살펴보면 인생을 지혜롭게, 그리고 슬기롭게 살아가는 비법을 배울 수 있다.

4. 모든 아름다움의 비밀은 열정이다

로마는 하루아침에 이루어지지 않았다. 하루아침에 유능한 목수나 기술자가 되는 사람은 없다. 아무리 훌륭한 기술을 가지고 있다 하더라도 오랫동안 실행하기를 멈추면 애써 익힌 기술이 무디어지고 말 것이다.

열정은 마음을 움직인다

열정적인 삶을 이야기할 때 빠트릴 수 없는 인물이 그리스신화에 나오는 조각가 '피그말리온' 이다. 피그말리온은 여자의 단점과 결점을 너무 많이 본 나머지 여자를 혐오하게 되어 평생 결혼하지 않고 혼자 살겠다고 마음먹었다. 모든 것을 잊고 일에 전념하기로 결심한 그는 자신이 이전에 보았던 어떠한 여자와도 비교가 되지 않을 만큼 아름다운 얼굴과 몸매를 가진 조각상을 만들게 된다. 그는 이 조각상에게 '갈라테아' 라는 이름을 붙여준다. 피그말리온은 갈라테아 조각상을 흠모하게 되었고, 사랑에 빠지게 되었다. 하지만 갈라테아는 상아로 만든 조각상에 불과했고, 숨을 쉴 수도 심장이 뛰지도 않았다. 하지만 피그말리온은 조각상이 살아있는 인간인 것처럼 그녀를 사랑했고 열정적으로 그녀에게 정성을 다했다. 대화를 하고, 아름다운 장신구를 붙여주고, 심지어 잠자리에 들 때에는 이불을 덮어주면서 아내인양 대했다. 사람들은 피그말리온의 행동을 이해할 수 없었으며, 정신이 나간 사람이라고 손가락질하기도 했다.

하지만 갈라테아를 향한 피그말리온의 사랑과 열정은 계속 이어졌다. 피그말리온은 급기야 아프로디테 제단 앞에서 갈라테아에게 생명을 불어넣어 아내로 삼을 수 있도록 해달라고 아프로디테 여신에게 기도를 올렸다. 피그말리온의 열정과 사랑을 확인한 아프로디테 여신은 그의 소원을 듣고서는 갈라테아를 인간으로 만들어 주었다. 피그말리온의 열정은 결국 갈라테아를 아내로 맞이하게 되는 놀라운 힘을 발휘하게 된다.

사람들은 열정과 긍정의 힘으로 불가능해 보였던 것을 가능하게 하는 힘을 '피그말리온 효과' 라고 부른다. 위대한 삶을 살았거나 성공한 사람들에게서 발견할 수 있는 공통점은 '피그말리온의 열정' 을 품고 세상을 살았다는 점이다. 박근혜도 예외가 아니다.

박근혜가 보여주는 열정의 첫 번째 원칙은 '열정은 사람의 마음을 움직인다' 는 것이다.

박근혜는 22살 때 어머니를 저 세상으로 떠나보냈다. 어머니의 사진을 보면서, 옛 추억을 떠올리면서, 어머니가 남겨 놓은 유품들을 바라보면서 근혜는 얼마나 많은 눈물을 흘렸는지 모른다. 아버지와 여동생 근영이, 남동생 지만이 앞에서는 애써 슬픈 표정을 짓지 않았지만, 외로이 혼자 방에 있을 때에는 흘러내리는 눈물을 참을 수가 없었다.

"아, 어머니가 안 계신 이 세상을 어떻게 살아나갈까. 언제나 내게 꿈과 희망의 말씀을 건네주시며 든든한 버팀목 역할을 해주셨는데 과연 내가 홀로서기를 할 수 있을까. 세상 경험도 많지 않고, 생각도 부족한데 어머니의 유업을 어떻게 이어받을 수 있을까."

근혜의 걱정과 근심은 날이 갈수록 깊어만 갔다. 눈물과 한숨으로 몇 주나 흘러갔다. 세상 사람들도 시간이 지나면서 어머니의 죽음을 잊어버리는 듯 했다.

"맞아, 마냥 이대로 주저앉아 있을 수만은 없어. 지금 나의 생각과 모습은 하늘에 계신 어머니가 바라는 것이 아니야. 일어나야 해. 다시 일어나야 해. 아버지와 동생들을 위해서라도, 하늘에 계신 어머니를 위해서라도, 나 자신을 위해서라도 먼지를 훌훌 털고 일어서야 해."

근혜는 눈물을 닦고 하늘을 쳐다보았다. 어머니가 환하게 웃으며 "그래, 그렇게 생각해야지. 그래야 내 딸이지."하며 말씀하시는 것 같았다.

"그래, 이제 내가 아버지를 도와드려야 해. 어머니를 대신해 청와대의 퍼스트레이디로서 어머니가 하셨던 일을 해야 해. 눈물을 거두자. 어머니의 모습을 그대로 이어간다면 충분히 잘 해나갈 수 있을 거야. 어려운 상황이 닥친다면 '어머니라면 어떻게 하셨을까?' 라고 생각하며 헤쳐 나가도록 하자. 하늘에 계신 어머니도 도와주실 거야."

근혜는 심호흡을 하고, 두 주먹을 불끈 쥐었다. 새로운 근혜로 태어나는 순간이었다.

어머니가 돌아가시고 한 달 가량 지난 뒤 '제4회 영부인배 어머니 배구대회'가 서울 장충체육관에서 열렸다. 근혜는 검은 상장(喪章)을 달고 참석했다. 상장(喪章)은 부모님이 돌아가셨을 때 애도의 마음을 표현하기 위해 소매나 옷깃에 붙이는 검은색 천 조각이다. 이 대회는 어머니인 육영수 여사가 창설한 대회였다. 어머니를 애도하는 노래가 경기장에 울려 퍼졌을 때에는 선수들도 울고, 관중들도 울고 경기장은 울음바다가 되었다. 근혜는 눈물을 보이지 않았다. 강철처럼 강해지기로 다짐했는데, 열정을 품고 살아가기로 마음먹었는데 다시 눈물을 보일 수는 없었다.

근혜는 어머니 배구선수들에게 인사말을 건넸다.

"지금 어머니는 돌아가시고 안 계시지만, 어머니가 계실 때보다 더 훌륭한 경기를 보여주세요."

환하게 미소를 짓는 근혜의 모습을 보고 어머니 배구선수들도 파이팅을 외쳤다. 근혜의 인사말은 어머니 배구선수들에게 건넨 말이었지만 자기 자신에게 다짐한 말이기도 했다. 어머니는 지금 내 곁에 계시지 않지만 어머니보다 더 훌륭하게 퍼스트레이디 역할을 하겠다는 자신과의 약속이자 다짐이었던 것이다.

시간이 지나면서 근혜의 마음속에서는 열정이 살아났다. 슬픔이나 고통눈물, 두려움 등과 같은 부정의 바이러스는 점점 사라지고 대신 정열, 기쁨, 웃음, 도전 등과 같은 긍정의 에너지가 샘솟았다.

아버지가 잠자리에 드신 것을 확인하고서는 새벽 늦게까지 책상에 앉아 청와대에 들어온 수백 건의 민원을 일일이 챙겼고, 비서진에게는 민원이 어떻게 처리되고 있는지 꼼꼼하게 챙겼다. 비서진들이 피곤한 표정을 지어 보일 때는 몹시 미안하고 마음이 아팠지만 "나라를 위해 일해 주셔서 감사합니다"라며 격려의 말을 건네며 위로했다.

하늘에서 지켜보시는 어머니에게 나약하거나 게으름을 피우는 모습을 결코 보여드릴 수는 없었다. 어머니의 딸이 모든 난관과 어려움을 극복하고, 잘 해나가고 있다는 것을 보여주고 싶었다.

땀은 배신하지 않는다

박근혜가 보여주는 열정의 두 번째 원칙은 '땀은 배신하지 않는다'는 것이다. 어머니가 세상을 떠난 후 전국의 학교를 돌아다니며 학생들에게 새마을정신을 가르쳤다. '노력하면 성공할 수 있고, 땀은 배신하지 않는다'는 삶의 철학을 가르쳤다.

사업을 하다 망한 사람들, 환자들, 산간벽지에 사는 사람들처럼 사회에서 소외되고 격리된 사람들을 찾아다니며 그들에게 용기와 희망을 불어넣었다.

하루 일과가 끝나고 밤늦게 자신의 방으로 돌아오면 금방이라도 쓰러질 듯이 피곤하고 고단했지만, 다음날 아침이면 오뚝이처럼 보란 듯이 다시 일어났다. 근혜는 자신에게서 뿜어져 나오는 열정과 긍정의 에너지는 어머니가 주신 것이라고 믿었다. 어머니가 영부인으로서 했던 것만큼만 하자고 다짐했더니 자연스럽게 뜨거운 열정이 자신에게 나왔던 것이다. 밤 12시에 잠자리에 들고 새벽 5시에 일어나는 생활이 반복되다 보니 습관이 되고 체질이 되었다.

"내가 조금만 더 움직이면, 내가 잠을 10분이라도 더 줄이면 국민들에게 더 많은 기쁨과 웃음을 줄 수 있어. 비록 내 몸이 피곤하고 힘들더라도 국민을 위해서, 아버지를 위해서, 그리고 하늘에 계신 어머니를 위해서 열심히 살아야 돼. 어머니처럼 열정적으로 삶을 살아가야 돼.”

박근혜는 힘들 때마다 자기 자신을 다독였다. 근혜는 무엇보다 아버지를 옆에서 돕고 보좌하는 일에 가장 많이 신경을 썼다. 아버지가 나라를 이끌고 국정을 운영하는데 조금이라도 힘을 보태기 위해 노력했다. 어머니가 하셨던 일을 그대로 해야 된다고 생각하고 열정적으로 아버지 일을 도왔다. 경제개발을 강조하셨던 아버지가 지방의 중소기업들을 방문하거나 산업단지를 시찰할 때에는 어김없이 동행해 그들의 이야기를 들었다.

또 외국 대통령이나 총리가 청와대를 방문했을 때에는 청와대를 지키는 퍼스트레이디 자격으로 그들을 영접하고 양국 간 협력방안에 대해 아버지에게 조언을 하기도 했다. 근혜가 영어, 불어, 스페인어, 중국어를 능숙하게 구사하게 된 것도 해외 귀빈들과 만나면서 외국어의 중요성을 절실히 느끼고 공부를 했기 때문이다. 22살의 근혜는 열정적으로 자기 자신을 변화시키고 있었던 것이다.

100−1=0이 '될 수도 있다

박근혜의 열정에서 발견할 수 있는 또 다른 성공비결은 '끈기'이다. 아무리 좋은 계획과 목표를 가지고 일을 시작했다고 하더라도 중간에 그만두면 모두 물거품이 되고 만다. 차라리 처음부터 시작하지 않는 것이 오히려 낫다. 끈기를 가지고 계속 일을 추진하느냐, 아니면 중간에 멈추어버리느냐에 따라 결과는 천양지차로 달리 나타난다. 이처럼 작은 생각의 차이가 성공과 실패를 가르는 기준이 된다.

열정을 얘기할 때 자주 언급되는 법칙이 바로 '100−1=0'이라는 법칙이다. 100−1=99이지만 1을 사소한 것으로 치부하다 보면 지금까지 이루었던 100이라는 성과가 금방 제로(0)가 되고 만다. 개인이나 기업이나 마찬가지다. 1%의 작은 차이가 우리가 지금까지 이루었던 모든 것을 빼앗아간다. 이건희 삼성그룹 회장도 말하지 않았는가. "0.01초의 차이가 한 사람을 영웅으로 만들고, 다른 한 사람은 기억조차 나지 않도록 한다"라고.

이제 박근혜의 열정을 보여주는 일화를 들여다보자. 박근혜는 고아원이나 병원, 양로원 등과 같이 사회에서 소외되었거나 거동이 불편한 사람들을 자주 만나 그들의 이야기를 듣고, 애로사항을 해결하기 위해 노력했다. 무료진료소를 다니며 봉사활동도 열심히 했다. 무료진료소를 방문했을 때의 일이다.

한 할머니가 진료소를 찾아와 눈물을 흘리며 말했다.

"우리 며느리가 아픈데 돈이 없어서 병원에 갈 수가 없어요. 약도 제대로 구할 수가 없어요. 어떻게든 좀 도와주세요."

이 애원과 호소는 할머니 혼자만의 문제가 아니라 당시 대한민국 소외계층의 일반적인 고민이었다. 근혜의 마음이 찢어지듯이 아팠다.

"그래. 하루라도 빨리 의료보험제도를 정착시켜야 해. 돈이 없어서 병원에도 못가고 죽음을 기다려야 한다는 것이 말이 되는가. 국민들이 질병의 공포에서 벗어날 수 있도록 하는 것이 국가의 의무이고 책임 아닌

가. 아버지에게 건의를 하고 문제점을 찾아야겠어. 어머니도 나와 같은 생각을 하고 있었을 거야.”

의료보험법은 1963년에 이미 제정되었지만, 국가예산상의 문제로 제대로 시행되지 못하고 있었다. 일부 의료보험조합이 시범적으로 사업을 하고는 있었지만 소외계층이나 저소득층에게 혜택이 돌아가지는 않았다. 가정형편이 어렵고 질병으로 고통받는 사람들에게는 ‘그림의 떡’이었다.

“허울뿐인 제도는 없는 것만 못하다. 국민들에게 기대감만 심어주고 좌절감만 줄 뿐이야. 실질적인 도움이 될 수 있도록 해야 해. 내가 한번 해보자.”

근혜는 마음 깊은 곳에서 솟아오르는 열정을 느낄 수 있었다.

1976년 서울신학대학 건물에 야간병원을 설립해 보통 사람들에게는 저렴한 비용으로 진료를 해주었고, 노인들은 무료로 진료를 해주었다. 소아마비 청소년회관도 만들어 의약품과 구호품을 보냈다.

근혜는 아버지인 박정희 대통령에게 건의를 했다.

“아버지, 대한민국 전국을 돌아다니면서 돈이 없어 병원에도 가지 못하는 사람들을 수없이 만났어요. 몸이 아플 때 돈 걱정 없이 병원을 찾아 치료를 받을 수 있도록 의료보험제도를 제대로 정착시켜야 한다고 생각해요. 반드시 해결할 수 있는 방법이 있고, 길이 있을 거예요.”

일부에서는 1인당 국민소득 1,000달러에 불과한 한국이 의료보험제도를 본격적으로 시행하는 것은 무리라는 반대의견도 많았지만, 근혜는 이에 굴하지 않고 사람들을 만나 설득하고 대화를 했다. 옳다고 생각하

면 열정적으로 뛰어드는 승부사 기질이 발동한 것이다. '가난은 나라도
구제하지 못한다'는 옛말이 있었지만 근혜는 이에 동의하지 않았다. 가
난하고 소외된 국민들을 조금이라도 가난에서 벗어날 수 있도록 도와주
어야 하는 것이 국가의 의무이고 정부의 책임이라고 생각했다. 변명거리
나 핑계만 찾다 보면 아무것도 할 수 없는 법이다. 방법을 찾고, 궁리를
하고, 열정적으로 해결책을 모색하다 보면 답이 나오는 것 아닌가.

아버지는 근혜의 생각이 옳다고 판단했다. 자신이 간과하거나 소홀히
다루었던 사회문제를 근혜가 날카롭게 지적해 주는 것이 무척 대견스러
웠다. 아버지는 장관들과 수차례 회의를 가진 결과, 의료보험법을 수정
해 국민들에게 실질적인 도움이 될 수 있도록 해야 한다고 생각했다. 결
국 1976년 유명무실했던 기존 의료보험법을 완전히 개정해 1977년 새로
운 의료보험제도가 탄생했다. 5명 이상 근로자나 종업원을 고용하고 있
는 기업이나 사업체는 예외 없이 의무적으로 의료보험에 가입하도록 했
다. 이에 따라 근로자들은 자신이나 가족이 큰 질병에 걸리거나 큰돈이
들어가는 수술을 받아야 할 경우에도 이전보다 훨씬 저렴한 비용으로 병
원치료를 받을 수 있게 되었다. 역대 한국 의료분야에서 획기적인 사건
으로 기록될 정도로 당시로서는 혁신적인 방안이었다. 박근혜의 열정과
집념이 만들어낸 의료보험제도는 오늘날 모든 국민들이 그 혜택을 누리
고 있다.

거절은 끝이 아니라 또 다른 시작이다

박근혜는 자신과 생각을 달리하는 사람들을 설득시키고, 이해를 구할 때에도 열정적으로 달려든다. 또 설득에 한번 실패했다고 해서 포기하지 않는다. 인간관계에 있어서도 열정의 힘을 믿고 있다. 열정적으로 사람을 만나면 설득하지 못할 사람은 없다고 생각한다. 그래서 상대방이 거절을 하더라도 거절은 끝이 아니라 또 다른 시작이라고 생각한다.

이 같은 마음가짐을 가지고 있으면 사람들의 마음을 움직일 수 있다고 확신한다. 한번 찍어 넘어가는 나무가 없는 것처럼, 한 번에 상대방을 완전히 설득하기는 어려운 법이다. 박근혜가 사람의 마음을 어떻게 움직이는지 알아보자.

박근혜는 사회문제뿐만 아니라 청와대를 찾아오는 외국 손님을 맞이하고 대접하는 데에도 심혈을 기울였다. 혹여 자신의 실수로 대통령인 아버지가 곤란한 상황에 처하거나, 대한민국의 이미지가 떨어지지 않을까 조심하고 또 조심했다. 근혜는 외국의 대통령이나 총리들을 만나면서 외교가 얼마나 중요한지 깨닫게 되었다.

"해결이 안 될 것으로 보였던 국가 간 문제들도 어떻게 대화하고 타협하고 협상을 하느냐에 따라 결과가 달라지는구나. 지구 저편에서 일어나는 복잡한 문제들에 대해서도 공부하고, 외국어도 계속 연습하면서 나 자신을 더욱 다듬어 나가야겠다."

근혜는 아버지가 외국 정상과 나누는 협상과정을 수차례 지켜보면서 많은 것을 배울 수 있었다.

1979년 미국의 카터 대통령과 영부인 로잘린 여사가 한국을 방문했다. 당시 한국은 국내에 주둔하고 있는 미군을 철수시키느냐, 마느냐를 놓고 미국과 날카로운 신경전을 벌이고 있었다. 아버지 박정희 대통령은 북한과 대치하고 있는 상황에서 주한미군이 철수하게 되면 우리 국민은 공포에 휩싸이게 되고, 북한이 잘못 판단해 공격을 해올 수 있다며 주한미군을 계속 주둔시켜 줄 것을 요청했다. 주한미군이 한국에서 물러나게 되면 한국뿐 아니라 일본, 중국, 러시아 등과 같이 한반도 주변정세가 불안해지고 이는 미국에게도 적지 않은 부담이 될 것이라고 설득했다.

당시 한국은 경제개발 우선정책을 시행하고 있었는데 이 과정에서 노동자와 근로자의 인권이 훼손되는 경우가 빈번하게 발생했다. 카터 대통령은 한국의 인권문제를 집요하게 추궁하며 인권문제를 해결하지 않는다면 주한미군을 철수할 계획이라고 몰아붙였다. 협상은 해결의 실마리를 찾지 못하고 계속 겉돌았다. 회담 분위기는 꽁꽁 얼어붙었다.

옆에서 회담을 지켜보고 있던 근혜도 난감했다. 어떻게든 아버지를 도와 주한미군을 계속 한국에 머물도록 카터 대통령을 설득하고 싶었다.

'아버지를 도와야 하는데 어떻게 하면 좋을까. 현재의 한국 국방력을 감안하면 주한미군이 주둔하는 것이 맞지 않을까. 주한미군이 한국에서 철수한다면 더 큰 문제가 발생할 거야.'

근혜는 마음 깊은 속에서 알 수 없는 열정이 다시 불타오르는 것을 느꼈다. 자신이 나서야 할 때라고 생각을 한 것이다.

"아버지가 카터 대통령과 협상을 하고 있는 동안 나는 로잘린 여사를 만나봐야겠어. 한국의 특수한 상황을 논리정연하게, 그리고 꾸밈없이 진솔하게 알린다면 로잘린 여사도 공감하실 거야."

근혜는 로잘린 여사를 만났다.

"오늘 아침 카터 대통령께서 조깅을 하는 모습을 보았어요. 무척 건강해 보였어요."

"맞아요. 우리 남편은 조깅으로 건강을 유지하지요. 어느 나라를 방문하든 아침 일찍 일어나 조깅을 한답니다."

"여사님, 조깅도 건강한 사람이 하게 되면 운동이 되지만, 체력이 허약한 사람이 달리기를 하게 되면 오히려 건강을 해치게 됩니다. 아픈 사람이 무리하게 조깅을 해서는 안 된다고 생각합니다."

"맞아요, 저도 그렇게 생각해요. 자신의 건강상태에 맞게 운동을 해야지요."

근혜는 대담하고도 열정적으로 로잘린 여사와 대화를 나누었는데, 이는 치밀하게 계산된 것이었다.

"로잘린 여사님, 한국은 지금 북한과 총부리를 겨누고 있습니다. 한국이 약한 모습을 보이면 북한이 어떤 허점을 찾아내어 공격할지 모르는 위험한 상황입니다. 카터 대통령께서 한국의 인권문제를 거론하시는 것도 당연합니다. 저도 인권문제는 대단히 중요하다고 생각합니다. 하지만 우선 경제를 발전시키고, 국력을 키워야 하는 한국은 다른 선진국과 상황이 다소 다르다고 생각합니다. 허약한 사람이 바로 무리하게 조깅을 할 수 없는 것처럼 말이죠."

"좋은 말씀입니다. 한국의 특수사정을 이제 알겠네요. 카터 대통령에게 근혜 씨가 한 얘기를 전할게요."

근혜는 저녁만찬 자리에서 카터 대통령과 만날 기회가 있었다. 박정희 대통령, 로잘린 여사가 함께 한 자리였다. 카터 대통령은 로잘린 여사에게 근혜의 이야기를 먼저 들었는지, 쉬지 않고 근혜에게 주한미군 철수문제에 대해 질문했다. 근혜는 로잘린 여사에게 설명했던 대로 조금도 주눅들거나 주저하지 않고 자신의 생각을 있는 그대로 카터 대통령에게 전달했다.

시간이 지날수록 협상에서 주도권을 잡아가는 것은 근혜였다. 카터 대통령이 조금씩 입장변화를 보이기 시작했다. 주한미군 철수를 고집했던 카터 대통령이 한국의 특수 상황을 이해하고서는 결국 주한미군을 철수하지 않겠다고 말했다. 근혜의 열정이 만들어낸 외교 승리였다. 박정희 대통령도 풀기 어려웠던 문제를 근혜는 열정과 집념으로 해결했다.

협상이 끝난 후 박정희 대통령은 근혜의 어깨를 토닥이며 "네가 참으로 큰일을 해냈다" 며 자랑스러워했다. 사람들은 근혜가 카터 대통령을 설득시켜 주한미군 철수계획을 무산시킨 것에 대해 '근혜-카터 회담' 이라고 부르기도 했다.

열정은 불가능한 일을 가능하게 하는 힘을 갖고 있다. 처음에는 '불가능하다' '어렵다' 라고 느껴졌던 일들을 열정을 갖고 해나가다 보면 해답이 보이게 된다. 열정으로 똘똘 뭉친 사람들에게 친구가 몰리는 것은 그들에게 향기가 있기 때문이다.

박근혜가 아버지를 설득해 의료보험제도를 정착시킨 것이나 미국 카터 대통령을 설득해 주한미군 철수계획을 무산시킨 것은 박근혜의 열정이 있었기 때문에 가능한 일이었다. 미국의 '철강왕' 카네기도 이렇게 말하지 않았는가.

“평균적인 사람은 자신의 일에 자신이 가진 에너지와 능력의 25%를 투여하지만, 세상은 능력의 50%를 일에 쏟아 붓는 사람들에게 경의를 표한다. 그리고 100%를 투여하는 극히 드문 사람들에게는 머리를 조아린다.”

박근혜가 유명무실했던 의료보험제도를 손질해 한국에 정착시킨 것이나, 미국 카터 대통령을 설득해 주한미군 철수계획을 무산시킨 것은 열정적으로 해결방안을 찾았기 때문에 가능한 일이었다. 그는 갈라테아 조각상을 사랑했던 피그말리온처럼 자신의 일을 사랑했고, 100-1=0이 될 수 있다는 위기의식을 가지고 자신에게 주어진 일을 처리했던 것이다. 오늘 하루 얼마나 열정적으로 생각하고, 행동하고, 실천했느냐에 따라 우리의 미래가 결정된다. 하늘은 결코 건성건성 하루를 때우며 살아가는 사람들을 향해 웃지 않는다. 세상에서 성공하는 사람은 똑똑하거나, 강한 사람이 아니라 열정적으로 살아나갈 수 있는 힘을 가지고 있는 사람이다. 박근혜처럼 열정적으로 살다 보면 어느새 강해져 있는 자기 자신을 발견하게 될 것이다.

5. 입이 아니라 가슴으로 설득시켜라

중년이 넘은 나이에, 그 사람의 말이라면 누구나 믿어주는 사람이 되어 있다면 그는 성공한 삶을 산 사람이다. 그 반대라면 외양이 어떻든 그 삶은 실패한 삶이다. 그런 사람은 마땅히 비판해야 한다.

핵심을 간결하게 표현하라

사회생활을 하면서 상대방을 친구로 만들고, 비록 나와 의견이 다르더라도 나의 우군으로 만들 수 있는 것이 바로 화술(話術), 대화의 기술이다. 말 잘하는 사람이 '뺀질이' 로 취급되던 시대는 지났다. 말 잘하는 사람이 사회에서 인정받는 시대가 되었다. 물론 그 말속에는 진실이 담겨 있어야 한다. 박근혜는 말을 많이 하는 편이 아니다. 많은 정치인들이 남들 앞에 나서서 목청을 높이고 자기 주장을 내세우는 것을 좋아하지만, 박근혜는 웬만해서는 큰소리를 치거나 떠벌리지 않는다. 침묵을 즐기는 편이다.

하지만 자신이 나서야 할 때는 침묵으로 일관하지 않는다. 정부 정책을 비판할 때는 무서울 정도로 날카롭게 꼬집고, 사람들을 단합시켜야 할 때에는 감동을 주는 연설을 한다. 그의 연설과 화술에는 '진실' 과 '진솔함' 이 배어 있기 때문에 사람들은 그의 말을 믿고 신뢰한다. 환경이나 조건이 바뀌면 자신이 이전에 했던 말을 한순간에 바꾸어버리는 사람들과는 큰 차이를 보인다. 그의 말은 군더더기가 없고 간단하다. 장황하게 설명하는 스타일이 아니라 핵심만 간결하게 표현한다. 하지만 장황한 말보다 더 큰 감동과 울림을 사람들에게 전달한다.

박근혜는 아버지가 대통령으로서 국정연설을 하거나 강연을 하는 것을 옆에서 지켜보면서 화술이 얼마만큼 중요한 것인지 터득했다. 남들 앞에서 주저하거나 머뭇거리지 않고 연설을 하기 위해서는 그 분야에 대해 충분한 지식을 습득하고 있어야 한다는 것을 알았다. 그리고 그 말은 과장이나 허풍으로 포장되어서는 안 되며 진실해야 한다고 믿었다.

박근혜는 목청을 한껏 높이지 않는다. 두 손을 자주 사용하면서 열정적으로 연설하지도 않는다. 차분하면서도 또박또박 논리적으로 말하지만, 진실한 메시지가 담겨있기 때문에 청중들은 감동을 받는다. 정치이념이나 성향이 다른 정치인들도 박근혜가 하는 말에는 믿음을 갖는 것은 바로 이 때문이다.

근혜가 서울에서 열린 '한센인 후원의 밤' 에 참석했을 때의 일화이다. 근혜는 한센병을 앓고 있는 어린이들과 악수를 하느라 정신이 없었다. 좀 더 많은 아이들에게 희망의 말을 전달하고 싶었다. 방송 카메라 기자들도 취재를 위해 많이 참석했는데 근혜는 카메라를 의식하지 않고 아이들과 악수를 하고 이야기를 나누었다. 비서진들은 근혜의 얼굴이 방송화면에 제대로 나오지 않아 속이 상했다. 어떻게 해서든지 방송화면에 근혜의 얼굴이 바로 나오기를 기대했다.

"대표님, 카메라를 보시면서 악수를 해주세요."

초조해진 비서진들이 건의했다.

"인사를 하는데 눈을 보고 해야지요. 왜 카메라를 보면서 인사를 합
니까?"

근혜의 대답은 간결했지만 많은 것을 의미했다. 비서진과 기자들에게
남들에게 보여주는 정치를 해서는 안 되며, 국민들을 위한 정치를 해야
한다는 메시지를 조용하면서도 강렬하게 전달했던 것이다.

근혜의 말 중에서 오늘날까지 사람들 입에 오르내리고 있는 것이 유
명한 "전방의 휴전선은요?" 이다.

1979년 10월 26일 저녁, 아버지인 박정희 대통령이 궁정동에서 중앙
정보부장에게 암살되었다. 새벽 1시30분쯤 잠자리에 들었던 근혜를 깨
운 것은 대통령의 비서실장이었다. 비서실장은 정신이 빠진 듯했다.

"각하께서 돌아가셨습니다."

비서실장이 다급하게 말했다.

"전방의 휴전선은요? 이상 없습니까?"

그 말을 듣는 순간 근혜의 입에서 나온 말이었다.

근혜는 국가원수인 박정희 대통령이 사망했기 때문에 혹여 북한이 군
사행동에 나서거나 도발을 할 가능성이 있을 것으로 생각했다. 1974년
어머니가 돌아가신 후 5년 동안 아버지를 보좌하며 청와대 생활을 했던
만큼 아버지의 죽음에 앞서 국가방위를 걱정해야 했던 것이다. 근혜의
행동은 냉정했고, 그의 말에는 국민과 국가를 사랑하는 마음이 담겨있

었다.

박근혜의 대화와 연설, 말을 듣고 있으면 믿음이 가고, 신뢰할 수 있는 마음이 생긴다. 정치인들 중에서는 말과 행동이 따로 노는 사람들이 많다. 화려하고 근사하게 국민들을 현혹하는 말을 해놓고서는 약속을 지키지 않거나 행동으로 실천하지 않는 사람들이 있다. 심지어 이전에 했던 말과 반대되는 행동을 하는 사람들도 있다. 이러한 태도로는 국민들에게 감동을 주지 못한다.

하지만 근혜는 연설이나 대화를 할 때 말과 행동을 일치시킨다. 근혜가 그의 일기장에서 자주 얘기하는 것이 바로 '언행(言行)을 일치시키자' 이다. 이는 국민들과의 약속이기도 하면서 자기 자신과의 약속이기도 하다. 말을 할 때는 신중하게 하면서도 이미 한 말에 대해서는 책임을 져야 한다고 생각한다. 그의 말을 꼼꼼히 들어보면 이 같은 모습을 찾아볼 수 있다.

재물과 부를 쌓는 것보다 더 중요한 일

어릴 때부터 책을 항상 가까이 두었던 근혜는 특히 옛 성현들의 가르침을 담은 유교 경전을 좋아했다. 『명심보감』『논어』『도덕경』 등이 대표적이다. 그의 서재에는 수많은 유교경전이 꽂혀 있다. 박근혜는 국민들에게 연설을 하거나 사람들과 대화를 할 때 '증자의 돼지' 이야기를 항상 염두에 두고 말을 한다. 근혜는 말에는 믿음이 있어야 하고, 약속은 반드시 지켜야 한다는 신념을 가지고 있다.

증자는 공자의 제자 중 한 사람이다. 어느 날 증자의 아내가 장을 보러 집을 나섰다. 그러자 그의 어린 아들이 어머니를 따라가겠다고 울며 떼를 쓰기 시작했다.

증자의 아내는 아들을 어르며 "엄마가 장에 갔다 오면 돼지를 잡아 맛있게 볶아주마"라고 말했다. 돼지고기를 먹을 수 있다는 기대감에 아이는 울음을 뚝 그치고 잡았던 엄마의 치맛자락을 놓아주었다. 엄마는 시장 일을 보고 집으로 돌아왔다. 그런데 이게 웬 일인가. 남편이 칼을 갈며 돼지 잡을 준비를 하고 있었던 것이다. 그녀는 허둥지둥 남편에게 달려가 물었다.

"아까는 우는 아이를 달래기 위해 그랬던 거예요. 정말로 돼지를 잡겠다는 말이 아니었어요."

아내는 증자를 말렸다.

증자가 침착한 태도로 입을 열었다.

"아이에게 거짓말을 해서는 안 되오. 아직 어려 아무것도 모르는 아이들은 부모의 말과 행동을 그대로 따라하게 마련이오. 그런 아이에게 거짓말을 하는 것이 다른 사람을 속이라고 가르치는 것과 다를 게 무엇이오? 오늘 내 자식에게 거짓말을 하면 다음에는 더욱 더 올바로 가르치기가 힘들 것이오."

증자의 말과 태도는 단호했다. 증자의 말을 들은 아내는 그제야 자신이 한 말과 행동을 뉘우쳤다. 아이에게 돼지를 잡아주겠다고 약속한 이상 이제 와서 다른 말을 할 수 없게 되었다. 결국 증자와 아내는 돼지를 잡아 아이에게 푸짐한 저녁을 차려주었다. 증자는 아내에게 재물보다 더욱 소중하게 다루어야 하는 것은 바로 약속이라는 가르침을 주었던 것이다.

박근혜는 '증자의 돼지' 이야기를 무척 좋아한다. 재물과 부를 쌓는 것보다 신뢰를 쌓는 것이 더욱 중요하다는 교훈을 주기 때문이다.

박근혜는 한나라당의 잘못된 관행을 개혁할 것이라고 국민들에게 약속했고 이를 실천했다. 총재직을 없앴고, 대통령 후보를 뽑을 때 국민들이 투표에 참여하도록 했다. 한나라당의 재정운영도 모두 공개해 투명성을 높였다.

충청남도에 정부 부처를 옮기는 세종시 계획도 국민에게 약속했던 것처럼 처음부터 끝까지 밀고 나갔다. 한나라당 사람들은 세종시 계획을 바꾸거나 수정해야 한다고 목청을 높였지만 박근혜는 자신이 처음 얘기했던 대로 밀어붙였다. 그의 말에는 신념이 있고, 약속을 지키려는 의지가 있었던 것이다.

말했으면 반드시 지켜라

박근혜 말의 위력은 지난 2006년 발생했던 피습사건에서 여실히 확인할 수 있다. 사람들은 이를 가리켜 '대전은요?' 사건이라고 부르기도 한다.

2006년 5월 31일 지방선거를 앞두고 박근혜가 한나라당 선거활동에 열중할 때의 일이다. 5월 20일 오후 7시 20분쯤 오세훈 서울시장 후보를 지원하기 위해 신촌 현대백화점 앞 유세장을 찾았다.

청중들은 "박근혜! 박근혜!"를 외치며 환호했다. 너무나 많은 사람들이 몰려 경호원들이 제대로 박근혜를 경호할 수 있는 상황이 아니었다. 근혜가 연설을 하기 위해 단상에 오르려던 순간 50대로 보이는 중년 남성이 근혜를 공격했다.

중년 남성은 근혜가 연단을 향해 걸어가는 사이 청중 속에서 뛰쳐나와 악수를 건네려는 척 오른손을 내밀었다. 그리고 미리 구입한 문구용 커터칼로 환하게 웃으며 다가오는 근혜의 오른쪽 뺨을 힘껏 그었다. 근혜는 외마디 비명소리와 동시에 오른쪽 뺨을 손으로 감싸 쥐었다. 붉은 피가 손등을 타고 흘러내렸다. 유세장은 아수라장이 되고 말았다.

이 같은 혼란 속에서도 근혜는 냉정했고 침착함을 잃지 않았다. 경호원과 보좌진들은 안절부절 못했지만 근혜는 차분하게 대응했다. 오른쪽 뺨을 두 손으로 지혈한 채 스스로 승용차에 올라 신촌 세브란스병원으로 향했다.

오른쪽 귀 아래에서 턱까지 10cm 정도의 큰 상처였다. 깊이가 최대 3cm에 이를 정도로 심각한 상태였다. 1cm만 깊었다면 동맥을 건드려 생명까지 위험할 뻔 했다. 근혜는 3시간여에 걸친 성형봉합수술을 받았다. 8일 동안 병원에서 입원치료를 받아야 했다.

박근혜의 피습사건은 당시 지방선거의 흐름과 판세를 가르는 중요한 변수로 떠올랐다. 한나라당은 피습 사건 전까지 광주, 전남, 전북, 대전, 제주를 제외한 11곳에서 우세를 보이고 있던 상황이었다. 피습사건의 영향과 파장이 집중됐던 곳은 대전이었다. 한나라당 후보는 상대당 후보에게 20%포인트 이상의 더블스코어 차이로 지고 있었다. 패색이 짙은 상황이었다. 수술을 받고 회복 중이던 근혜는 깨어나자마자 비서진과 참모들에게 물었다.

"대전은요? 대전 어떻게 됐어요?"

한나라당 후보가 상대당 후보를 이기고 있는지 여부가 가장 궁금했던 것이다. 그는 수술결과를 묻지도 않았고, 거울로 얼굴을 확인하지도 않았고, 퇴원날짜를 궁금해 하지도 않았다. 오직 지고 있었던 대전지역의 선거동향이 중요했던 것이다.

박근혜의 이 말은 언론과 인터넷을 통해 급속히 퍼져나갔다. 대전 시민들은 근혜의 열정과 진심을 확인하고는 마음을 움직이기 시작했다. 뜨거운 열정과 집념으로 가득 찬 근혜의 짧은 한마디, "대전은요?"에 대전 시민들이 감동을 했던 것이다. 한나라당 후보는 상대편 후보를 바짝 추격할 정도까지 표 차이를 좁혔다.

투표일을 이틀 앞둔 5월 29일 박근혜는 병원에서 퇴원했다.

"대표님, 이제 어디로 갈까요?"

보좌진이 물었다.

"대전으로 갑시다. 빨리 갑시다."

근혜는 짧게 대답했다.

근혜는 퇴원하자마자 가장 먼저 대전을 전격적으로 방문했다. 대전에서 지고 있는 선거를 반드시 역전시키고 말겠다는 의지로 똘똘 뭉쳐 있었다.

의사들은 쉬면서 치료에 집중해야 한다고 조언했지만, 근혜는 듣지 않았다.

　박근혜는 대전 시민들 앞에서 카리스마 넘치는 목소리로 또박또박 연설을 했다.

　"국민 여러분, 많은 걱정과 염려를 해주셔서 감사합니다. 제 얼굴에 난 상처보다도 국민 여러분의 마음에 상처를 주지 않았을지 걱정입니다. 우리 모두가 서로의 아픔을 치료해야 할 때라고 생각합니다. 저의 피와 상처로 모든 갈등과 상처가 봉합되고, 하나가 된 대한민국으로 나아가는 계기가 되길 간절히 바랍니다. 무사히 병원을 걸어 나가는 것은 할 일이 남아 있기 때문이라고 생각합니다. 남은 인생은 덤이라 생각하고 모든 것을 바치겠습니다."

　박근혜는 자신보다는 국민들을 더 걱정했다. "남은 인생은 하늘이 주신 덤"이라 말하며 국민들을 위해 봉사하겠다고 말했다.

　근혜를 보기 위해 모여든 청중들은 "박근혜!"를 연호했고, 일부 청중들은 눈물을 흘렸다. 그의 말에는 거짓이 없고, 진실이 담겨 있었다. 결국 근혜는 대전 시민들의 마음을 움직였다. 초반에 20%포인트 차이로 지고 있었던 한나라당 후보는 상대편 후보를 3%포인트 차이로 누르고 승리를 거두었다. 누구도 예상하지 못했던 결과였다. 한나라당 사람들도 의외라는 표정이었다. 근혜의 연설이 얼마나 강력하고, 왜 강력한 힘을 발휘하는지 알 수 있는 대목이다.

　박근혜는 지난 2004년 국회의원 총선과 각종 재보궐 선거에서 승리하며 '선거의 여왕'이라는 별명을 얻었다. 또 전국 단위로 벌어진 2006년 지방선거에서 보여준 한나라당의 완승은 박근혜의 영향력을 그대로 보여주었다. 불리한 선거를 역전시키고, 패배가 짙은 선거를 승리로 이끄는 박근혜의 비밀은 바로 화술에 있다.

간단명료한 표현, 의사전달이 쉬운 말, 진실이 담긴 목소리, 침착한 말투 등이 박근혜 연설의 특징이다. 그리고 가장 중요한 것은 '말한 것은 반드시 지킨다' 는 신념을 청중들에게 심어주는 것이다.

선거철이 되면 한나라당 후보들이 선거지원을 해달라고 가장 많이 부탁하는 사람이 박근혜이다. 박근혜가 열변하는 말에는 사람들을 감동시키는 힘이 있다는 것을 알기 때문이다.

오늘날 사회생활, 조직생활에서는 말 잘하는 사람이 성공할 확률이 높다. 윗사람들로부터 인정받을 확률도 높다. '말하기' 가 화두인 시대다. 취업에서도 인터뷰가 당락을 좌우한다.

최종 면접을 제대로 못해 쓴잔을 마시는 사람들이 많다. 상사 앞에서 프레젠테이션을 잘하면 능력을 인정받고 승진도 빨라진다. 등산모임, 조기축구회 등과 같은 모임에서 말 잘하는 사람이 단연 돋보인다.

침묵이 금(金)인 시대는 지나갔다. 침묵하는 사람은 의견이 없는 사람, 줏대가 없는 사람, 생각 없이 사는 사람, 심지어 능력 없는 사람으로 취급되기 십상이다. 바야흐로 '말 값' 이 '몸 값' 인 시대에 우리는 살고 있다. 하지만 한국 사람들은 스피치에 약하다. 제대로 된 화술교육을 받지 않았을 뿐만 아니라 잘못된 교육을 받았기 때문이다. '어디서 말대답이야' '어이구 말이나 못하면……' '입만 살아가지고……' '말 잘하는 놈들은 다 사기꾼이야' 등과 같이 온갖 나쁜 인상을 심어놓았다. 밥상머리에서는 말을 하지 않는 것이 예절이라는 교육도 받았다. 얌전하게 공부만 하는 아이들은 칭찬했지만, 말을 잘하는 아이들에 대해서는 건방지

다거나 조숙하다는 등 떨떠름한 태도를 보였다. 하지만 사회생활을 시작하는 순간부터 상황이 변하게 된다. 모든 일이 말로서 시작되고 말로서 끝난다. 말을 잘해야 하는 것이 현실이라는 것을 금방 깨닫게 된다.

시간이 지나면서 화술과 스피치의 중요성을 실감하지만 화술공부는 하지 않는다. 말하는 것도 배우고 터득해야 한다. 시간이 지나면 그냥 얻어지는 것이 아니다. 영어공부를 한다, 자격증을 딴다, 인턴 일을 한다 등과 같이 다양한 스펙을 쌓기 위해 백방으로 뛰어다니지만 정작 화술공부는 제외된다.

한국에서 스피치로 가장 유명한 사람은 김미경 아트스피치 원장이 아닌가 한다. 나는 김 원장이 TV에서 강연을 할 때 유심히 그녀를 살펴본다. 대화를 하면서 손 처리를 어떻게 하는가, 말의 속도는 어떠한가, 어떤 유머로 청중을 사로잡는가, 억양은 어떠한가 등과 같이 그녀의 일거수일투족이 나의 화술공부 대상이다.

김미경 원장은 연봉 10억 원대 강사다. 29세 때부터 전문적인 직업 강사로 활동을 시작했다. 지난 18년 동안 200만 명에게 대화하는 방법, 연설하는 방법, 화술하는 노하우 등을 전수하고 있다. 대기업 회장과 CEO를 비롯해 유명 탤런트, 국회의원, 개그우먼, 인기 힙합가수 등이 그녀의 코칭을 받기 위해 개인레슨을 받고 있다. 사회에서 이미 명성과 부를 이룬 사람들이지만 스피치에 시간을 투자하는 것이다.

김미경 원장의 대학시절 전공은 뜻밖에도 작곡이다. 연세대 음대 작곡과를 졸업했다. 졸업 후에는 광고회사에서 CM송을 만들었고, 결혼 후에는 아이들에게 피아노를 가르치는 음악학원장으로 일하기도 했다.

어느 날 우연히 강연을 듣다가 강사보다 자신이 더 말을 잘할 수 있겠다는 자신감이 들었다. 이후 그녀는 전문적인 강사의 길로 들어섰다.

"진정한 프로가 되기 위해서는 스피치를 잘해야 합니다. 이상하게도 한국 사람들은 화술 노하우를 배우지 않아요. 스펙을 쌓기 위해 많은 노력을 하지만 정작 이를 표현하는 스피치에 대해서는 관심이 많지 않아요. 21세기 앞서가는 리더가 되기 위해서는 스피치를 통해 청중에게 감동을 주고, 영향력을 행사해야 합니다."

김 원장은 화술과 스피치의 중요성을 이렇게 설명했다.

여러분의 화술 실력은 어떠한가. 남들 앞에 서기만 하면 가슴이 뛰고 다리가 후들거리는 무대공포증이 있지는 않은가. 듣는 것이 미덕이라고 잘못 생각하고 있는 것은 아닌가. 물론 남의 말을 잘 듣고 경청하는 것도 중요하지만, 자신의 생각과 주장을 남들에게 제대로 전달하는 능력을 키우는 것도 매우 중요하다. 여러분의 주위를 한번 둘러보라. 다른 사람들로부터 인정받는 사람들 대부분은 성실하면서도 말을 잘하는 사람들일 것이다. 다른 사람들을 통솔하는 지도자나 리더들은 십중팔구 화술과 스피치 능력이 뛰어난 사람들일 것이다.

박근혜도 마찬가지다. 지도자에게 필요한 스피치 능력을 갖추고 있다. 그의 화술은 요란스럽지 않으면서 절제가 있다. 자신을 과시하지 않고, 말에는 진실성이 있고, 유머도 있다. 그는 대중연설을 하거나 청중들을 대상으로 강연을 할 때에는 철저하게 준비를 한다. 준비를 얼마나 열심히 하느냐에 따라 자신감에도 차이가 난다. 단어 하나하나, 문맥 하나하나에도 신경을 쓰고, 적절한 타이밍에 유머를 구사하고, 강조해야 할 부분에서는 카리스마 넘치는 표정을 짓는다.

근혜는 화술 능력은 그냥 얻어지는 것이 아니라 준비를 하고 공부를 해야 한다고 생각한다. 그가 국민들로부터 가장 호감 가는 정치인으로 꼽히는 것도 바로 부드러운 화술 때문이 아닐까. 그리고 중요한 것은 이 같은 능력은 결코 천부적으로 얻어지는 것이 아니라 후천적으로 노력하고 배워야 한다는 사실이다. 근혜처럼 화술과 스피치를 공부해야 하는 이유가 여기에 있다.

여러분, 안녕하세요?

이렇게 따뜻하게 맞아주셔서 감사합니다. 단국대 천안캠퍼스가 전국에서 가장 아름다운 캠퍼스 중 하나라고 들었는데, 직접 와보니 정말 아름답습니다. 이렇게 훌륭한 캠퍼스에서 공부하는 여러분이 행복해 보입니다.

오늘이 제가 한나라당 대표직에서 물러난 이후 첫 번째 대학교 특강입니다. 그동안 여러 대학교에서 특강 요청이 있었지만, 제가 특별히 첫 특강만큼은 무조건 이곳에서 하겠다고 계획을 잡아놓았었습니다. 왜 그랬는지 궁금하시죠?

지난 광복절 아침에 박정은 총여학생회장이 저의 집을 찾아왔습니다. 저한테 특강 요청을 하려고 오셨다고 합니다. 저는 못 만났습니다만, 보좌관에게 이야기를 들어보니까, 인터넷을 뒤지고, 부동산 아저씨한테 물어보고, 근처 아파트 경비아저씨한테까지 물어가면서 집에 찾아와서, 아침부터 기다리고 있었답니다. 심지어 경비아저씨한테 비타500까지 갖다 드렸다고 합니다.

제가 그동안 여러 가지 방법으로 특강 요청을 받았지만, 이렇게 적극적으로 열성을 갖고 찾아온 분은 처음이었습니다. 그래서 이 얘기를 듣고, 무조건 첫 특강은 단국대에서 해야겠다고 결정했습니다. 그러니까 오늘 저와 여러분이 만난 것은 박정은 회장님 덕분입니다. 그리고 더 나아가서 이런 회장을 뽑아준 바로 단국대 학생 여러분 덕분입니다. 저는 우리 박정은 회장님과 여러분에게 격려의 박수를 보내고 싶습니다.

"열정을 가지고 최선을 다하면 무슨 일이든 다 할 수 있습니다."

저는 여러분이 앞으로 어떤 일을 하더라도, 이렇게 순수한 마음과 열정을 가지고 최선을 다한다면 무슨 일이든 다 할 수 있다고 생각합니다. 그것이 바로 젊음의 특권이고, 그것이 바로 젊음의 가능성입니다. 여러분의 희망과 가능성은 바로 여러분 안에 있는 것입니다.

오랜만에 이렇게 대학교를 찾아오니까 옛날 제가 학교 다닐 때가 생각납니다. 아시는 분들이 많지 않으실 텐데 저는 대학에서 전자공학을 전공했습니다.

평소에 싸이월드 미니홈피를 누가 관리하는지 궁금해 하시는 분들이 종종 있는데, 전자공학과 출신인 제가 남에게 맡기겠습니까? 제 보좌진들도 비밀번호 모릅니다. 싸이질, 순전히 저 혼자 하고 있습니다.

지금도 그렇지만 제가 학교를 다녔던 1970년대에는 공대에 여학생이 드물었습니다. 여기에 혹시 공대 다니시는 여학생 계시나요? (예전보다 많이 늘었네요.) 제가 처음 전자공학과에 입학했을 때는 여학생이 딱 두 명이었습니다. 그나마 다른 한 명은 중간에 학교를 그만두는 바람에 저 혼자 다녔는데, 여자가 저 혼자니까 인기 좋았겠죠? 공대 얼짱으로 인기 좋았었습니다.

그런데 제가 처음부터 전자공학과를 가려고 했던 것은 아니었습니다. 애당초 고등학교 때는 문과였는데, 우리나라의 미래가 전자산업에 있다는 생각에 이과로 바꿔서 전자공학과에 갔습니다.

고등학교 때, 당시 우리나라가 수출 10억 달러 돌파를 앞두고 있었는데, 아버지께서 이제 수출 100억 달러를 달성하려면 어떻게 해야 하나 고민하면서 많은 전문가분들과 얘기를 나누셨는데, 저도 청와대에 있으면서 그런 얘기를 들을 기회가 많았습니다.

그때 주목한 것이 전자산업이었습니다. 그때까지 우리가 수출하던 것은 주로 가발이나 인형, 면직물 같은 거였는데, 조그만 트랜지스터 하나가 20~30달러나 하고, 007가방 하나 분량이면 몇 만 달러나 한다고 하니까, 당시엔 눈이 휘둥그레졌습니다. 또 무공해 산업이고, 손기술이 좋은 우리나라 국민들한테 아주 적합하다는 판단이 들어서 국가적으로 전자산업을 키우기로 결정되었는데, 그걸 옆에서 보면서 저도 산업역군이 되어서 나라에 기여하려고 전자공학을 선택했습니다.

지금은 우리 전자산업이 세계 최고 수준에 있지만, 당시만 해도 정말 우리 손으로 TV를 만들고 냉장고, 세탁기를 만들어서 그걸 수출한다는 게 꿈 같던 시절이었습니다. 그렇게 꿈만 같던 일들이 지금 현실이 되었습니다. 전 세계에서 가장 못 살던 나라가 지금 세계 11위의 경제규모가 되었습니다.

그런데 이상하게도 지금 대학생들을 보면, 그때 대학생들보다 훨씬 힘들어하고, 자신감이 많이 없어진 것 같습니다.

저희 때만 해도 대학교 다닐 때, 대학생활의 낭만을 만끽해도 졸업하면 취직할 곳이 많아서 원하는 곳을 골라갔었는데, 요즘은 이력서를 수십 장 내도, 면접 한 곳 보기가 힘들다고 알고 있습니다. 특히 여학생들은 더 어려움이 큰 거, 잘 알고 있습니다.

도대체 뭐가 잘못되었고, 어떻게 하면 새로운 희망을 찾을 수 있는지, 오늘 저는 이 문제에 대해서 여러분과 이야기해 보려고 합니다.

"저도 수많은 시련과 좌절을 겪어야 했습니다."

여러분의 희망도 저는 다른 곳이 아니라 바로 여러분 안에 있다고 생각합니다.

여러분 선배 가운데, 오승환 선수가 있죠? 아시아 최고의 마무리 투수이고, 올해 프로야구에서 47세이브로 아시아 신기록을 세운 정말 자랑스러운 선수입니다. 아시안게임에서도 큰 활약을 해주길 기대하고 있습니다.

그런데 오승환 선수는 그런 최고 선수가 되기까지 야구선수로 겪을 수 있는 시련은 다 겪었다고 해도 정말 과언이 아니었습니다. 고등학교 3학년 때 부상을 당해서 선수 생활을 그만둘 뻔 했고, 이곳 단국대에 들어와서도 또 부상을 당해서 2년 동안 아예 뛰지도 못하다가 4학년이 되어서야 다시 공을 던질 수 있었습니다.

보통 선수 같으면 포기하고 말았을 텐데, 오승환 선수는 포기하지 않았습니다. 자기 안에 있는 능력을 최대한 발휘할 수 있도록 재활 훈련에 피땀을 쏟았고, 결국 오늘의 오승환 선수로 우뚝 섰습니다. 자기 자신 안에 있는 희망을 포기하지 않은 결과입니다.

저 역시도 그동안 살아오면서 수많은 시련과 좌절을 겪어야 했습니다.

어머니께서 갑자기 총탄에 돌아가셨을 때, 슬퍼할 겨를도 없이 그 자리를 메우기 위해 퍼스트레이디의 역할을 해야만 했습니다. 그런데 몇 년 되지 않아서 다시 아버지까지 또 그렇게 보내드려야 했습니다. 정말 숨 쉬는 것조차 고통스럽게 느껴졌던 시간이었습니다.

누구나 살면서 서로 다른 종류의 시련을 겪습니다. 그리고 누구나 자기가 겪는 시련이 가장 가혹하다고 생각합니다. 저도 마찬가지였습니다. 그래서 『평범한 가족에서 태어났더라면』이라는 제목의 수필집까지 냈습니다.

읽어보신 분 없지요? 많이 팔리지는 않았습니다. 그것도 저에게는 시련이었습니다.

우리 한나라당도 지금은 50%에 가까운 지지율을 얻고 있지만, 그동안 수많은 시련과 좌절을 겪어야만 했습니다.

여기 계신 분들 가운데, 혹시 컨테이너 하우스에 살아보신 분 계십니까? 잘 모르시겠지만, 컨테이너 하우스는 4월까지는 겨울이고, 5월부터는 여름입니다. 4월까지는 손발이 오그라들 정도로 춥다가 5월부터는 정말 찌는 듯이 덥습니다. 바람도 안 통하고, 냄새와 먼지가 진동을 합니다. 저와 저희 한나라당은 그런 컨테이너 하우스에서 살았습니다.

그때가 천막 당사 시절인데, 당시 저희 한나라당 지지율이 7%였습니다. 탄핵 역풍 때문에 당이 없어질지도 모를 상황이었습니다.

제가 당대표를 맡을 때 주변의 많은 분들이 말렸습니다. 저라고 왜 걱정을 안 했겠습니까?

그러나 저는 희망을 가졌습니다. 처음부터 다시 시작하고, 나부터 변화하고, 우리부터 변화하면 국민들께서도 닫힌 마음을 조금씩 열어주실 것이라고 믿었습니다.

전국을 돌면서 하도 악수를 많이 했더니 손이 아파서 붕대를 감아야 했습니다. 그래서 왼손으로 악수를 하면서 다녔습니다. 그때 다친 손목을 최근에 또 다쳐서 지금 이렇게 깁스를 하고 있는데, 저는 그때 우리 국민들을 보면서, 진심은 통한다는 것을 느낄 수 있었습니다.

또 정책정당 만들겠다는 약속을 지키기 위해 전국 곳곳의 민생현장을 다녔습니다. 대표로 있으면서 총 155회 민생현장에 갔습니다. 나갈 때마다 국민들 말씀을 수첩에 꼼꼼하게 적고 약속을 드렸습니다.

처음에는 국민들께서도 반신반의하셨고, 우리 한나라당 내에서도 그런 많은 약속들을 지킬 수 있을까 하고, 의문을 가지는 사람들이 있었습니다.

그렇지만 저는 그 수첩을 보면서 당의 담당자에게 어떻게 조치했는지 확인하고, 끝까지 챙겼습니다. 처음 수첩에 적을 때는 불가능해 보였던 일들이 하나 둘 풀리는 것을 보면서 저도 힘을 얻었고, 당직자들도 보람을 느꼈습니다.

"결코 포기하지 마십시오."

저보고 '수첩공주'라고 놀리는 분들도 있는데, 이런 수첩공주는 괜찮지 않나요?

여러분도 잘 아시다시피 저희 한나라당은 그동안 호남에서 사랑받지 못했습니다. 제가 처음에 호남을 방문할 때도 주변에서 '그런다고 호남에서 표 나오겠느냐?' '그 시간에 차라리 영남에 한번 더 가라'고 말씀하신 분들이 많았습니다.

하지만 당장의 표가 문제가 아니라, 그렇게 되면 대한민국이 문제입니다. 우리가 언제까지 지역으로 갈라져 있어야 합니까?

저는 대표로 있는 동안 호남을 열일곱 번 찾아갔는데, 앞으로도 계속 기회만 되면 찾아뵐 겁니다. 저한테는 조금씩 희망이 보입니다.

얼마 전 보궐선거에서 한나라당이 호남에서 무려 8.2%의 지지를 받았는데, 저는 언젠가는 우리도 서로 화합하고, 지역주의 같은 것도 다 넘을 수 있다는 희망을 가질 수 있었습니다.

저는 저희 한나라당 지지율이 7%에서 50%까지 올 수 있었던 것도 결국은 한나라당 안의 변화가 그 시작이었다고 생각합니다.

불가능하다고 생각하고, 이제 한나라당은 끝이라고 주저앉았더라면,

오늘의 한나라당은 없었을 것입니다.

지금 여기 계신 여러분도 모두 각자의 고민과 어려움이 많으실 것입니다. 취업이 가장 큰 고민인 4학년 학생도 계실 것이고, 속만 썩이는 애인이 고민인 학생도 계실 겁니다.

해답을 찾기 위해 책도 보고, 친구들이나 선생님과 의논도 하고, 심지어는 점도 보러 다니고 하실 겁니다. 그렇지만 결국 어떤 경우에도 시련의 문을 열고 나갈 수 있는 열쇠는 바로 자기 자신 안에 있습니다.

결코 포기하지 마십시오. 스스로 자기 안에서 희망을 찾을 때, 희망의 문은 반드시 열릴 것입니다!

저는 우리의 희망이 우리 안에 있는 것처럼, 대한민국의 희망도 결국은 대한민국 안에 있다고 믿습니다.

혹시 여러분, 2차 세계대전 이후에 독립하거나 새로 탄생한 나라가 몇 개인지 아십니까? 85개국입니다. 그러면 이 85개국 가운데 산업화와 민주화에 모두 성공한 나라가 몇 개나 되는지 아십니까? 딱 하나입니다. 바로 우리 대한민국입니다.

전쟁까지 겪고, 나라가 분단까지 되었지만, 전 세계에서 10위권의 경제대국으로 성장한 기적의 나라가 우리 대한민국입니다. 우리나라가 가지고 있는 힘은 전 세계 어느 나라와 비교해도 부족하지 않습니다.

그런데, 이런 나라에서 지금 일자리 걱정이나 하고 있다는 것이 말이 됩니까? 왜 이렇게 되었습니까? 여러분이 노력을 안 합니까? 절대 아닙니다.

전 세계 고등학생 가운데 가장 공부를 많이 하는 학생들이 우리나라학생들입니다. 학교만으론 부족해서 새벽까지 학원에 다닙니다. 대학에 와서도 1학년 때부터 취업 준비를 하고, 4년 내내 도서관에서 공부하고, 실험실에서 밤새는 것이 우리 대학생들입니다.

여러분은 제가 확신하건데, 전 세계 어느 나라 젊은이들보다도 부지런하고, 성실하고, 최선을 다해 살고 있고, 그만큼 충분한 역량을 가지고 있습니다.

그런데 왜 이렇게 취직 걱정을 해야 하고, 좌절을 겪어야만 합니까?

문제는 딱 하나, 결국 국가 리더십의 문제입니다. 국민들은 21세기에 맞는 능력을 갖고 있는데, 국가의 리더십이 이런 능력이 발휘되도록 하지 못하고 있는 것입니다.

제가 전자공학과 출신이라 컴퓨터로 설명해 보겠습니다.

펜티엄 듀얼코어 프로세서에 300기가 하드를 갖춘 최신형 컴퓨터라면 컴퓨터를 운용하는 OS도 윈도우 XP가 되어야 합니다. 그런데 정작 이 컴퓨터의 OS가 DOS라면 아무리 포토샵, 한글 2007같은 최신 프로그램을 갖추고 있어도, 컴퓨터 자체가 아무 쓸모없는 것이 되고 맙니다.

"왜 해보지도 않고 포기하려 합니까?"

저는 지금 우리나라의 상황이 이렇다고 생각합니다. 국가적 하드웨어도 충분한 수준에 도달해 있고, 국민 개개인의 역량도 최고의 수준인데, 정작 이것을 움직일 OS만 20세기에 머물러 있는 것입니다. 바로 국가적 리더십의 문제, 지도자의 문제입니다.

우리 대한민국과 국민들은 무한한 가능성과 잠재력을 갖고 있습니다. 과거, 우리가 무한 성장의 가도를 달릴 때, 저는 그것을 제 눈으로 보았습니다. 어떻게 하니까 우리 국민들이 똘똘 뭉쳐서 일어났는지, 그리고 국민 모두가 잘 살아보자고 일어섰을 때, 우리가 어떤 기적을 일구어냈는지 직접 목격했습니다.

그리고 이제 우리가 다시 그 힘을 우리 속에서 끄집어 낼 수만 있다면, 지금 우리가 겪고 있는 어려움들은 충분히 극복해 낼 수 있다고 믿습니다. 그것이 바로 국가의 몫이며, 지도자의 책임입니다.

저는 이제 여러분이 희망을 찾고, 우리나라가 희망을 찾기 위해서, 새로운 국가적 리더십을 만들 때가 되었다고 생각합니다.

자, 그렇다면 지금 우리에게 필요한 리더십은 어떤 것입니까?

제가 한나라당 대표를 처음 맡았을 때였습니다. 한나라당은 그야말로 아날로그 정당이었습니다. 홈페이지 방문객이 열린우리당의 반도 안 되었습니다.

제가 대표에 취임하면서 ‘디지털 정당’ 을 만들겠다고 하니까 모두 웃었습니다. ‘디지털, 인터넷, 사이버, 이런 것들은 열린우리당이나 하는 거지, 한나라당은 안 된다’ 는 생각들이 지배적이었습니다. 저는 우리 스스로의 가능성을 비하하는 그런 생각이 정말 싫었습니다.

왜 해보지도 않고 지레짐작으로 포기부터 하려고 합니까?

그래서 디지털위원회를 만들어서 1주일에 한번씩 회의를 하도록 하고, 열심히 하는 사람들에게는 인센티브까지 주면서 독려했습니다. 저부터 싸이질 더 열심히 했습니다. 그 결과 지금 그 한나라당이, 방문객수,

콘텐츠, 게시판 운영까지, 인터넷에서 압도적 1위입니다.

저는 리더가 방향을 잘 잡고, 의지를 가지고 꾸준히 노력하면 얼마든지 불가능해 보이는 것도 가능해진다고 생각합니다.

지금 우리나라도 지도자가 정확하게 시대의 흐름을 읽고, 사심 없이 솔선수범한다면, 얼마든지 재도약을 할 수 있을 것입니다. 저는 우리나라가 그동안 발전해오는 과정에서 흔히 '산업의 쌀'로 표현되는 중요한 핵심이 몇 가지 있었다고 생각합니다.

첫 번째 산업의 쌀은 '땀'이었습니다. 농경사회에서는 무언가 수확을 얻고, 발전하기 위해서는 열심히 땀 흘리는 것이 제일 중요했습니다.

두 번째 산업의 쌀은 '철'이었습니다. 자동차, 조선, 기계 등 모든 산업은 철을 기반으로 이루어졌습니다.

세 번째 산업의 쌀은 '반도체'였습니다. 컴퓨터와 각종 정보통신기기들이 모두 반도체를 기반으로 합니다.

"네 번째 쌀은 바로 '사람'입니다."

지금은 우리가 네 번째 쌀을 준비해야 할 때입니다. 저는 우리의 네 번째 쌀은 바로 '사람'이라고 생각합니다.

21세기에 국가경쟁력의 원천은 지식과 정보이고, 이제는 사람이 경쟁력입니다.

건설이나 공장만으로 국민을 먹여 살리는 시대는 지났습니다. 잘 만든 영화 한 편이 자동차 수백 대를 수출하는 것과 맞먹는 부가가치를 올리는 시대에 우리는 살고 있습니다.

한류 열풍으로 우리가 얻은 가장 소중한 소득은 아시아에서 한국이 일류 국가라는 인정을 받은 것이었습니다. 단순히 드라마 한편, 영화 한편의 수익으로 끝나지 않았고, 메이드인 코리아 제품을 일류로 인정받게 만들었던 것입니다. 문화와 지식이 산업을 이끈 현장인 것입니다.

앞으로는 사람한테 더 투자하고, 사람의 경쟁력이 국가경쟁력이 되도록 해야 합니다. 그래서 한 사람 한 사람이 가지는 창의력을 극대화시켜서 그것을 국가의 성장 동력으로 삼을 때, 비로소 우리나라도 진정한 선진국이 될 수 있다고 생각합니다.

우리나라가 그런 방향으로 가기 위해서는 지금까지의 리더십과는 다른 리더십이 필요합니다. 정부가 나서서 이것저것 지시하고 이끌어가면서, 국민들을 먹여 살리겠다고 나서는 식으로는 더 이상 안 됩니다. 기업과 국민들이 각자 가지고 있는 역량을 최대한 발휘할 수 있도록 민간의 자율과 창의성을 최대한 북돋워 주는 역할을 해야 합니다. 정부가 모든 것을 하겠다고 나서는 순간, 나라가 오히려 거꾸로 간다는 것은 현 정부가 증명하고 있습니다.

지금 여러분께서 도서관에서, 실험실에서, 강의실에서 땀 흘리는 노력들이 절대로 헛되지 않고, 그것이 온전히 보상받을 수 있는 사회를 만들기 위해, 저부터 제가 할 수 있는 모든 노력을 다할 것입니다!

이제, 조금 더 현실적인 말씀들을 드리겠습니다.

여러분, 요즘 당장 눈앞의 취직도 걱정일 테고, 조금 더 길게 보면 결혼 문제라든가, 육아 문제라든가, 치솟는 집값까지 걱정스럽지 않은 일이 없을 것입니다. 그러나 사실 이런 걱정의 반은 나라의 책임입니다. 나라가 부강하고 바로 서면 저절로 해결될 수 있는 문제들이 더 많습니다.

당장 취직 문제만 해도 그렇습니다. 지금 대학교를 졸업하고도 아르바이트로 하루하루 보내는 사람들도 많고, 졸업을 늦추려고 휴학을 하고, 대학원에 가는 젊은이들도 많습니다.

그러면, 나라가 어떻게 해야 여러분이 일할 수 있는 직장이 늘어나겠습니까?

첫째, 일자리를 만드는 것은 정부가 아니라 기업이라는 것을 명심해야 합니다. 일자리는 정부가 세금 거둬서 만들 것이 아니라 기업들이 투자확대를 통해서 만들어야 합니다.

지금 정부가 국민세금을 쏟아 부어서 사회적 일자리를 늘리겠다고 하고 있습니다. 작년에 약 2,000억 원을 써서 약 2,800여 명이 취업을 했는데, 일자리 한 개 만드는데 평균 7,000만 원이 든 셈입니다. 그렇게 만든 일자리가 대부분 저임금, 비정규직입니다. 차라리 직접 돈을 주느니만 못한 결과입니다. 이래서야 되겠습니까?

"여러분은 세계 각국에서 인정을 받아야 합니다."

지금 일본이 10년 불황을 마치고, 경제가 살아나고 있습니다. 그만큼 일자리도 늘어나서 지금 일본 대학생들은 회사를 골라서 가고 있습니다. 취업률이 95%나 된다고 합니다. 얼마나 부러운 일입니까?

그동안 정부에서 직접 돈을 쓰던 정책을 바꿔서 기업들이 앞장서도록 규제를 없애고 감세를 하고, 정부 몸집을 줄인 결과입니다.

우리도 그렇게 할 수 있습니다. 정부부터 다이어트 해야 합니다. 핸드폰도 슬림으로 가는데, 정부만 비대할 이유가 없습니다. 지금처럼 온갖 규제와 간섭을 하고, 세금과 반기업 정서로 손발을 묶는다면, 투자도 안 되고, 일자리를 만드는 것도 불가능합니다.

둘째는 대한민국 브랜드 가치를 높이는 일입니다.

아마 이 자리에 계신 여러분에게 가장 들어가고 싶은 기업이 어디냐고 물어보면, 많은 분들이 우리나라 최대 기업인 삼성이라고 대답을 하실 겁니다.

월급도 많이 주지만, 삼성에 근무한다는 것 자체로 개인의 가치가 올라가고, 삼성 출신이라는 이유만으로 사회에서 환영받기 때문입니다. 실제로 경력직 취업 시장에서도 삼성 출신들이 가장 환영받습니다.

21세기는 글로벌 시대입니다. 여러분의 일자리가 한반도에 국한될 수도 없고, 국한되어서도 안 되는 시대입니다. 일본으로, 유럽으로 미국으로, 여러분이 일할 수 있는 공간이 계속 확대될 것입니다.

그렇다면 정부가 할 일이 무엇이겠습니까?

삼성 출신이 국내에서 대접을 받듯이, 이제 대한민국 출신이라는 이유만으로 세계의 기업들에게 대접을 받을 수 있도록 만들어야 합니다.

과거 여러분의 아버지, 어머니, 선배들은 세계 어느 나라에 가도 차가운 대접을 받아야만 했습니다. 코리아가 어디에 있는 나라냐는 질문을 받아야만 했습니다.

그러나 이제 최소한 그런 시절은 지났습니다. 앞선 세대의 피와 땀이 만들어 놓은 결과입니다.

이제 21세기를 살아야 할 여러분은 세계 각국에서 가장 기술이 뛰어난 인재들, 가장 창의적이고, 가장 성실하게 일 잘하는 사람들로 인정을 받아야만 합니다.

그렇게 하기 위해서는 대한민국이라는 브랜드가 먼저 인정을 받아야 합니다. 저는 다음 정부의 역할이 여기에 있다고 생각합니다. 우리나라의 국가경쟁력을 높이고, 대한민국의 브랜드 가치를 높여서, 우리 젊은 이들이 전 세계 어디를 가도 가장 인정받을 수 있도록 만드는 일입니다.

대한민국 축구가 4강에 오르자, 전 세계의 스카우트들이 한국 선수들을 주목했듯, 대한민국 브랜드 가치가 상승하면, 당연히 세계의 기업들은 한국의 인재들에게 눈을 돌리게 됩니다.

이것이 바로 '대한민국 안에 숨어있는 희망을 찾는 길' 이라고 저는 믿습니다.

여러분께서도 지금껏 노력을 많이 해오셨지만, 자신의 가치를 높이는 일에 더욱 노력해 주시기 바랍니다. 여러분께서 여러분이 할 수 있는 노력을 다 했을 때, 국가가 여러분의 미래를 열어드릴 수 있는 대한민국을 반드시 만들겠습니다.

"애당초 불가능은 없습니다."

그러려면 더 이상 정치가 국민을 실망시켜서는 안 될 텐데, 참 마음이 무겁습니다. 사실은 저도 우리 정치 때문에 실망을 하고 상처를 받는 경우가 많습니다.

작년 정월 대보름날 부산 해운대 백사장에서 큰 달맞이 행사가 있어서 기차를 타고 내려가고 있었는데, 갑자기 긴급 의원총회가 열려서 대전에서 기차를 갈아타고 돌아가게 되었습니다. 정말 실망이 컸습니다. 왜냐하면 그때 부산 행사장 제 옆자리에 앉기로 되어 있던 사람이 바로 제가 제일 좋아하는 장동건 씨였거든요.

악수도 하고, 같이 사진도 찍어야지 하면서 기대가 컸었는데, 못 만나게 되니까 실망이 이만저만이 아니었습니다. 참 정치가 싫었습니다.

우스갯소리로 드린 말씀이지만, 실제로 우리 정치가 국민 여러분께 실망을 많이 드리고 있죠?

정치가 국가와 국민에 미치는 영향은 거의 절대적입니다. 그렇기 때문에 모든 기준이 국민에게 맞춰져야만 합니다. 국민과의 약속이 중요한 것도 이런 까닭입니다.

제가 대표가 되고 나서 첫 어린이날에 저는 전국 미아실종 가족찾기 시민모임을 찾아갔습니다. 아이를 잃어버린 고통이 얼마나 큰 것인지, 그 분들의 이야기를 들으면서 함께 캠페인도 벌이고, 실종 아동을 찾는 시스템을 만들겠다고 약속을 드렸습니다.

그런데 막상 그런 시스템을 만든다는 것이 보통 일이 아니었습니다. 우리 한나라당 의원들이 각국의 입법례를 검토하고, 우리 현실을 조사하고, 꼬박 1년 동안 준비를 해서 2005년 5월 3일에 실종 아동법을 통과시켰습니다. 그날 국회에 실종아동 부모님들께서 오셔서 눈물을 흘리셨습니다.

이런 제도적 장치가 마련되니까, 작년 한해 2,695건의 미아신고가 접수됐지만, 아이들 모두가 며칠 만에 부모님 품으로 돌아갈 수 있었습니다.

저는 이런 제도적 장치 마련이 얼마나 중요한지 느낄 수 있었고, 그런 제도를 만들겠다는 국민과의 약속이 지켜졌을 때, 얼마나 많은 분들에게 혜택이 돌아가는지 깨달을 수 있었습니다.

그래서 대한민국 정당사상 처음으로 대국민 공약 실천 백서까지 만들었습니다. 우리가 국민과 했던 약속들이 무엇이고, 그것을 어떻게 실천해가고 있는지 고백하는 책이었습니다. 지금까지 민생 탐방의 약속이 40% 정도 실천되었다는 사실이 확인되었고, 앞으로 100%가 될 때까지 실천해가겠다는, 의지를 다지는 계기가 되었습니다.

저는 이런 과정들이 정치의 신뢰를 회복하고, 정치가 국민들에게 희망을 드리는 첫 걸음이 될 수 있다고 확신하고 있습니다.

지금도 제 수첩에는 민생탐방에서 들었던 아픈 사연들이 많이 적혀 있습니다. 그 약속들을 실천하기 위해서 하루에도 몇 번씩 그 수첩을 들여다봅니다.

아마 오늘도 여러분께서 저한테 많은 것들을 말씀하시리라고 생각합니다. 제 수첩에 그만큼 또 약속들이 늘어날 것입니다. 하지만 그 약속들은 반드시 지켜질 것입니다. 여러분께서 정치에서 희망을 발견하실 수 있도록, 여러분과 한 약속은 반드시 지키겠습니다.

우리는 불가능을 가능하게 만드는 능력을 가진 민족입니다. 아니, 애당초 불가능이라는 것이 없는 민족입니다. 우리 대한민국의 희망은 바로 우리 대한민국 안에 있고, 그 희망의 원천은 바로 한 사람 한 사람의 국민들입니다.

여러분이 나라의 희망이고, 가족의 희망이고, 학교의 희망이면서, 저에게도 희망입니다. 저는 오늘 여러분을 만나서 제 가슴속에 또 다른 희망을 안고 돌아갑니다. 정말로 여러분과의 만남이 소중하게 느껴집니다.

여러분은 이제 제 가족입니다. 여러분도 저를 언니처럼 이모처럼 생각해 주시고, 어려운 일 있을 때면 제 싸이에 사연도 올려주시고, 이메일도 보내주시기 바랍니다.

성심성의껏 제가 할 수 있는 대답도 해드리고, 여러분의 마음을 읽도록 노력하겠습니다. 긴 시간 경청해 주셔서 정말 고맙습니다.

-단국대학교 천안캠퍼스 총여학생회 초청특강 강연문

참고 도서

『피터 드러커의 위대한 혁신』 피터 드러커, 한국경제신문
『마거릿 대처』 고승제, 아침나라
『벼랑 끝에서 만나는 처칠』 김형진, 기파랑
『명심보감』 이기석, 홍신문화사
『박정희의 결정적 순간들』 조갑제, 기파랑
『성공하는 사람들의 7가지 습관』 스티븐 코비, 김영사
『결국 한 줌, 결국 한 점』 박근혜, 부일
『성공의 법칙 30』 보도 섀퍼, 영림카디널
『그리스로마 신화』 토머스 불핀치, 범우사
『여왕의 시대』 바이하이진, 미래의창
『나는 독신을 꿈꾸지 않았다』 천영식, 북포스
『창조바이러스 H2C』 이승한, 랜덤하우스
『야성으로 승부하라』 박종원, 웅진윙스
『신화가 된 여자 오프라 윈프리』 자넷 로우, 청년정신
『오프라 윈프리의 특별한 지혜』 오프라 윈프리, 집사재
『고난을 벗 삼아 진실을 등대 삼아』 박근혜, 부일
『채근담』 홍자성, 홍익출판사
『박근혜』 홍종화, 청어
『여자라면 힐러리처럼』 이지성, 다산라이프
『워렌 버핏처럼 부자되고, 반기문처럼 성공하라』 서정명, 무한
『로마인 이야기』 시오노 나나미, 한길사
『멘토』 이안 시모어, 씨앗을 뿌리는 사람
『우리는 천국으로 출근한다』 김종훈, 21세기북스
『시크릿』 론다 번, 살림비즈
『솔로몬 탈무드』 이희영, 동서문화사
『이케아』 뤼디거 융블루트, 미래의 창
『사람은 무엇으로 사는가』 톨스토이, 푸른숲
『군주론』 마키아벨리, 해누리
『프랭클린 자서전』 벤저민 프랭클린, 김영사
『절망은 나를 단련시키고 희망은 나를 움직인다』 박근혜, 위즈덤하우스
『가슴 뛰는 한 줄』 이현, 리더북스
『삼국지』 이문열, 민음사
『긍정의 힘』 조엘 오스틴, 두란노
『햄릿』 셰익스피어, 중앙출판사
『힐러리 로댐 클린턴』 힐러리 클린턴, 웅진지식하우스
『장수경영의 지혜』 박승복, 청림출판
『고객은 언제나 떠날 준비를 한다』 예영숙, 더난
『나의 어머니 육영수』 박근혜, 사람과 사람
『불황 없는 소비를 하라』 샘 월튼, 21세기북스
『이병철, 거대한 신화를 꿈꾸다』 김찬웅, 세종미디어
『스타벅스』 하워드 슐츠, 김영사
『이 땅에 태어나서』 정주영, 솔
『로스차일드 신화』 리룽쉬, 시그마북스
『칭기스 칸, 잠든 유럽을 깨우다』 잭 웨더포드, 사계절
『논어』 공자, 홍익출판사